Станислав Чернышов

ALLONS-Y!   LET`S GO!
LOS GEHT`S!

ПОЕХАЛИ!
РУССКИЙ ЯЗЫК ДЛЯ ВЗРОСЛЫХ
Начальный курс

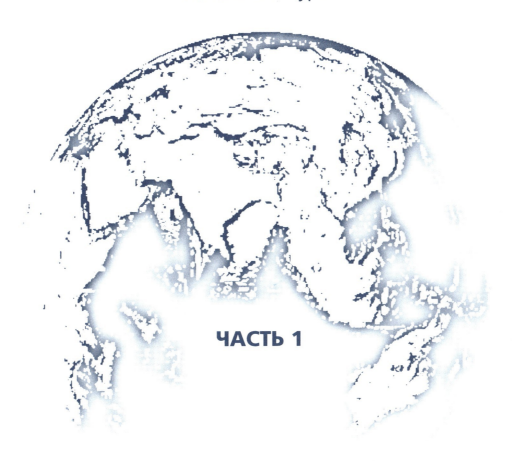

ЧАСТЬ 1

2013

Станислав Чернышов
Поехали! Русский язык для взрослых. Часть 1. Начальный курс

Stanislaw Tschernyschow
Los geht's! Russisch für Erwachsene. Teil 1. Ein Kurs für Anfänger
In der russischen Sprache

Stanislav Chernyschov
Let's go! Russian for Adults. Part 1. A Course for Beginners
In Russian Language

Leonid Mejibovski Verlag
www.lmverlag.de
verlag@lmverlag.de

Die vorliegende Auflage wurde als Lizenz des Verlages Zlatoust (St. Petersburg) herausgegeben.

Учебник предназначен для начинающих изучать русский язык. Курс рассчитан в среднем на 80-100 часов. Его задача - обеспечение быстрого усвоения разных аспектов языка и видов речевой деятельности. В учебнике совмещены грамматический и разговорные курсы. Словарь в конце пособия включает перевод на английский, немецкий и французский языки. Для продолжения курса рекомендуется учебник «Поехали! Русский язык для взрослых. Часть 2. Базовый курс».

Das Lehrbuch ist für Russisch-Anfänger bestimmt. Der Kurs umfasst 80 bis 100 Lernstunden. Er berücksichtigt die wichtigsten Aspekte des Lernens: Grammatik und Konversation. Das Wörterbuch am Ende des Lehrbuches enthält Übersetzungen ins Deutsche, Englische und Französische. Um den erlernten Stoff zu vertiefen, wird empfohlen, sich das nächste Buch dieser Serie vorzunehmen: „Los geht's! Russisch für Erwachsene. Teil 2. Der Basiskurs".

ISBN 978-3-942987-02-8

© 2001 Stanislaw Tschernyschow
© 2002 Zlatoust
© 2013 Leonid Mejibovski Verlag

Alle Rechte vorbehalten.

Die vollständige oder auszugsweise Speicherung, Vervielfältigung oder Übertragung von jeglichen Teilen des Buches, ob elektronisch, mechanisch, durch Fotokopien oder Aufzeichnung, ist ohne vorherige Genehmigung des Rechteinhabers urheberrechtlich strengstens untersagt.

Printed in Hungary

Содержание

Урок	Разговор	Конструкции	Грамматика	Фонетика	Стр.
Русский алфавит					
Урок 1	Имя, профессия	Кто это? Что это? Кто он/она?	Род сущ., личные местоимения	Твёрдые и мягкие согласные, редукция гласных	12—17
Урок 2	Знакомство	Как вас зовут? Что вы делаете?	Accus. личных местоимений; 1 и 2 спряжение глаголов	Ы — И; интонация вопроса и ответа; ударение	18—25
Урок 3	Что они делают?	Это студенты. Это студентки. Это слова.	Множ. число сущ.	К, Г, Х; оглушение звонких согласных; С, З, Р	26—33
Урок 4	Моя семья	Чей это дом? Это мой дом. У меня есть дом.	Посессивные конструкции	Й; интонация вопроса и ответа; ударение	34—46
Урок 5	Погода и климат	Где вы живёте? Зимой у вас холодно?	Prep. сущ.; числительные; прош. время глаголов	Е, Ё, Ю, Я; интонация вопроса и ответа	47—59
Урок 6	Мой день	Днём я был на работе и в ресторане.	Предлоги В/НА + Prep.; наречия времени; глаголы **вставать**, **давать**	Ч, Л, Ц; ударение	60—68
Урок 7	Ваш город красивый?	Какой это город? Это старый город.	Прилагательные и наречия	Ы—И, Й, Е, Я; ударение	69—76
Урок 8	Магазин «Одежда»	У вас есть красные рубашки? Я хочу эту красную рубашку.	Цветовые прилагательные; Accus. неодуш. сущ. и прил.; указат. мест. ЭТОТ в Nom. и Accus.; глагол **хотеть**	Ж, Ш, Щ; ударение	77—87
Урок 9	Языки и страны	В Испании говорят и пишут по-испански.	Неопр.-личные конструкции; глагол **писать**; О + Prep.; Prep. личных местоимений	Трудности произношения	88—95

Урок	Разговор	Конструкции	Грамматика	Стр.
Урок 10		Повторение		96—102
Урок 11	В городе	В каком городе? На какой улице?	Prep. прилагательных	103—109
Урок 12	Дом и квартира	В нашем доме есть лифт? Что у вас в гостиной?	Prep. притяжательных местоимений	110—115
Урок 13	Магазин «Продукты»	Где и что вы покупаете?	Трудности 2 спряжения глаголов; глагол **брать**	116—123
Урок 14	План на неделю	В среду у меня была встреча.	В + Accus. времени; глаголы с суффиксами -ова-/-ева-; конструкция **у меня был …**	124—129
Урок 15	Летний отдых	Летом мы катались на велосипеде.	Глаголы на -ся; глаголы **мочь и уметь**	130—136
Урок 16	Культура	Я люблю свой город, потому что он очень красивый.	Местоимение **свой**; союзы **потому что, поэтому**	137—145
Урок 17		Повторение		146—150
Урок 18	Городской транспорт	Сегодня я иду … Я езжу на метро.	Глаголы движения (часть 1)	151—155
Урок 19	Путешествия	Куда вы ездили? Где вы были?	Глаголы движения (часть 2)	156—160
Урок 20	Транспорт	Я не люблю ездить на поездах.	Глаголы движения (часть 2); Prep. (мн.ч.)	161—165
Урок 21	Что у вас есть и чего нет	Чей? У Анны нет … У меня не было …	Gen. ед. ч.; Gen. с предлогами; Accus. (одуш.)	166—173
Урок 22	Гостиница Поездки	Откуда? Куда? На чём мы ездим, плаваем, летаем.	Глаголы движения (часть 3); ИЗ/С + Gen.	174—180
Урок 23	Кухня Ресторан	Сколько в городе хороших ресторанов?	Gen. прилагательных ед. ч.; Gen. сущ. и прилагательных мн. ч. Gen. ед./мн. ч. с числительными	181—192
Урок 24		Повторение		193—196

Урок	Разговор	Конструкции	Грамматика	Стр.
Урок 25	Не говори, что делал, а говори, что сделал!	Вчера я писал письма. Я написал три письма. Завтра я напишу пять.	Вид глагола: значение, образование пар, употребление; глаголы и выражение времени	197—207
Урок 26	День рождения	Кому? Чему? Мне 25 лет. Мне холодно. Мне нравится…	Dat. сущ., прил., мест. ед. и мн. ч.; категория состояния; модальные слова	208—217
Урок 27	Телефон	Скажите, … Передайте, что…/ чтобы… Давайте поговорим!	Императив: образование и употребление; императивные конструкции; ЧТО / ЧТОБЫ	218—224
Урок 28	Биография	С кем? С чем? Кем он работает? Кем она хочет быть?	Instrum. ед. и мн. ч. сущ., прил., мест.; Instrum. с предлогами	225—231
Урок 29	Где и когда лучше?	Этот дом лучше того / чем тот; Это самый красивый дом.	Компаративные и суперлятивные конструкции	232—239
Урок 30	Как пройти в музей?	Куда он пошёл? Откуда вы приехали?	Глаголы движения с префиксами	240—249
Урок 31		Повторение		250—279
Словарь				254—279

Дорогие коллеги!

Учебник предназначен в первую очередь для начинающих изучать русский язык. Наличие дополнительных текстов повышенной сложности позволяет использовать его также в качестве корректировочного курса на более высоких уровнях, до Первого Сертификата ТРКИ включительно. Курс был разработан и апробирован на интенсивных курсах русского языка, как на групповых, так и на индивидуальных занятиях в центре «Лингва Консалт» (Liden & Denz) в Санкт-Петербурге, в течение 1998—2001 годов на занятиях со студентами преимущественно из Западной Европы и США, среди которых были бизнесмены, дипломатические работники, сотрудники международных компаний и организаций (Международный Красный Крест, Банк Реконструкции и Развития, Швейцарский Кредит и т.п.), работники сферы туризма, начинающие слависты, а также изучающие язык в качестве хобби.

Задача быстрого усвоения разных аспектов языка и видов речевой деятельности в аудитории, включающей преимущественно студентов европейского культурно-языкового мира, обусловила тесное совмещение **грамматического и разговорного** курсов, выразившееся в соответствии языкового материала упражнений и текстов **современному** русскому **речевому обиходу** и в возможности, опираясь на фрагменты текстов и упражнений, выйти на уровень обсуждения различных тем в классе или лингвострановедческого комментария к ним. Так, в грамматических упражнениях содержатся «намёки» на различные исторические события, культурные особенности, ситуации повседневной жизни и т.п. («Пётр Первый сказал: "Стройте город здесь!"»), позволяющие, по желанию преподавателя, построить диалог или полилог. Прерывая подобным образом выполнение упражнения, можно разнообразить грамматическую работу и наглядно убедить студентов в реальной пользе отрабатываемых навыков в живом общении. За преподавателем остаётся право выбора частоты и пространности таких «отступлений», что важно в условиях сжатых сроков обучения и различной подготовленности и направленности интересов учащихся. Особое внимание преподавателей хочется обратить на предусмотренную возможность **диалога и полилога** в упражнениях вопросно-ответной структуры, поскольку по сложившейся традиции студентов зачастую обучают отвечать на вопросы из учебника, в то время как в реальности им гораздо чаще приходится **задавать вопросы** в устной форме.

С первых страниц учебного курса активно используется **интернациональная и заимствованная лексика,** что соответствует объективным языковым процессам и позволяет решить несколько важных на начальном этапе задач: **облегчить знакомство с буквами** нового алфавита; **преодолеть психологический барьер,** связанный с репутацией русского языка как «экзотического», «восточного» и, соответственно, «трудного»; значительно **расширить словарный запас,** в особенности пассивный; рельефно показать важные модели словоизменения, особенно ярко выступающие на фоне «знакомых» слов (так, важность употребления окончания Вин. п. ед. ч. ж. р. **-у** оказывается особенно убедительной при приведении примеров типа «Кока-Колу», «Фанту», «Миринду»; окончание Им. п. ед. ч. ж. р. **-а** запоминается в примерах типа «спортсменка», а отработка флексии Пр. п. ед. ч. **-е** очень эффективна при использовании общеизвестных географических названий: «в Лондоне».

С учётом изменений, произошедших в составе аудитории преподавания РКИ, можно рекомендовать использование в качестве дополнительных материалов иллюстрированных журналов, рекламы, — то есть того, что окружает учащегося в мире его повседневной жизни. При этом всё чаще перед преподавателем новый адресат курсов русского как иностранного — работник западной компании, международной организации, турист или работник туристической сферы. Раньше это по большей части был студент, приехавший с целью получить высшее образование из тех регионов мира, с которыми были интенсивные контакты в сфере образования, что и диктовало соответствующую ориентацию учебника. В связи с этим в части отбора лексики уменьшилось количество единиц ряда «общежитие, тетрадь, зачёт...». Их место заняли слова других тематических групп: герои принимают участие в конференциях, работают в офисе, отдыхают в ночных клубах, смотрят балет «Лебединое озеро». В то же время тексты и упражнения позволяют познакомить изучающих русский язык и с элементами культурного контекста современной российской жизни, от телепрограммы и известных исторических фигур до отдыха в деревне и работы продовольственных магазинов.

Порядок представления **грамматического материала** является в целом традиционным для современных интенсивных курсов. Он может считаться и психологически оправданным: сначала усваивается операция опознавания — называния («Кто это? — Это Иван.»), затем — обозначение действий (глаголы — «Что он делает?»), после чего — описание статического расположения (Пр. п — «Где он?»), перемещения в пространстве (глаголы движения) и т.д. Из отличительных особенностей следует отметить специальные уроки, посвящённые повелительному наклонению и сравнительной степени, а также отдельные задания на:

— **чередования согласных** в глаголах 2 спряжения;
— спряжение глаголов с суффиксом **-ова-/-ева-**;
— спряжение глаголов типа «да**ва**ть», «вста**ва**ть»;
— употребление предлогов **в/на** с Пр. п.;
— употребление предлогов **из/с** с Р.п. (Откуда?);
— использование **временных конструкций** с предлогами **на, за, через, назад**, а также без предлогов;
— различение глаголов восприятия **смотреть/видеть, слушать/слышать**;
— различение глаголов **понимать/помнить**;
— употребление глаголов **пойти, поехать** в прошедшем времени; и др.

В целом в процессе работы учитывались наиболее частотные ошибки и трудности, характерные для вышеназванной аудитории. Грамматический материал вводится строго последовательно, то есть до знакомства, например, с категорией вида и глаголами совершенного вида, эти глаголы в текстах и упражнениях не встречаются. Не встречаются, скажем, и формы будущего времени НСВ, поскольку после них переход к более частотным и коммуникативно важным формам буд. вр. СВ затруднён, а использование настоящего времени в значении будущего является вполне естественным для современной русской речи и позволяет форм «быть + инфинитив» избежать.

Тексты многих уроков, в особенности ближе к концу учебника, подразделяются на две группы сложности: с одной стороны, есть достаточно простые тексты, иллюстрирующие материал урока, а с другой — **тексты для чтения** повышенной сложности, которые можно использовать как в классе, так и для домашнего чтения, а можно и не использовать, если ограниченное время курса и уровень группы не позволяют уделять им внимание.

Курс рассчитан в среднем на **120 часов**, но может быть «сжат» до 80 или «продлён» по желанию с привлечением дополнительных материалов, выполнением всех «открытых» творческих заданий и при сочетании разных видов работы в классе (игровых, контрольных заданий и т.д.) В условиях **ещё более краткого курса** возможно два пути:

— исключить из активного усвоения формы склонения прилагательных и существительных во множественном числе, опустить тексты повышенной сложности, а также уроки с императивом (№ 27) и сравнительной степенью (№ 29), опустить значительную часть уроков 10—17;

— пройти последовательно уроки 1—20, пожертвовав полнотой знакомства с базовой грамматикой и дав учащимся возможность уверенно использовать в различных ситуациях повседневной жизни ограниченный набор простых моделей, также заложив фундамент для дальнейшего овладения языком.

Аудиокассета к учебнику содержит записи фонетического курса, а также текстов и диалогов. В зависимости от уровня группы можно прослушивать тексты либо перед чтением (что предпочтительно), либо после чтения (если текст труден для учащихся), либо, наконец, вместо чтения — в рамках корректировочного курса, если текст для студентов прост. Кроме того, предусмотренный выход многих упражнений в условно-коммуникативный вид работы (вопросно-ответный диалог) также способствует развитию **навыков аудирования**.

Письмо не является приоритетным видом работы, однако, согласно исследованиям психологов, может служить одной из **эффективных методик запоминания**. Исходя из этого, рекомендуется письменное выполнение «открытых» упражнений («Я люблю ...»), а также написание в качестве домашнего задания самостоятельно сочинённых текстов и текстов «о себе» по теме пройденного урока: скажем, «Мой город» после текста «Санкт-Петербург». **Индивидуально-творческая природа** подобных заданий обеспечивает отработку именно тех слов, выражений и конструкций из числа предложенных, которые склонен использовать сам студент исходя из своих **интересов и особенностей личности**, а не тех, которые отражают языковую личность преподавателя или автора. При этом имеет смысл задавать на дом письменно те творческие упражнения, которые уже были устно выполнены на уроке, что обеспечивает более прочное усвоение навыков и надёжный контроль усвоенного.

В текстах и упражнениях учащимся встретится русская семья и её друг из Швеции, а также Марсианин, с которым следует поделиться принятыми у нас нормами поведения, и другие персонажи, обеспечивающие тематическое единство учебника и оживляющие его элементами юмора и иронии. Значительное место среди тем занимают распространённые культурные стереотипы, дающие благодатную почву для обсуждения, особенно с теми, кто имеет опыт путешествий и знаком с различными культурами, а у изучающих сегодня русский язык такой опыт зачастую богат, и они с удовольствием им делятся на русском языке.

Учебник предназначен для носителей разных европейских языков. Он предполагает возможность использования языка-посредника, однако предпочтения какому-либо языку не отдается. Выбор методики объяснений предоставляется преподавателю, который может на основе имеющихся примеров и таблиц, а также исходя из своего опыта и предпочтений выбрать то, что соответствует запросам студента и задачам курса. Используемые при введении грамматического материала пояснительные сокращения соответствуют принятой в разных языках латинской терминологии (Accus. — Аккузатив, Винительный падеж), а **словарь** в конце учебника включает перевод на **английский, немецкий и французский** языки.

С уважением, Станислав Чернышов

Условные обозначения

 — ввод новой информации в тексте или диалоге

Сокращения

m. — мужской род
f. — женский род
n. — среднийрод
pl. — множественное число
auim. — одушевленный
inanim. — неодушевленный
inf. — инфинитив
pers. — лицо
imperf. — несовершенный вид

Nom. (Nominativ) — именительный падеж
Gen. (Genitiv) — родительный падеж
Dat. (Dativ) — дательный падеж
Accus. (Accusativ) — винительный падеж
Instrum. (Instrumentalis) — творительный падеж
Prep. (Prepositiv) — предложный падеж
compar. (comparativ) — сравнительная степень

Русский алфавит

А а	[a]	Р р	[r]
Б б	[b]	С с	[s]
В в	[v]	Т т	[t]
Г г	[g]	У у	[u]
Д д	[d]	Ф ф	[f]
Е е	[je]	Х х	[h]
Ё ё	[jo]	Ц ц	[ts]
Ж ж	[ž]	Ч ч	[ch] (chao)
З з	[z]	Ш ш	[sh]
И и	[i]	Щ щ	[shch]
Й й	[j] (yoga)	ъ	hard sign
К к	[k]	ы	special sound like open [i]
Л л	[l]	ь	soft sign
М м	[m]	Э э	[e]
Н н	[n]	Ю ю	[ju]
О о	[o]	Я я	[ja]
П п	[p]		

1) А = A; Е = E; К = K; М = M; О = O; Т = T
кот; такт; ата́ка; те́ма; коме́та; Том; тома́т

2) Р = R: теа́тр; рок; сорт; ка́рта; метр; мото́р; метро́; раке́та
С = S: тест, тост, текст
В = V: Москва́; сове́т; восто́к
И = I: То́кио; такси́; систе́ма; три; Аме́рика
Н = N: но́та; сона́та; моме́нт; сена́тор; Интерне́т; но́рма; рестора́н; кино́; вино́; вариа́нт; Веро́на
У = U: ка́ктус; тури́ст; комму́на; мину́та; институ́т; университе́т
Х = H: Хироси́ма; мона́рх; хара́ктер

3) Б: банк; брат; банкно́та; бо́мба; бар; Бонн; авто́бус
Г: гита́ра; гимна́стика; гумани́ст; гимна́ст; гормо́н; гига́нт; бумера́нг
Д: данти́ст; мо́да; до́ктор; демокра́т; моде́ль; де́мон; во́дка; ме́тод; ви́део; банди́т; гид
З: ви́за; ва́за; ро́за; зо́на; казино́
Л: литр; лимо́н; миллио́н; клуб; колле́га; интелле́кт; легио́н; бале́т; бала́нс; коло́нна; киломе́тр; килогра́мм; телеви́зор
П: парк; порт; капита́н; аппара́т; поликли́ника; парла́мент; пери́од
Ф: фанта́стика; ко́фе; фанто́м; филосо́ф; финанси́ст; факс; телефо́н; фото́граф
Э: эконо́мика; экономи́ст; энтузиа́зм; экза́мен; эко́лог
Ы: банки́ры, спортсме́ны, теа́тры (plural); му́зыка; музыка́нты

4) Й: май; йо́гурт; Йе́мен; йо́га
Ё: актёр; манёвр; Гёте; репортёр
Ю: бюро́; ю́мор; Нью-Йо́рк; ЮНЕ́СКО; ию́нь; ию́ль
Я: ягуа́р; Япо́ния; янва́рь; Я́лта

5) Ж: журнали́ст; режиссёр; жюри́; режи́м
Ш: шик; шампу́нь; клише́; шанс; шампа́нское; маши́на
Ч: чек; чемпио́н; Чи́ли; матч
Ц: цирк; цикл; центр; царь

УРОК 1

Б В Г Д З К Л М Н П Р С Т Ф Х

A — Я
У — Ю
О — Е/Ё
Ы — И
— Ь

Ж, Ш, Ц
(ЖИ, ШИ)

Ч, Щ, Й
(ЧА, ЩА; ЧУ, ЩУ)

А а, О о, У у, Э э

а — э   а — о   о — у   а — э — у
э — а   о — а   у — о   а — о — у
а — э — о — у   у — о — а — э

Д д, Т т, М м, Н н, Б б, П п, В в, Ф ф

да, да́та, ад, туда́
да — дя   ду — дю   до — дё   дэ — де   ды — ди
дя́дя, де́мон, демокра́т, банди́т, студе́нт, де́ти
данти́ст — де́мон, дом — де́ло

э́та, тот, тут
та — тя   ту — тю   то — тё   тэ — те   ты — ти
те́ма, теа́тр, тётя, тип, институ́т
тури́ст — террори́ст, тост — текст, ата́ка — апте́ка

мы, дам, ум, дом, да́ма, до́ма, ма́ма, там, ду́ма, том, мо́да
ма — мя   му — мю   мо — мё   мэ — ме   мы — ми
коме́та, меха́ник, микроско́п, ми́нимум, Мю́нхен
март — метр, мото́р — метро́

Урок 1

он, Дон, дно, тон, но́та, то́нна, до́нна, А́нна, Анто́н
Ом — он   том — тон   дом — Дон
на — ня   ну — ню   но — нё   нэ — не   ны — ни
Непа́л, Днепр, не́бо, ни́мфа, Нил
но́та — нет, но́рма — не́рвы

Бонн, бо́мба, бана́н, ба́ба
ба — бя   бу — бю   бо — бё   бэ — бе   бы — би
бюрокра́т, биле́т, беж, белору́с
банк — Берн, бар — бюро́

пуп, поп, па́па, пан   па́па — ба́ба   пот — бот
па — пя   пу — пю   по — пё   пэ — пе   пы — пи
Пеки́н, спекта́кль, пингви́н, пистоле́т
порт — Пётр, парк — пик

[а]	[о]	[а]
да	он	она́
там	дом	соба́ка
па́па	но́та	оно́
ма́ма	тон	пото́м

вода́, вот, два, ва́рвар, Москва́
ва — вя   ву — вю   во — вё   вэ — ве   вы — ви
ви́рус, Ви́ктор, ви́кинг, отве́т, приве́т
ва́за — ви́за, ва́нна — Ве́на

фо́то, Уфа́, фанто́м, факс, факт
фа — фя   фу — фю   фо — фё   фэ — фе   фы — фи
фи́ниш, ко́фе, фестива́ль
финн — фо́то, феноме́н — фонта́н, финанси́ст — фанта́ст

> он   она́   оно́
> Кто э́то?   Что э́то?
> Э́то телефо́н? — Да, э́то он.
> Кто э́то? — Э́то Ива́н.
> Кто он? — Он профе́ссор.

Здра́вствуйте! — До свида́ния!
Приве́т!   — Пока́!
Спаси́бо!   — Пожа́луйста!

m.	f.	n.	pl.
он	она́	оно́	они́

Он: телефо́н, дире́ктор, класс, стол, стул, компью́тер, музе́й, секрета́рь

! ко́фе

! па́па, де́душка, дя́дя; мужчи́на

! Ива́н — Ва́ня, Пётр — Пе́тя, Серге́й — Серёжа, Влади́мир — Воло́дя (Во́ва), Константи́н — Ко́стя, Дми́трий — Ди́ма, Васи́лий — Ва́ся

Оно́: окно́, письмо́, мо́ре, со́лнце, вино́

! вре́мя, и́мя

Она́: луна́, маши́на, же́нщина, пробле́ма, актри́са, су́мка, кни́га, семья́, гру́ппа, ночь

Поехали!

Задание 1

Он, оно́ или она́?

ОН = er	ОНО = es	ОНА = sie
1	2	3

Кни́га³, мо́ре², класс¹, телефо́н¹, актри́са³, па́па¹, окно́², стол¹, су́мка³, мужчи́на¹, музе́й¹, семья́³, дом¹, студе́нтка³, журна́л¹, письмо́², газе́та³, бизнесме́н¹, ночь³, парк¹, тури́ст¹, со́лнце², спортсме́нка³, рестора́н¹, магази́н¹.

Wer ist das?
Кто э́то?

Э́то музыка́нт
Э́то такси́ст
Э́то актри́са
Э́то студе́нтка

Was ist das?
Что э́то?

Э́то гита́ра
Э́то маши́на
Э́то теа́тр
Э́то рестора́н

Задание 2

Спра́шиваем и отвеча́ем: Кто э́то? Что э́то?

Дом, окно́, студе́нт, актри́са, ко́фе, маши́на,

студе́нтка, дире́ктор, письмо́, Со́лнце, стол, кни́га...

Уро́к 1

Задание 3

Спрашиваем: «Кто это?» или «Что это?»

... — Это студе́нт.
Кто э́то? — Э́то студе́нт.

1) ... — Э́то секрета́рь. 2) ... — Э́то телефо́н. 3) ... — Э́то мужчи́на. 4) ... — Э́то маши́на. 5) ... — Э́то компью́тер. 6) ... — Э́то актри́са. 7) ... — Э́то со́лнце. 8) ... — Э́то дире́ктор. 9) ... — Э́то такси́ст. 10) ... — Э́то кни́га. 11) ... — Э́то музыка́нт. 12) ... — Э́то рестора́н.

Задание 4

 Спра́шиваем и отвеча́ем:

Где телефо́н? — **Вот он.**
Где кни́га? — **Вот она́.**

1) Где окно́? — ... 2) Где маши́на? — ... 3) Где студе́нт? — ... 4) Где пробле́ма? — ... 5) Где рестора́н? — ... 6) Где студе́нтка? — ... 7) Где Ива́н? — ... 8) Где дире́ктор? — ... 9) Где актри́са? — ... 10) Где письмо́? — ... 11) Где тури́ст? — ... 12) Где су́мка? — ... . 13) Где журна́л? — ... 14) Где газе́та? — ... 15) Где музе́й? — ...

Задание 5

 Спра́шиваем и отвеча́ем:
Э́то Оле́г? — Да, э́то Оле́г. (Нет, э́то не Оле́г.)
Он журнали́ст? — Да, он журнали́ст. (Нет, он спортсме́н.)

Э́то тури́ст? — Да, э́то тури́ст.
Э́то дире́ктор? — Нет, э́то секрета́рь.
Э́то студе́нт? — Нет, э́то профе́ссор.
Э́то стюарде́сса? — Нет, э́то актри́са.
Э́то Влади́мир? — Да, э́то он.
Он капита́н? — Нет, он био́лог.
Э́то А́нна? — Нет, э́то не она́.

В группе: «Это …?», «Он …?» — «Да / Нет, это …»

Задание 6

Кто это? — Это Лёна.
Кто она? — Она секретарь.
Кто это? — Это Дима. Он студент.

В группе: «Кто это?», «Кто он / она?»

Андрей — солдат; Анна — студентка; Виктор — футболист, Сергей — инженер, Мария — актриса, Владимир — таксист, Ольга — гид, Антон — адвокат, Игорь — музыкант, Наташа — журналистка, Ира — экономист, Иван — капитан.

Студент	Студентка
Учитель	Учительница
Спортсмен	Спортсменка
Журналист	Журналистка
Актёр	Актриса
Футболист	Футболистка
Музыкант	Музыкантка

Гид
Адвокат
Экономист
Инженер
Солдат
Таксист
Капитан

Урок 1

Урок 2

а — о   у — ы   у — ы   бу — бы   му — мы   ту — ты
ы — и   мы — би   ты — вы   ды — ры
бы — би   мы — ми   ды — ди   ты — ти   вы — ви

мы́ло — ми́лый   быт — бит   дым — Ди́ма   ры́ба — Ри́га
плыл — пи́во   вы́ход — ви́за   кры́ша — кри́зис   мы́ши — Ми́ша

у — о   у — ы   у — а   ы — а
ду́мать — дым   му́зыка — мы́ло   слу́шать — слы́шать
ду́ши — ды́шит
ту́ча — ты́сяча   вулка́н — вы́ход   суп — сын   муж — мышь
ру́на — ры́нок

Кто это? — Это Ди́ма.   Что это? — Это дом.
Кто это? — Это Ми́ша.   Что это? — Это мы́ло.
Что это? — Это Ри́га.   Что это? — Это Крым.

тА́		тА́ та		та тА́	
где	стол	вре́мя	па́па	актёр	теа́тр
нет	стул	и́мя	гру́ппа	вино́	такси́ст
гид	класс	кни́га	мо́ре	окно́	тури́ст
да	кто	дя́дя	ко́фе	журна́л	Пока́!
дом	что	су́мка		музе́й	Приве́т!
	ночь				

та тА́ та		та та тА́	
актри́са	маши́на	журнали́ст	адвока́т
газе́та	мужчи́на	инжене́р	магази́н
гита́ра	пробле́ма	телефо́н	музыка́нт
дире́ктор	профе́ссор	капита́н	секрета́рь
компью́тер		рестора́н	

Поехали!

> Что ты де́лаешь?
> Что вы говори́те?
> Как вас зову́т?
> Меня́ зову́т Ле́на.

Уро́к 2

I гру́ппа:
знать (-е- ... -ю-)

я зна́Ю	мы зна́Ем
ты зна́Ешь	вы зна́Ете
он/она́ зна́Ет	они́ зна́Ют

II гру́ппа:
говори́ть (-и- ... -я-)

я говорЮ́	мы говорИ́м
ты говорИ́шь	вы говорИ́те
он/она́ говорИ́т	они́ говорЯ́т

I знать, де́лать, игра́ть, ду́мать, рабо́тать, слу́шать, понима́ть, повторя́ть, чита́ть, спра́шивать, отвеча́ть, отдыха́ть, изуча́ть, гуля́ть, за́втракать (— за́втрак), обе́дать (— обе́д), у́жинать (— у́жин).

II говори́ть, кури́ть, смотре́ть, по́мнить, спеши́ть (спешУ́, спешИ́шь ... спешА́т)

Я ....   МЫ ....
ТЫ ....   ВЫ ....
ОН/ОНА́ ....   ОНИ́ ....

Задание 7

Выбираем: я, ты, он, она́, мы, вы, они́

..*Мы*.. спра́шиваем ..*Ты*.. спра́шиваешь ..*Он*.. спра́шивает ..*Я*.. спра́шиваю ..*Они́*.. спра́шивают ..*Вы*.. спра́шиваете

..*Он*.. обе́дает ..*Я*.. обе́даю ..*Ты*.. обе́даешь ..*Они́*.. обе́дают ..*Вы*.. обе́даете ..*Мы*.. обе́даем

..*Они́*.. повторя́ют ..*Мы*.. повторя́ем ..*Вы*.. повторя́ете ..*Я*.. повторя́ю ..*Он*.. повторя́ет ..*Ты*.. повторя́ешь

..*Ты*.. у́жинаешь ..*Вы*.. у́жинаете ..*Мы*.. у́жинаем ..*Они́*.. у́жинают ..*Я*.. у́жинаю ..*Он*.. у́жинает

..*Вы*.. слу́шаете ..*Мы*.. слу́шаем ..*Я*.. слу́шаю ..*Он*.. слу́шает ..*Ты*.. слу́шаешь ..*Они́*.. слу́шают

..*Ты*.. отвеча́ешь ..*Они́*.. отвеча́ют ..*Я*.. отвеча́ю ..*Мы*.. отвеча́ем ..*Вы*.. отвеча́ете ..*Он*.. отвеча́ет

..*Он*.. говори́т ..*Я*.. говорю́ ..*Ты*.. говори́шь ..*Вы*.. говори́те ..*Они́*.. говоря́т ..*Мы*.. говори́м

..*Они́*.. смо́трят ..*Мы*.. смо́трим ..*Ты*.. смо́тришь ..*Я*.. смотрю́ ..*Вы*.. смо́трите ..*Он*.. смо́трит

..*Вы*.. по́мните ..*Они́*.. по́мнят ..*Я*.. по́мню ..*Мы*.. по́мним ..*Он*.. по́мнит ..*Ты*.. по́мнишь

..*Я*.. спешу́ ..*Они́*.. спеша́т ..*Мы*.. спеши́м ..*Он*.. спеши́т ..*Ты*.. спеши́шь ..*Вы*.. спеши́те

Задание 8

Говори́м в гру́ппе друг о дру́ге:

— Я ду́маю, что Джон мно́го зна́ет, ма́ло ку́рит и не рабо́тает.
— Да, э́то пра́вда. / Нет, э́то непра́вда. Я мно́го рабо́таю и не курю́.

Задание 9

Мы говор… — Мы говори́м.

1) Я слу́ша*ю*. 2) Она́ не отвеча́*ет*. 3) Мы игра́*ем*. 4) Ты не слу́ша*ешь*. 5) Я ду́ма*ю*, что э́то стол. 6) Они́ сейча́с отдыха́*ют*. 7) Что вы де́ла*ете*? 8) Что ты изуча́*ешь*? 9) Я не за́втрака*ю*. 10) Мы у́жина*ем*. 11) Что он спра́шива*ет*? 12) Я повторя́*ю*! 13) Они́ не рабо́та*ют*. 14) Что ты сейча́с

Поехали! 21

дела**ешь**? 15) Мы это понима**ем**. 16) Что ты говор**ишь**? 17) Я не помн**ю**, кто это. 18) Они кур**ят**. 19) Что вы смотр**ите**? — Мы смотр**им** кино. 20) Вы помн**ите**, кто я? — Я не зна**ю**, кто вы!

Задание 10

— Что вы сейчас (делать)? — Я сейчас (читать).
— Что вы сейчас делаете? — Я сейчас читаю.

1) Ты (знать), кто это? 2) Я (спрашивать), а вы (отвечать). 3) Он не (слушать). 4) Они сейчас (завтракать). 5) Ты сейчас (работать)? — Нет, я сейчас (отдыхать). 6) Он не (понимать). 7) Что вы (делать)? — Я (думать). 8) Ты сейчас (работать), а мы (обедать). 9) Они (говорить), а мы (слушать). 10) Вы (смотреть) телевизор? — Да, мы (смотреть) футбол. 11) Ты (помнить), что это? — А ты (думать), что я не (помнить)? 12) Вы (отдыхать)? — Нет, мы (курить) и (говорить). 13) Ты не (курить)? — Ты (знать), что я не (курить). 14) Что ты (делать)? — Я (спешить), а ты не (спешить)?

Задание 11

Покажите: играть, думать, работать, слушать, читать, отдыхать, гулять, обедать, курить, говорить, смотреть, спешить…

В группе спрашиваем и отвечаем: «Вы понимаете, что он/она делает?» «Вы знаете, что он/она делает?» «Что вы делаете?»

Потом: «Вы помните, что он/она делает?»

Я — МЕНЯ	МЫ — НАС
ТЫ — ТЕБЯ	ВЫ — ВАС
ОН — ЕГО	
ОНА — ЕЁ	ОНИ — ИХ

— Как тебя зовут?
— Меня зовут Аня.
— А меня Витя.
— Я студентка. А ты кто?
— А я футболист.

— Здравствуйте! Как вас зовут?
— Меня зовут Антон. А вас?
— А меня Наташа. Вы музыкант?
— Нет, я адвокат. А вы?
— А я экономист.

Урок 2

Задание 12

Делаем диалоги:

Андрей — спортсмен, Лена — журналистка, Коля — студент, Вера — стюардесса…

Задание 13

— Как Вас зовут?
— Меня зовут Слава. А Вас?
— А меня Лена.
— Очень приятно.

В группе: Познакомимся!

Задание 14

Вы (я) не слушаете. — **Вы меня не слушаете.**

1) Алло! Я (вы) слушаю. 2) Ты (я) понимаешь? 3) Кто это? Я (он) не знаю… 4) Я (ты) спрашиваю! 5) Ты (мы) знаешь? 6) Как (она) зовут? 7) Я (они) не понимаю. 8) Я (вы) сейчас не спрашиваю. 9) Ты (я) помнишь? — Да, я (ты) помню. 10) Как (он) зовут? — Я не помню, как (он) зовут. 11) Вы (она) помните? — Да, (она) зовут Анна. 12) Ты говоришь, что ты (они) знаешь?

Задание 15

Понимать или помнить?

Вы … , что я говорю? — **Вы понимаете, что я говорю?**
Вы её … ? Это Оля. — **Вы её помните? Это Оля.**

1) Я вас слушаю и … 2) Вы меня …? Я Вася. 3) Ты его …? Его зовут Антон. 4) Что они говорят? Я их не …. 5) Я его …, он директор. 6) Это директор. Он нас не …. 7) Я не … , как её зовут. 8) Я … , что вы спрашиваете. 9) Я не … , они работают или отдыхают? 10) Я не … , это Ира или Катя?

Задание 16

Это Вася. Я … знаю.
Это Вася. Я его знаю.

1) Это актриса. Я … знаю. 2) Это Ваня. Я … знаю. 3) Это книга. Мы … читаем. 4) Вы профессор? Я … не понимаю. 6) Это работа. Ты … делаешь. 7) Я актриса. Вы … знаете? 7) Что они делают? Я … не знаю. 8) Вы знаете, кто мы? Вы … слушаете? 9) Музыкант играет. Мы … слушаем. 10) Ты студент? Я … помню! 11) Я клоун. Вы … помните? 12) Кто они? Кто … знает?

— Здравствуйте!
— Здравствуйте!
— Меня зовут Слава. А вас?
— А меня Хелена.
— Очень приятно.
— Вы работаете?
— Я экономист. Но сейчас я не работаю. Я отдыхаю. А вы кто?
— Я студентка. Я изучаю русский язык.
— А что вы сейчас делаете?
— Сейчас я гуляю.
— Вот кафе. Я сейчас обедаю. Обедаем вместе?
— Нет, спасибо. Пока!
— Пока!

— Здравствуйте! Вы меня помните?
— Да, думаю, я вас знаю. Вы — Слава.
— Да, я Слава. Вы спешите?
— Нет, не спешу. А это кто?
— Сергей. Ты его знаешь? Он музыкант. Вот ресторан. Он там работает, играет.
— Я его помню.
— Вы курите?
— Спасибо, нет. Я спортсменка.

Выбираем роли и делаем диалоги.

Задание 17

Кто э́то? Вы его́ зна́ете? — **Коне́чно, зна́ю. Э́то Влади́мир Черно́в. Он дире́ктор.**

Кто она́? Вы её не зна́ете? — **Коне́чно, зна́ю. А вы не зна́ете? Э́то Ната́ша. Она́ актри́са.**

 Рабо́та в гру́ппе или с карти́нками:
Спра́шиваем и отвеча́ем: Кто э́то? Вы его́ / её зна́ете? Как его́/её зову́т? Кто он/она́? — …

Здесь	Там

**Где стол? — Он здесь.
Где со́лнце? — Оно́ там.**

Задание 18

Выбира́ем глаго́лы и фо́рмы:

1) Э́то парк. Здесь мы … . 2) Э́то рестора́н. Здесь вы … , … и … . 3) Э́то библиоте́ка. Там я … . 4) Э́то тури́ст. Он … . 5) Вот де́ти. Они́ … . 6) Он инжене́р. Он … . 7) Э́то актёр, а э́то журнали́ст. Журнали́ст … , а актёр … . 8) Я его́ … . Он адвока́т. 9) Вот клуб. Там мы … .

(за́втракаете, зна́ю, чита́ю, у́жинаете, рабо́тает, гуля́ем, обе́даете, спра́шивает, игра́ют, отвеча́ет, отдыха́ем, гуля́ет)

Задание 19

Отвеча́ем на вопро́сы:

Э́то парк. Что вы здесь де́лаете?
Э́то библиоте́ка. Что вы здесь де́лаете?
Э́то кафе́. Что вы здесь де́лаете?
Э́то класс. Что вы здесь де́лаете?
Э́то цирк. Что вы здесь де́лаете?
Э́то рестора́н. Что вы здесь де́лаете?
Э́то теа́тр. Что вы здесь де́лаете? А что де́лают актёры?

Задание 20

Это рестора́н. Здесь обе́дает актёр.
Кто здесь обе́дает? — Здесь обе́дает **актёр**./ **Актёр**.
Где обе́дает актёр? — Актёр обе́дает **здесь**./ **Здесь**.
Что здесь де́лает актёр? — Актёр здесь **обе́дает**./ **Обе́дает**.

1) Э́то проспе́кт. Мы здесь гуля́ем. 2) Вот теа́тр. Там игра́ют актёры. 3) Э́то библиоте́ка. Здесь мы чита́ем. 4) А вот парк. Здесь игра́ют де́ти. 5) Э́то магази́н. Здесь рабо́тает И́ра. 6) Э́то цирк. Здесь мы отдыха́ем, а кло́ун рабо́тает.

Задание 21

Спра́шиваем и отвеча́ем: «Кто?», «Что?», «Что де́лает?»

— Извини́те, вы не зна́ете, кто э́то?
— Э́то Ка́тя.
— А кто она́?
— Она́ спортсме́нка.
— Что она́ де́лает?
— Я ду́маю, она́ отдыха́ет.

1) Сла́ва — музыка́нт — игра́ть.
2) Влади́мир — такси́ст — обе́дать.
3) Ива́н — профе́ссор — чита́ть.
4) О́льга — гид — гуля́ть.
5) Серге́й — инжене́р — рабо́тать.
6) Мари́я — актри́са — за́втракать.
7) Ди́ма — студе́нт — у́жинать.
8) Ка́тя — журнали́стка — кури́ть.

Урок 3

Ии, ы
и — Иван — иду — идём — Токио
Это папа и мама. Папа и мама дома. Это он и она. Это Анна и Антон.

С с, З з, К к, Г г, Х х, Р р
са — ся су — сю со — сё сэ — се сы — си
ста — сто — сту сва — сво — сву сна — сно — сну
суп — система, соус — спасибо, сумка — такси
за — зя зу — зю зо — зё зэ — зе зы — зи
зва — зво — зву зна — зно — зну
зона — зебра, виза — визит
Это ваза. Это суп. Это мост. Это роза. Роза тут. Такси там. Вот виза.
Год [т]. Ад [т]. Это сад [т]. Там запад [т]. Это гид [т].
Это клуб [п]. Это хлеб [п]. Это дуб [п]. Он сноб [п].
Это глаз [с]. Это рассказ [с]. Это приказ [с]. Это газ [с].
суп — зуб вас — ваза сон — зона сад — зад

ка ку ко ке ки
карта, Куба, комплекс, ракета, километр
сумка — сумки

га гу го ге ги
гараж, гуру, город, герой, гимнаст
книга — книги
Это друг [к]. Это враг [к]. Это флаг [к].

ха ху хо хе хи
характер, хулиган, хор, Хемингуэй, химик
дух — духи
характер, урок, зав[ф]тра

ра — ря ру — рю ро — рё рэ — ре ры — ри
радио — рядом, руки — брюки, рыба — река, рок — турист

> Это стол. Это столы́.
> Это маши́на. Это маши́ны.
> Это окно́. Это о́кна.

Plural

Урок 3

ОН -ы / -и	ОНО́ -а / -я	ОНА́ -ы / -и
магази́н — магази́ны секрета́рь — секретари́ парк — па́рки врач — врачи́ музе́й — музе́и	сло́во — слова́ мо́ре — моря́	маши́на — маши́ны семья́ — се́мьи кни́га — кни́ги ночь — но́чи
(к, г, х) + И (ч, ш, ж, щ) + И	(к, г, х) + И (ч, ш, ж, щ) + И	

! сосе́д — сосе́ди, чёрт — че́рти

! дома́, города́, берега́, леса́, острова́, поезда́, вечера́; учителя́, профессора́, мастера́, доктора́, повара́

! брат — бра́тья, сын — сыновья́, друг — друзья́, муж — мужья́, де́рево — дере́вья, лист — ли́стья, стул — сту́лья

! мать — ма́тери, дочь — до́чери

! сестра́ — сёстры, жена́ — жёны

! челове́к — лю́ди, ребёнок — де́ти

! и́мя — имена́, вре́мя — времена́

Они́: роди́тели, часы́, очки́, де́ньги, брю́ки, джи́нсы.

дома́, города́, берега́, леса́, острова́, поезда́, вечера́

брат — бра́тья, сын — сыновья́, друг — друзья́, муж — мужья́, де́рево — дере́вья, лист — ли́стья, стул — сту́лья

Как по-рýсски «taxi»? — Таксú!
Что знáчит «таксú»? — Taxi.

— Вы не знáете, как по-рýсски «dictionary»?
— Словáрь.

— Вы знáете, что знáчит «семья́»?
— «Семья́» — это женá, муж и дéти.

Урок 3

Задание 22

друг — друзья́

Гóрод, ýлица, автóбус, трамвáй, машúна, дом, магазúн, киóск, музéй, теáтр, парк.

— Извинúте, где здесь киóски?
— Вот киóск.

— Какúе городá ты знáешь?
— Я знáю … .

Друг, подрýга, собáка, кóшка, коллéга, фотогрáфия.

— Это твоú друзья́?
— Да, это мой друг. Егó зовýт Игорь. Это моя́ подрýга. Её зовýт Óльга.

Брат, муж, сын, сестрá, женá, пáпа, мáма, дéдушка, бáбушка, внук, внýчка.

— Это твоú сыновья́?
— Да, это моú сыновья́, а это моя́ женá и мой брат.

Журналúст, газéта, журнáл, слóво, словáрь (m.), журналúстка, бýква, текст.

— Вы журналúст?
— Да, я журналúст. Вот мой журнáл. Вы егó читáете?

Студе́нт, студе́нтка, актёр, такси́ст, актри́са, секрета́рь, экономи́ст, журнали́стка, спортсме́н, инжене́р.

— Вы спортсме́ны?
— Нет, я инжене́р, а он такси́ст.

Зада́ние 23

Каки́е э́то слова́?

		Т	Е		З	Е	И
А	В	Т	О		О	С	К	И
М	А	Г	А		Р	О	Д	А
		У	Л	И		В	А	И
		К	И		Б	У	С	Ы
		М	У		А	Т	Р	Ы
		Г	О		З	И	Н	Ы
Т	Р	А	М		Ц	Ы

Э́то слова́: **теа́тры**, ...

Зада́ние 24

А: Э́то инжене́ры. Они́ рабо́та… . Они́ не спеш… .
Э́то инжене́ры. Они́ рабо́тают. Они́ не спеша́т.

1. Э́то музыка́нты. Они́ игра́ют, а мы их слу́шаем.
2. Э́то футболи́сты. Они́ игра́ют, а мы смо́трим.
3. Э́то журнали́сты. Они́ ку́рят и говоря́т. Они́ вас спра́шивают, а вы отвеча́ете.
4. Э́то де́ти. Они́ игра́ют. Э́то роди́тели. Они́ смо́трят, что де́лают де́ти.
5. Э́то друзья́. Они́ отдыха́ют. Я их зна́ю. Вы их по́мните?
6. Э́то студе́нты. Они́ изуча́ют ру́сский язы́к. Вот кафе́. Здесь студе́нты за́втракают и обе́дают.
7. Э́то профе́ссор. Он говори́т, а студе́нты его́ слу́шают.
8. Э́то тури́сты. Они́ гуля́ют. Они́ смо́трят дома́.

Б: Это экономи́ст. Он рабо́тает. ...
Это экономи́сты. Они́ рабо́тают. Я то́же рабо́таю.

1) Это журнали́ст. Он чита́ет. ...
2) Это актри́са. Она́ игра́ет. ...
3) Это такси́ст. Он отдыха́ет. ...
4) Это гид. Он говори́т. ...
5) Это студе́нт. Он слу́шает. ...
6) Это студе́нтка. Она́ отвеча́ет. ...
7) Это капита́н. Он ку́рит. ...
8) Это друг. Он у́жинает. ...
9) Это брат. Он за́втракает. ...
10) Это спортсме́н. Он спеши́т. ...

Урок 3

Зада́ние 25

А

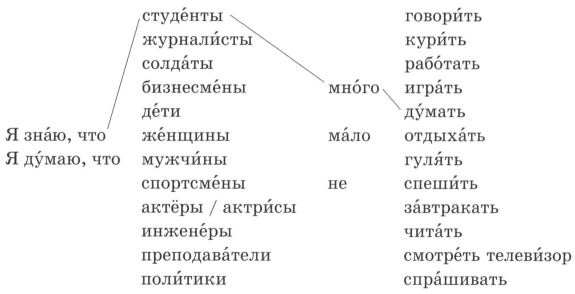

	студе́нты		говори́ть
	журнали́сты		кури́ть
	солда́ты		рабо́тать
	бизнесме́ны	мно́го	игра́ть
	де́ти		ду́мать
Я зна́ю, что	же́нщины	ма́ло	отдыха́ть
Я ду́маю, что	мужчи́ны		гуля́ть
	спортсме́ны	не	спеши́ть
	актёры / актри́сы		за́втракать
	инжене́ры		чита́ть
	преподава́тели		смотре́ть телеви́зор
	поли́тики		спра́шивать

Б Загада́йте профе́ссии и опиши́те их. Други́е студе́нты отга́дывают.

— Они́ мно́го говоря́т и ма́ло де́лают. — Это поли́тики.

Задание 26

Что здесь не так?

Стол, стул, телефо́н, ~~музе́й~~, окно́.

1) города́, у́лицы, капита́ны, авто́бусы, магази́ны, кио́ски;
2) бра́тья, сёстры, де́ти, мужья́, сту́лья, жёны, до́чери, сыновья́;
3) такси́сты, экономи́сты, секретари́, компью́теры, ги́ды;
4) журна́лы, слова́, газе́ты, солда́ты, те́ксты.

Задание 27

Спра́шиваем и отвеча́ем.

Где о́кна? — **Вот окно́.**

Где авто́бусы? Где магази́ны? Где пи́сьма? Где маши́ны? Где сту́лья? Где телефо́ны? Где словари́? Где музыка́нты? Где дома́? Где актри́сы? Где компью́теры? Где часы́? Где су́мки? Где рестора́ны? Где журнали́сты? Где кио́ски? Где кни́ги? Где студе́нты? Где тури́сты? Где студе́нтки? Где де́ньги? Где друзья́? Где столы́? Где журна́лы? Где газе́ты?

Задание 28

Ва́ши ассоциа́ции:

Роди́тели…
Роди́тели, бра́тья, сёстры, сыновья́, до́чери, ма́тери, ба́бушки, де́душки…

Кто бо́льше?

Друзья́ …
Маши́ны…
Сту́лья …
Журна́лы…

Задание 29

Это книг...
Это кни́ги. — Это кни́га.

Это су́мки.; это рестора́ны; это письмо́ (Brief).; это студе́нтки.; это тури́сты.; это студе́нты.; это актри́са.; это вну́ки.; это газе́ты.; это окно́, это журна́лы.; это телефо́ны.; это компью́теры.; это журнали́стки.; это экономи́сты.; это ба́бушки.; это маши́ны; это магази́ны.; это актёры.; это портре́ты.; это дома́.; это инжене́ры.; это гру́ппы.

Уро́к 3

Урок 4

ай — ой — ей — уй — ый — ий
май, дай, мой, твой, свой, но́вый, ста́рый, хоро́ший, си́ний

Это твой ↗ дом? — Да, э́то мой дом ↘.
Это твой ↗ брат? — Да, э́то мой брат ↘.
Это ↗ твой план? — Да, э́то мой план ↘. = Да, мой ↘.
Это ↗ твой биле́т? — Да, э́то мой биле́т ↘. = Да, мой ↘.

Это Ива́н. Он мой брат.
Это Анто́н. Он мой друг.
Но́вый друг. Ста́рый дом. Хоро́ший план.
Кто э́то? — Это мой друг.
Кто э́то? — Это мой брат.
Кто э́то? — Это Ива́н.

тА́

		тА́ та			
муж	дочь	де́ти	у́жин	го́род	ма́ма
мать	друг	ду́мать	бе́рег	бра́тья	ро́за
лес	брат	за́втрак	брю́ки	ко́шка	о́стров
сын	здесь	ру́сский	бу́ква	лю́ди	сло́во
текст	там	слу́шать	ве́чер	по́езд	по́мнить

та тА́			**тА́ та та**
гуля́ть	проспе́кт	слова́рь	у́жинать
игра́ть	чита́ть	сестра́	спра́шивать
кафе́	язы́к	портре́т	за́втракать
кури́ть	уже́	сосе́д	у́лица
пото́м	трамва́й	часы́	ба́бушка

та тА́ та		**та та тА́**
рабо́тать	колле́га	говори́ть
профе́ссор	подру́га	изуча́ть
авто́бус	пробле́ма	отвеча́ть
коне́чно	ребёнок	повторя́ть
копе́йка	соба́ка	понима́ть

> Чей э́то журна́л? — Э́то мой журна́л.
> У меня́ есть семья́. Вот моя́ семья́.
> У меня́ уже́ есть биле́т.
> Я вас ещё не зна́ю.

КТО?	ЧЕЙ?	ЧЬЯ?	ЧЬЁ?	ЧЬИ?
Я	Мой дом	Моя́ ма́ма	Моё окно́	Мои́ друзья́
ТЫ	Твой друг	Твоя́ кни́га	Твоё сло́во	Твои де́ти
ОН/ОНО	Его́ стул	Его́ сестра́	Его́ бюро́	Его́ колле́ги
ОНА	Её брат	Её су́мка	Её письмо́	Её роди́тели
МЫ	Наш класс	На́ша семья́	На́ше метро́	На́ши лю́ди
ВЫ	Ваш телефо́н	Ва́ша ча́шка	Ва́ше вино́	Ва́ши часы́
ОНИ	Их стол	Их маши́на	Их кафе́	Их де́ньги

Уро́к 4

Зада́ние 30

Выбира́ем: Чей?; Чья?; Чьё?; Чьи?

... э́то кни́га? ... э́то слова́рь? ... э́то письмо́? ... э́то докуме́нты? ... э́то роди́тели? ... э́то компью́тер? ... э́то гру́ппа? ... э́то дом? ... э́то стул? ... э́то газе́ты? ... э́то пробле́ма? ... э́то су́мка? ... э́то журна́л? ... э́то вопро́с? ... э́то часы́? ... э́то де́ньги? ... э́то сигаре́ты? ... э́то иде́я? ... э́то ко́фе? ... э́то вино́? ... э́то сын? ... э́то маши́на? ... э́то кафе́?

Задание 31

Идея — Чья это идея? — Это моя идея!

Мой: вопрос, газета, журналы, письмо.
Твой: друг, подруга, собака, кошка, фотография.
Наш: сумка, документы, бюро, гид.
Ваш: театр, группа, дома, кафе.

 Показываем картинки и предметы в группе.
«Что это?» — «Это дом.» — «Чей это дом?» ...

Задание 32

Это (я) дом. — Это мой дом.
Это (я) дома. — Это мои дома.

1) Это (я) друзья. Ты их помнишь?
2) Это (я) друг. Ты его помнишь?
3) Это (ты) брат. Я его знаю.
4) Это (ты) братья. Я их знаю.
5) Это (я) сын. Я его не понимаю.
6) Это (я) сыновья. Я их не понимаю.
7) Это (ты) родители. Ты их слушаешь?
8) Это (ты) студент. Ты его понимаешь?
9) Это (ты) студенты. Ты их понимаешь?

Задание 33

1) мой — моя — моё — мои

Меня зовут Ира. Ира — это **моё** имя. **Моя** фамилия — Орлова, **моё** отчество — Максимовна. Ирина Максимовна Орлова. Это **моя** семья: ... муж, ... сын, ... дочь, ... брат, ... сестра, ... папа, ... бабушка и дедушка. Это ... дом и ... собака.

2) твой — твоя — твоё — твои

Ты секретарь.
— Это ... стол.
... письмо, ... телефон, ... факс, ... документы, ... компьютер, ... лампа, ... часы, ... словарь.

3) наш — наша — наше — наши

Мы журналисты. ...
... журнал, ... газета, ... компьютер, ... новости, ... деньги, ... сигареты.

4) ваш — ваша — ваше — ваши

Вы директор. ...
... деньги, ... секретарь, ... часы, ... газета, ... машина, ... телефоны, ... идея.

урок 4

ОН — ЕГО	Это Игорь. Это его дом, его машина, его окно, его деньги.
ОНА — ЕЁ	Это Ольга. Это её муж, её сумка, её письмо, её часы.
ОНИ — ИХ	Это капитаны. Это их стол, их карта, их вино, их карты.

Задание 34

Выбира́ем: его́, её, их.

Влади́мир и Ка́тя — муж и жена́.

Ка́тя ... жена́, а Влади́мир ... муж. А э́то ... дом, ... сад, ... де́ти, ... су́мка, ... телеви́зор, ... подру́га, ... телефо́н, ... кни́га, ... маши́на, ... докуме́нты, ... соба́ка, ... компью́тер, ... гита́ра, ... ро́за, ... ди́ски, ... журна́л, ... стол, ... часы́, ... костю́м, ... ка́рты, ... де́ньги, ... друг, ... буты́лка, ... фотогра́фия.

Задание 35

В гру́ппе: кладём на стол ра́зные ве́щи и спра́шиваем:

Э́то ваш журна́л? Чей э́то журна́л? ...
Чьи э́то часы́? Э́то его́ часы́? — Нет, э́то не его́ часы́. Э́то мои́ часы́.
Э́то мои́ де́ньги! — Нет, э́то не твои́ де́ньги, э́то её де́ньги!
Э́то на́ши места́? — Да, на́ши. Э́то ва́ша сестра́? — Да, э́то она́.
Вот мой друг. Его́ зову́т Бори́с. Он журнали́ст.
Вот ... подру́га. Её зову́т ... . Она́ ... .
Вот ... сосе́д/ка. ... Вот ... соба́ка/ко́шка. ...Вот ... класс. Э́то ... преподава́тель. А э́то ... .

```
я — у меня          мы — у нас
ты — у тебя  + ЕСТЬ...   вы — у вас   + ЕСТЬ...
он — у него
она — у неё         они — у них
```

Задание 36

Что у вас есть?   У меня есть....
                    У тебя есть ....

Задание 37

У меня есть папа. Его зовут Пётр. Он врач.
У меня есть сын. Его зовут Дима. Он школьник.
А у вас?

Задание 38

А. У меня есть вопрос. **Вот мой вопрос.**

1) У меня есть друг. 2) У меня есть дети. 3) У нас есть машина. 4) У них есть сын. 5) У вас есть стулья. 6) У неё есть семья. 7) У меня есть сумка. 8) У тебя есть журнал.

Б. У вас есть документы? — **Вот мои документы.**

1) У вас есть вопрос? 2) У тебя есть подруга? 3) У вас есть собака? 4) У неё есть телефон? 5) У него есть сестра? 6) У тебя есть семья? 7) У них есть сын? 8) У вас есть машина? 9) У неё есть брат? 10) У тебя есть газета? 11) У него есть словарь? 12) У вас есть часы?

Задание 39

У (я) есть вопрос. — **У меня есть вопрос.**

1) У (вы) есть деньги. 2) У (он) есть брат. 3) У (ты) есть билет? 4) У (мы) есть время. 5) У (я) есть идея. 6) У (она) есть собака. 7) У (мы) есть кошка. 8) У (они) есть машина. 9) У (ты) есть семья. 10) У (она) есть сумка. 11) У (мы) есть стулья. 12) У (она) есть роза.

Урок 4

Задание 40

В гру́ппе говори́м, что у нас есть, и отга́дываем, что пра́вда, а что — нет.

— У меня́ есть подру́га. У неё есть муж. — **Это пра́вда.**
— У меня́ есть подру́га. У неё есть пингви́н. — **Это непра́вда.**

Задание 41

мы, кни́ги — У НАС есть кни́ги. Это НА́ШИ кни́ги.

я, вопро́с _____
ты, де́ньги _____
они́, де́ти _____
он, маши́на _____
она́, друг _____
мы, вре́мя _____
я, иде́я _____
она́, брат _____
вы, стол _____
ты, дом _____
он, компью́тер _____
вы, пробле́ма _____
она́, соба́ка _____
он, дочь _____
она́, муж _____
он, жена́ _____
он, рабо́та _____
ты, подру́га _____
они́, ко́шка _____

уже́ ≠ ещё
У меня́ уже́ есть биле́т. — А у меня́ ещё нет.
Вы меня́ уже́ зна́ете? А я вас ещё не зна́ю!

Задание 42

Уже или ещё?

1) Олег уже дома? — Нет, он … гуляет.
2) Ты сейчас работаешь? — Нет, я … отдыхаю.
3) Ты ужинаешь? — Да, я … ужинаю.
4) Ты … обедаешь? — Нет, я … завтракаю.
5) Она его знает? — Я думаю, она его … знает.
6) Кто вы? Я вас … не знаю!
7) Света — студентка? — Нет, она … работает.
8) У вас есть работа? — Я … не работаю, я студент.
9) Ты его … помнишь? — Нет, … не помню.
10) У вас есть деньги? — Да, спасибо, ….. есть.

Урок 4

тоже = / ещё +

Это студент, это **тоже** студент.
У меня есть брат, а **ещё** у меня есть сестра.

Задание 43

тоже или ещё?

1) Что делают дети? — Они гуляют. ….. они играют. Мы ……. гуляем.
2) У неё есть дедушка. А … у неё есть бабушка.
3) Я читаю. Ты ……… читаешь? — Да, я …………. читаю. ………… я тебя слушаю.
4) Я читаю газеты. А … я слушаю радио.
5) Это актёр, а это кто? — Это ……. актёр. А ……… здесь есть актриса.
6) Вот книга, вот ……. журналы и газеты. — У меня есть журналы. У неё ………. есть журналы.

7) Вы не ку́рите? Я ... не курю́.

8) Это журнали́стка. Это .... журнали́стка.

9) Это наш дире́ктор. А ... он мой друг.

10) Он футболи́ст. А .... он студе́нт.

11) Я смотрю́ телеви́зор. А что ты де́лаешь? — Я ... смотрю́ телеви́зор.

12) У вас есть пробле́ма? У меня́ .... есть пробле́ма. — А что .... у вас есть?

Моя́ семья́

Это О́льга Владисла́вовна. Она́ за́втракает.
Это её сын. Его́ зову́т Ди́ма. Он игра́ет.
Это его́ па́па. Его́ зову́т И́горь. Он отдыха́ет.

Это его́ брат. Его́ зову́т Влади́мир. Он у́жинает.
Это его́ жена́. Её зову́т Ка́тя. Она́ чита́ет.
Это его́ ма́ма. Её зову́т Светла́на Гео́ргиевна. Она́ смо́трит телеви́зор.
Это её муж, Пётр Ильи́ч. Он гуля́ет.
Это их внук, Ди́ма. Он игра́ет.
Это его́ де́душка и ба́бушка, а Влади́мир и Ка́тя — его́ дя́дя и тётя.

Зада́ние 44

Это ма́ма и ....
Это ма́ма и па́па.

Это муж и ....
Это сестра́ и ....
Это вну́чка и ....
Это ба́бушка и ....
Это сын и ....
Это тётя и ....

Задание 45

Пишем 3—4 имени членов семьи и меняемся листочками с партнёром.

Рональд
Вирджиния
Джоанна

Спрашиваем: Это он или она? Кто он? Он музыкант? Это твой дедушка?

Здравствуйте! Меня зовут Игорь. Это моё имя. Я биолог. Я много читаю и мало отдыхаю. У меня есть жена. Её зовут Ольга. Она экономист. Она много работает. У нас есть сын. Его зовут Дима. Он школьник. Я думаю, он мало читает и много смотрит телевизор. Я его не понимаю. Ещё у меня есть брат. Его зовут Владимир. Мой брат — капитан. Он много курит, а я не курю. У нас есть папа. Его зовут Пётр Ильич. Наш папа врач. Он тоже курит и много читает. Он ещё работает. Ещё у нас есть мама. Её зовут Светлана Георгиевна. Наша мама уже не работает.

Задание 46

Здра́вствуйте! Вы меня́ уже́ зна́ете. Меня́ зову́т И́горь, И́горь Петро́вич Ду́бов. М....... фами́лия — Ду́бов, м....... и́мя — И́горь, м....... о́тчество — Петро́вич. Я био́лог. Э́то зоопа́рк. Здесь я рабо́та..... . Э́то м....... жена́, О́льга Владисла́вовна. Она́ экономи́ст. Я ду́ма...., сейча́с она́ ещё рабо́та......., а я уже́ до́ма, отдыха́..... . У нас есть сын. .... зову́т Ди́ма. Его́ .... — то́же Ду́бов, а его́ .... — И́горевич. Э́то .... ма́ма и па́па. Мой па́па — врач. Его́ ... Пётр Ильи́ч. Он ещё рабо́та...., а моя́ ма́ма уже́ не рабо́та .... зову́т Светла́на Гео́ргиевна. У меня́ есть брат. .... зову́т Влади́мир. Он капита́н. У ...... есть жена́. .... зову́т Ка́тя. Она́ журнали́стка.

Вот н........ дом, а там парк, где мы гуля́........ . Там игра́....... н....... сын Ди́ма.

Меня́ зову́т Пётр Ильи́ч. Моя́ .... Ду́бов. Я .... У меня́ есть .... Её .... Све́та. У ...... есть де́ти. .... зову́т И́горь и Влади́мир. И́горь — био́лог, а Влади́мир — капита́н. Ещё у меня́ есть .... зову́т Ди́ма.

Меня́ зову́т Ди́ма. Э́то .... па́па и ма́ма. У меня́ есть .... зову́т Светла́на Гео́ргиевна. Ещё у .... есть де́душка, Пётр Ильи́ч. А Влади́мир и Ка́тя — мой дя́дя и тётя. А э́то .... ко́шка. Её зову́т Му́ра.

Меня́ зову́т Влади́мир. Я .... фами́лия — Ду́бов, а моё .... — Петро́вич. У меня́ есть .... Зову́т Ка́тя. Она́ .... А э́то И́горь, мой ....

Задание 47

	с	е	м	
		у		
		а		Ь Я
		з		
	ы			

сын, муж, друг, брат

Задание 48

 А. Расска́з «Моя́ семья́»

У меня́ есть … .
… зову́т … .
Он / она́ … .

Б. Спра́шиваем и отвеча́ем, а пото́м рису́ем семе́йное дре́во сосе́да в кла́ссе.

> Э́то тигр-па́па, тигр-ма́ма и тигр — их сын.
> — А где ба́бушка На́стя?

Уро́к 4

Задание 49

— До́брый день, я журнали́ст Дми́трий Ти́хонов, телекана́л «Санкт-Петербу́рг». Как вы ду́маете, кто э́то? Э́то футболи́ст Андре́й Бегуно́в.
— Андре́й, э́то ва́ша семья́? Э́то ва́ша жена́, а э́то ваш сын? Э́то ва́ши меда́ли? Э́то ва́ша кома́нда? Э́то ваш тре́нер? Э́то ва́ша маши́на? Э́то ваш авто́граф?
— Да.
— Спаси́бо за интервью́!

 В гру́ппе: выбира́ем ро́ли и берём «интервью́» — актри́са, музыка́нт, дире́ктор …

Задание 50

А. Сколько здесь слов?

г	и	д	а	м	а	м	а	р	к	а
о	к	о	п	а	р	к	и	д
р	а	д	о	ч	ь	б	м	и	р	а
о	м	о	р	е	д	р	у	з	ь	я
д	о	ч	е	р	и	а	ж	ё	н	ы
о	р	ь	л	и	с	т	ь	я	м	а
м	с	ы	н	о	в	ь	я	р	о	к
а	у	с	е	м	ь	я	в	н	у	к

Б. Где здесь ошибки (14)?

1) Она́ спортсме́н, а он — музыка́нт.
2) Что это? — Э́то такси́ст.
3) Где письмо́? — Вот она́.
4) Ты зна́ете, кто она́?
5) Э́то Пе́тя. Я её зна́ю.
6) Они́ говори́ть, что вы не рабо́тать.
7) Мы не говори́м, мы де́лать.
8) У меня́ есть маши́на, де́ньги и до́мы.
9) Чей это докуме́нты?
10) Ты есть компью́тер.
11) Мой муж есть бизнесме́н.
12) Э́то Во́ва, а э́то её соба́ка.

Урок 5

стол — столы́	сад [т] — сады́	ры́ба — ры́бы
телефо́н — телефо́ны	расска́з [с] — расска́зы	ка́рта — ка́рты
фильм — фи́льмы	клуб [п] — клу́бы	ва́за — ва́зы
флаг [к] — фла́ги	кни́га — кни́ги	уро́к — уро́ки

Я я [йа]	Е е [йэ]	Ё ё [йо]	Ю ю [йу]
я	ем	её	юг
моя́	ест	моё	ю́мор
Я́лта	е́ду	твоё	Югосла́вия

мой — моя́ — моё   твой — твоя́ — твоё   свой — своя́ — своё
Это мой дом.   Это твой стол.   У меня́ свой стол.
Это моя́ маши́на.   Это твоя́ су́мка.   У меня́ своя́ су́мка.
Это моё окно́.   Это твоё письмо́.   У него́ своё окно́.

Это твой дом? — Да, мой.
Это твоя́ иде́я? — Да, моя́.
Это твоё письмо́? — Да, моё.

А́нна ↗ до́ма? — Да ↘, она́ до́ма.
↗ А́нна до́ма? — ↘ Нет, не она́ ↘.
Анто́н гу↗ля́ет? — ↘ Да, Анто́н гуля́↘ет.
Ан↗то́н гуля́ет? — ↘ Нет, это не он ↘.
Ты чи↗та́ешь? — ↘ Да, я чита́ю.
↗ Ты чи↗та́ешь? — ↘ Нет, не я ↘.

Вы иг↗ра́ете? — ↘ Да, я игра́ю.
↗ Вы игра́ете? — ↘ Нет, не ↘ я.

Вы его́ ↗ зна́ете? — ↘ Нет, не зна́ю.
↗ Вы его́ зна́ете? — ↘ Нет, не я ↘.

я встаю́	мы встаём	я даю́	мы даём
ты встаёшь	вы встаёте	ты даёшь	вы даёте
он/она́ встаёт	они́ встаю́т	он/она́ даёт	они́ даю́т

> Где мои́ докуме́нты? — Они́ на столе́.
> Я живу́ в Росси́и, в Петербу́рге.
> Где ты был? — Я был в Парагва́е.
> Что ты де́лал? — Я отдыха́л.

Чи́сла:

0 — ноль	6 — шесть
1 — оди́н	7 — семь
2 — два	8 — во́семь
3 — три	9 — де́вять
4 — четы́ре	10 — де́сять
5 — пять	+ — плюс; − — ми́нус

Зада́ние 51

Чита́ем и счита́ем:

8 − 1 = …7 — Во́семь ми́нус оди́н — семь.

8 − 4 = ; 3 + 4 = ; 2 + 1 = ; 5 − 2 = ; 10 − 4 = ; 7 + 2 = ; 4 − 2 = ; 6 + 1 = ; 5 + 4 = ; 10 − 8 = ; 1 + 4 = .

оди́н + НА́ДЦАТЬ

11 — оди́ннадцать;	14 — четы́рнадцать;	17 — семна́дцать;
12 — двЕна́дцать;	15 — пятна́дцать;	18 — восемна́дцать;
13 — трина́дцать;	16 — шестна́дцать;	19 — девятна́дцать.

!!! 12 / 19

Поехали!

Задание 52

Пишем:

15, 17, 2, 14, 13, 12, 18, 16, 11

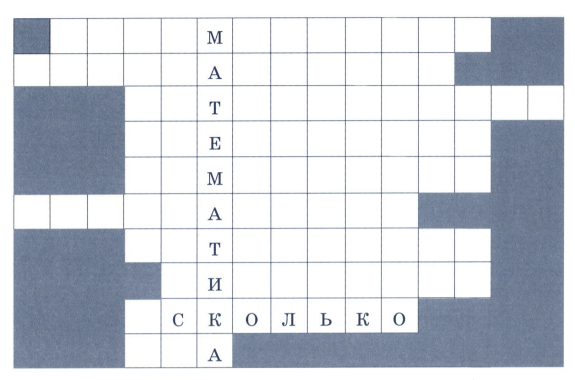

Урок 5

20 — два́дцать; 30 — три́дцать;

40 — со́рок;

50 — пятьдеся́т; 60 — шестьдеся́т; 70 — се́мьдесят; 80 — во́семьдесят;

90 — девяно́сто; 100 — сто

Задание 53

Оди́н студе́нт дикту́ет, а друго́й пи́шет. Оди́н пи́шет, а друго́й чита́ет.

7, 10, 9, 11, 17, 12, 19, 40, 50, 15, 90, ...

Игра́ем в лото́!

Студе́нты пи́шут любы́е ци́фры от 1 до 20. Преподава́тель чита́ет, и студе́нты зачёркивают ци́фры. Кто пе́рвый зачёркивает всё, тот выи́грывает.

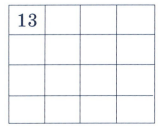

Задание 54

В гру́ппе — спра́шиваем и отвеча́ем:

— **Извини́те**, (пожа́луйста), **ско́лько вре́мени?**
— **Уже́** семь три́дцать.
— **Ещё** во́семь пятна́дцать. У нас ещё есть вре́мя.

Задание 55

Оди́н студе́нт дикту́ет, а друго́й пи́шет. Оди́н пи́шет, а друго́й чита́ет.

6.00	7.40	9.10	11.50	12.20	17.15	19.45	20.35
	22.05		23.00	1.30 ...			

ГДЕ?

Здесь / тут — там; спрáва — слéва, дóма.

Задáние 56

Спрáшиваем и отвечáем:

Где ресторáн? Где кафé? Где автóбус? Где кинó? Где парк? Где музéй? Где теáтр? Где такси́?

В клáссе:

Кто / что у вас спрáва? Кто / что у вас слéва?

В   НА

в столе́ / на столе́, в чемода́не / на чемода́не, в голове́ / на голове́

Диало́г:

— Где мои́ биле́ты?
— Они́ в ку́ртке.
— А моя́ ку́ртка где?
— Она́ в чемода́не.
— А где чемода́н?
— Я ду́маю, он в маши́не.
— А, вот они́, у меня́ в су́мочке.

Где? (Prep.)

m.	n.	f.
-Е / -И	-Е / -И	-Е / -И
Петербу́рг — в Петербу́рге	письмо́ — в письме́	Москва́ — в Москве́ Тверь — в Твери́ пло́щадь — на пло́щади
сцена́рий — в сцена́рии	упражне́ние — в упражне́нии	а́рмия — в а́рмии Росси́я — в Росси́и

! метро́ — в метро́, кафе́ — в кафе́, бюро́ — в бюро́

лес — в лесу́
пол — на полу́
у́гол — в / на углу́
бе́рег — на берегу́

шкаф — в шкафу́
Крым — в Крыму́
сад — в саду́
мост — на мосту́
порт — в порту́

Задание 57

Где мои́ де́ньги? — Они́ в (банк).
Где мои́ де́ньги? — Они́ в ба́нке.

1) Где сейча́с дире́ктор? — Он в (о́фис). 2) Где твой брат? — Он в (Москва́). 3) Где вы за́втракаете? — В (рестора́н). 4) Где ва́ша маши́на? — В (гара́ж). 5) Где твой па́спорт? — В (су́мка). 6) Где ва́ша ко́шка? — Она́ гуля́ет на (у́лица). 7) Твоя́ до́чка до́ма? — Нет, она́ сейча́с в (шко́ла). 8) А где тури́сты? — Они́ в (музе́й). 9) Где у вас телефо́н? — Там, на (стол). 10) Где ва́ше интервью́? — Здесь, в (журна́л). 11) Где И́горь? — Он сейча́с на (рабо́та). 12) Где он рабо́тает? — В (институ́т).

Задание 58

Где Пари́ж?	Аме́рика	
Где Ло́ндон?	А́нглия	
Где Берли́н?	Ита́лия	
Где Мадри́д?	Фра́нция	Во Фра́нции.
Где Рим?	Росси́я	
Где Москва́?	Испа́ния	
Где Вашингто́н?...	Герма́ния	

Где сейча́с вы? Где ваш муж / ва́ша жена́? Где ва́ши де́ти? Где ва́ши друзья́? Что они́ сейча́с де́лают?

Задание 59

Где моя́ ша́пка? — Она́ у тебя́ на голове́.

Продолжа́ем:

Биле́ты	у меня́ в ко́мнате
Ключи́	у тебя́ в су́мке
Словарь	у неё до́ма
Пи́сьма	у него́ в о́фисе
Докуме́нты	у нас в библиоте́ке
Де́ньги	у них в се́йфе
Чемода́н	у вас на столе́

Уро́к 5

Задание 60

Где мой стул? — Он в (у́гол).
Где мой стул? — Он в углу́.

1) Мы гуля́ем в (лес). 2) Они́ отдыха́ют в (Крым). 3) Капита́н сейча́с в (порт). 4) Де́ти игра́ют в (сад). 5) Тури́сты сейча́с на (мост). 6) Моя́ ку́ртка в (шкаф). 7) Пило́т сейча́с в (аэропо́рт). 8) Мы отдыха́ем на (бе́рег). 9) Твой чемода́н на (пол).

ЖИТЬ

я живу́	мы живём
ты живёшь	вы живёте
он/она́ живёт	они́ живу́т

Задание 61

Где живёт А́нна? — Она́ живёт в Ирку́тске.

1) Где .... Оле́г? (Но́вгород) 2) Где .... Светла́на? (Ки́ев) 3) Где вы ....? — Мы .... (Му́рманск) 4) Где они́ ....? (Минск) 5) Где ты ....? Я .... (Москва́).

 Спра́шиваем и отвеча́ем: А где живёте вы / он / она́?

 ## Задание 62

Где живёт Лю́двиг? (Голла́ндия, Амстерда́м)
Где живёт Лю́двиг? — Он живёт в Голла́ндии, в Амстерда́ме.

1) Где живёт Норико́? (Япо́ния, Оса́ка) 2) Где живу́т Мари́я и Джова́нни? (Ита́лия, Мила́н) 3) Где живёт Пе́дро? (Брази́лия) 4) Где живёт Во́льфганг? (Австрия, За́льцбург) 5) Где живёт Жак Дюва́ль? (Фра́нция, Пари́ж) 6) Где живёт Ка́рин? (Швейца́рия, Берн) 7) Где живёт То́рбен? (Да́ния, Копенга́ген) 8) Где живёт Хе́льга? (Герма́ния, Берли́н).

$$\text{быть} - \text{бы-ть} - \text{бы} + \text{л} + \begin{matrix} \text{о} \\ \text{а} \\ \text{и} \end{matrix}$$

он был   она́ была́   оно́ бы́ло   они́ бы́ли

игра́ть —	он игра́л	она́	они́ ....
ду́мать —	он	она́	они́ ....
чита́ть —	он	она́	они́ ....
говори́ть —	он	она́	они́ ....

Задание 63

Урок 5

Сего́дня я вас зна́ю. **Вчера́ я вас не зна́ла.**
Сейча́с я живу́ здесь. **Ра́ньше я жил там.**

1) Сего́дня я отдыха́ю. Вчера́ я то́же ....
2) Сего́дня я чита́ю рома́н «Идио́т». Вчера́ я .... журна́л «Экономи́ст».
3) Сейча́с я живу́ в Петербу́рге. Ра́ньше я .... в Москве́.
4) Мы игра́ем в футбо́л. Зимо́й мы .... в хокке́й.
5) Сейча́с мы отдыха́ем в Ита́лии. Ра́ньше мы .... в Испа́нии.
6) Сего́дня мы у́жинаем до́ма. Вчера́ мы .... в рестора́не.
7) Она́ гуля́ет в па́рке. Вчера́ она́ .... в лесу́.
8) Сейча́с вы меня́ понима́ете, а ра́ньше не ....
9) Сего́дня я смотрю́ футбо́л, а вчера́ .... кино́.
10) Сего́дня он за́втракает в кафе́, а вчера́ .... до́ма.
11) Сейча́с они́ вас слу́шают, а ра́ньше не ....
12) Сейча́с Андре́й не ку́рит, а ра́ньше ....
13) Сейча́с они́ живу́т в Дре́здене, а ра́ньше .... в Шту́ттгарте.
14) Сего́дня мы в Ми́нске, а вчера́ .... в Ки́еве.
15) Ба́бушка сейча́с не рабо́тает, а ра́ньше .... в шко́ле. Сейча́с она́ живёт в Краснода́ре, а ра́ньше .... в Воро́неже.
16) Де́душка рабо́тает в институ́те, а ра́ньше .... в кли́нике. Сейча́с он живёт в Петербу́рге, а ра́ньше .... в Но́вгороде.
17) О́льга сейча́с то́же живёт в Петербу́рге. Ра́ньше она́ .... в Волоѓде. Она́ рабо́тает в ци́рке, а ра́ньше .... на заво́де.
18) Ка́тя — журнали́стка. Сейча́с она́ живёт в Петербу́рге и рабо́тает на ра́дио. Ра́ньше она́ .... в Москве́ и .... в газе́те.

Задание 64

Спрашиваем и отвечаем:

Где вы бы́ли? — Я был в Гре́ции.
Что вы там де́лали? — Я там отдыха́л.

 Задание 65

Ты уже́ обе́дал? — **Нет, ещё не обе́дал.**

1) Ты уже́ смотре́л фильм «Брат»? —
2) Ты уже́ за́втракал? —
3) Ты уже́ чита́л рома́н «А́нна Каре́нина»? —
4) Вы уже́ слу́шали конце́рт? —
5) Вы уже́ кури́ли? —
6) Вы уже́ спра́шивали, что э́то? —
7) Вы уже́ отдыха́ли? —
8) Они́ уже́ гуля́ли? —
9) Вы уже́ говори́ли? —
10) Она́ здесь уже́ рабо́тала? —

 Задание 66

Где жил Плато́н? — Плато́н жил в Гре́ции.

1) Где жил Достое́вский?
2) Где жил Шекспи́р?
3) Где жил Гёте?
4) Где жил Толсто́й?
5) Где жил Бетхо́вен?
6) Где жил Джек Ло́ндон?
7) Где жил Форд?
8) Где жил Да́нте?
9) Где жил Мо́царт?
10) Где жил Гага́рин?

(Росси́я, Герма́ния, А́встрия, Аме́рика, Ита́лия, Брита́ния)

Поехали! 57

Задание 67

Играем! Вы работаете в России на радио. Вы читаете:

В Лондоне минус три.

Погода на завтра

Москва −14; Санкт−Петербург −11; Владивосток −9; Волгоград −15, снег; Воронеж −17; Екатеринбург −14; Иркутск −22; Краснодар 0, дождь; Красноярск −17, снег; Новосибирск −18; Омск −21, ясно; Ростов −7; Самара −23; Уфа −19; Челябинск −14; Астана − 9; Вильнюс −8; Киев −12, солнце; Минск −10; Рига − 8, ясно; Таллин −11; Кишинёв −13; Ташкент −6; Ереван −4, солнце.

Урок 5

—30   Сегодня очень холодно.
+14   Сегодня тепло.
+32   Сегодня жарко.

Когда?	зима	весна	лето	осень
	зимой	весной	летом	осенью
	декабрь	март	июнь	сентябрь
	январь	апрель	июль	октябрь
	февраль	май	август	ноябрь
Когда?	в декабре	в марте	в июне	в сентябре

Задание 68

Кругосветное путешествие

В январе Вольфганг Кук был в Германии. ... В марте он был в Индии. ... В июле он был в Америке. ... В октябре Кук был в Африке. ... В январе он снова был в Германии.

Когда он был в Бразилии, Испании, Канаде, Китае, Мексике, России, Франции, Японии?

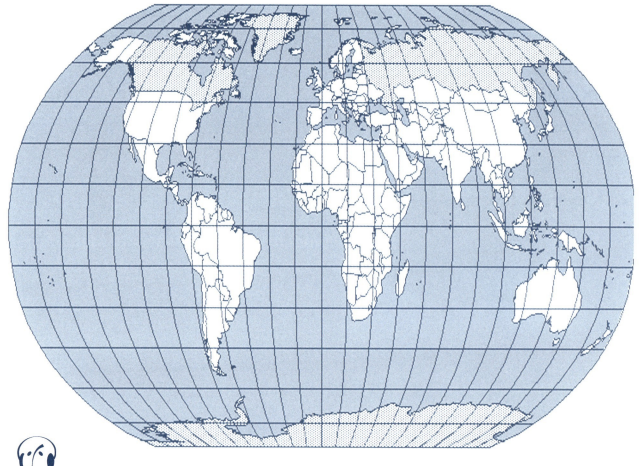

Слушаем и проверяем.

Поехали!

Задание 69

Какие это месяцы?

			В			Ь	
			Е				Ь
			С				
			Н				
			А				

		О			Ь		
		С					Ь
		Е			Ь		
		Н					
		Ь					

Урок 5

 Пингвины живут в Антарктиде. Там всегда очень холодно. Кенгуру живут в Австралии. Я думаю, там очень жарко.

Я живу в России, в Петербурге.
Зимой у нас холодно: минус 10 — минус 25, снег.
Весной, в апреле и в мае, у нас тепло: +5 — +15.
Летом здесь не очень жарко: +10 — +25, солнце.
Осенью у нас в Петербурге 0 — минус 7, ветер и дождь.

 Задание 70

Спрашиваем и отвечаем: А где вы живёте? Зимой у вас холодно? Весной у вас жарко? Когда у вас снег? И т.д.

В июле я отдыхаю. В январе я играю в хоккей. А вы?

Урок 6

 брат — брать   быть — бить   рад — рядом   гора́ — геро́й
том — те́ма   сад — сядь   блу́зка — блюз   сталь — стиль

Ч ч
чи — ча — чо — че — чу
чи — чи   чи́стый, чита́ть, число́
ча — ча   чай, ча́сто, Чарльз
чо — чо   чёрный, чёрт, о чём
че — че   чей, честь, уче́бник
чу — чу   хочу́, учу́, лечу́
ру́чка, то́чка, до́чка, бо́чка, ка́рточка
Чей э́то чай? — Э́то мой чай.
Чьё э́то письмо́? — Я не зна́ю, чьё.
Чья э́то ру́чка? — Э́то твоя́ ру́чка.
Чьи э́то часы́? — Я не зна́ю, чьи часы́.

Л л
ла — ля   лу — лю   ло — лё   лэ — ле   лы — ли
ла́мпа — гуля́ть, клуб — лю́бит, пло́хо — полёт, лы́жи — блин
был — бы́ли, бил — би́ли, плыл — плы́ли, пил — пи́ли, жи́ли — бы́ли
писа́тель, чита́тель, учи́тель, слу́шатель, строи́тель, роди́тели

Ц ц
ац — оц — уц   цы — ца — цо   цы — цу — це   цы — це — цо
цирк, центр, оте́ц — отцы́, у́лица — у́лицы, столи́ца, ста́нция, организа́ция

тА́	тА́ та	та тА́	тА́ та та
диск	ка́рта	уже́	о́тчество
тигр	ла́мпа	ещё	ра́дио
факс	ро́за	костю́м	но́вости

та тА́ та	та та тА́
био́лог	докуме́нт
подру́га	зоопа́рк
кома́нда	интервью́

Поехали! 61

> Вчера́ ве́чером мы бы́ли в теа́тре на бале́те.
> У́тром я рабо́таю, а ве́чером игра́ю на гита́ре.

В ▢	НА ○
В го́роде, в стране́	На се́вере, на восто́ке, на ю́ге, на за́паде; на о́строве
Ры́бы живу́т в мо́ре, в реке́, в о́зере (в воде́)	Мы отдыха́ем на мо́ре, на реке́, на о́зере (на берегу́)
	На у́лице, на проспе́кте, на бульва́ре, на пло́щади
В ба́нке, в институ́те	На фа́брике, на заво́де На по́чте, на ста́нции, на вокза́ле
В теа́тре	На бале́те
В шко́ле	На уро́ке
В университе́те	На экза́мене
В министе́рстве	На рабо́те
В музе́е	На экску́рсии
В по́езде	На по́езде

Уро́к 6

Задание 71

В или НА?

1) Ле́том мы отдыха́ли … ю́ге. Мы жи́ли … Я́лте … до́ме … мо́ре.
2) Ди́ма был … шко́ле … уро́ке.

3) Свен вчера́ был ... теа́тре ... бале́те.
4) Тури́сты сейча́с ... Петербу́рге. Они́ бы́ли ... Эрмита́же ... экску́рсии.
5) Экономи́ст был ... ба́нке ... рабо́те.
6) Мы гуля́ли ... па́рке и ... у́лице.
7) Аня была́ ... магази́не и ... вокза́ле.
8) Влади́мир жил ... Му́рманске, ... се́вере.
9) Ольга рабо́тает ... ци́рке, а ра́ньше рабо́тала ... заво́де.
10) Ва́ши сосе́ди ... по́чте? — Нет, они́ ... ба́ре и́ли ... мили́ции.

А где вы бы́ли вчера́? А ваш сосе́д?

Зада́ние 72

Где моя́ ку́ртка? — Она́ (стул, ко́мната). **Она́ на сту́лE в ко́мнатE.**

1) — А где ваш сын? — Он сейча́с (шко́ла, уро́к).
2) — Где твои́ роди́тели? — Они́ (теа́тр, о́пера).
3) — Где ва́ша дочь? — Она́ (экза́мен, институ́т).
4) — Где твоя́ соба́ка? — Она́ гуля́ет (у́лица) и́ли (парк).
5) — Где вы сего́дня обе́даете? — Я ду́маю, (рестора́н, пло́щадь).
6) — Где сего́дня ва́ши друзья́? — Они́ (музе́й, экску́рсия).
7) — Где твой оте́ц? — Он (рабо́та, о́фис).
8) — Где ва́ша жена́? — Она́ сего́дня (филармо́ния, конце́рт).

Зада́ние 73

— А́нна сейча́с в Москве́? (Петербу́рг)
— **Нет, она́ в Петербу́рге.**

1) Алло́! Ты на рабо́те? (рестора́н) 2) Ты рабо́таешь на заво́де? (министе́рство) 3) Они́ гуля́ют в лесу́? (мо́ре) 4) Тури́сты сейча́с в музе́е? (конце́рт) 5) Робинзо́н живёт в го́роде? (о́стров) 6) Де́ньги у тебя́ в карма́не? (банк) 7) Докуме́нты в се́йфе? (стол) 8) Она́ сейча́с на

экза́мене? (экску́рсия) 9) Де́ти игра́ют на стадио́не? (у́лица) 10) Ты живёшь на восто́ке? (се́вер) 11) Капита́н сейча́с в порту́? (бале́т) 12) Ди́ма чита́ет в библиоте́ке? (шко́ла)

Задание 74

1) Оле́г (жить) в (Ту́ла). Он ма́стер. Он (рабо́тать) в (гара́ж).

2) А́нна (жить) в (Москва́). Она акроба́тка. Она́ (рабо́тать) в (цирк).

3) Я программи́ст. Я (жить) в (Ирку́тск). Я (рабо́тать) в (фи́рма) «Плюс».

4) Ты музыка́нт. Ты (жить) в (Петербу́рг) и (игра́ть) на (гита́ра) в (гру́ппа) «Зоопа́рк».

5) Мы де́ти. Мы (гуля́ть) в (парк).

6) Это милиционе́ры. Они́ (рабо́тать) на (у́лица).

7) Вы спортсме́ны. Вы (игра́ть) в футбо́л на (стадио́н).

8) Влади́мир — капита́н. Он сейча́с в (порт)? Нет, он (отдыха́ть) в (лес).

 А вы кто? Что вы де́лаете и где? А ваш сосе́д?

 ## Задание 75

Марсиа́нин не зна́ет, **где что** де́лать.

Он гуля́ет на рабо́те, обе́дает на у́лице, чита́ет на бале́те, у́жинает в лесу́, за́втракает на конце́рте, отдыха́ет в ба́нке, слу́шает конце́рты в аэропорту́, игра́ет в футбо́л в музе́е.

Вы то́же **так** де́лаете?

		теннис		пианино
		футбол		гитаре
Играть	В	хоккей	Играть НА	скрипке
		шахматы		флейте
		карты		саксофоне
		баскетбол		барабане

Задание 76

В или НА?

1) Кто играет ... саксофоне?
2) Мы играем ... гольф.
3) Они играют ... футбол.
4) Алла играет ... пианино.
5) Борис и Иван играют ... карты.
6) Таня играет ... флейте.
7) Вы играете ... гитаре?
8) Зимой мы играем ... хоккей.
9) Друзья играют ... шахматы.
10) Ты играешь ... теннис.

 Я играю на гитаре. Я не играю в карты. А вы ? А ваш сосед?

- ста -		- да -
встаВАть	**даВАть**	**продаВАть**
я встаю́	_____	_____
ты встаёшь	_____	_____
он/она́ встаёт	_____	_____
мы встаём	_____	_____
вы встаёте	_____	_____
они встаю́т	_____	_____

принима́ть: душ, ва́нну, табле́тки, госте́й

Урок 6

Задание 77

встава́ть, дава́ть, продава́ть, принима́ть

1) У́тром снача́ла .... И́горь и О́льга, а пото́м .... Ди́ма.

2) Они́ .... в 7.00, а он в 7.30.

3) Анто́н рабо́тает в магази́не. Он .... телеви́зоры.

4) Банк .... креди́ты.

5) Фи́рма .... гара́нтии.

6) Я .... душ у́тром и ве́чером.

7) Ты не .... табле́тки?

8) Ве́чером Ка́тя .... ва́нну.

9) Ты .... дом?

10) Они́ .... компью́теры.

11) Я .... в 7. А когда́ ты .... ?

12) У́тром я .... и .... душ.

Что ?	Когда?
у́тро	у́тром
день	днём
ве́чер	ве́чером
ночь	но́чью
по́лдень	в по́лдень
по́лночь	в по́лночь

Зада́ние 78

1) Когда́ вы обе́даете, у́тром или днём?
2) Когда́ вы начина́ете рабо́тать, в по́лночь или у́тром?
3) Когда́ вы у́жинаете, днём или ве́чером?
4) Когда́ вы отдыха́ете, у́тром или ве́чером?
5) Когда́ мы гуля́ем, ве́чером или в по́лночь?
6) Когда́ вы за́втракаете, у́тром или но́чью?
7) Когда́ вы чита́ете газе́ты, днём или но́чью?
8) Когда́ вы рабо́таете, но́чью или днём?
9) Когда́ вы встаёте, у́тром или ве́чером?
10) Когда́ они игра́ют в футбо́л, днём или но́чью?

Зада́ние 79

Снача́ла я ду́маю, пото́м говорю́.
Что вы де́лаете снача́ла, а что пото́м?

1) Снача́ла я ...., а пото́м .... (принима́ть душ / встава́ть)
2) У́тром я снача́ла ...., пото́м .... (принима́ть душ / за́втракать)
3) Я снача́ла ...., а пото́м .... (обе́дать / за́втракать)
4) Снача́ла я ...., а пото́м .... (рабо́тать / отдыха́ть)
5) Я снача́ла .... , пото́м .... (у́жинать / за́втракать)

6) Сначáла я .... , а потóм вы .... (спрáшивать / отвечáть)

7) Сначáла онá .... , а потóм .... (говорúть / слýшать)

8) Сначáла он .... , а потóм .... (понимáть / слýшать)

всегдá — кáждый день — чáсто — иногдá — рéдко — никогдá

Задание 80

Вы чáсто дéлаете глýпости? — Нет, никогдá не дéлаю.

Игрáть в кáрты / в тéннис ..., ýжинать в ресторáне, читáть газéты, слýшать концéрты, гулять в лесý, рабóтать нóчью, вставáть в пóлдень, обéдать дóма, принимáть вáнну, отдыхáть на мóре, игрáть на пианúно, смотрéть балéт, продавáть машúны, дéлать сюрпрúзы, гулять в пóлночь, давáть дéньги, зáвтракать в кафé, смотреть телевúзор, говорúть глýпости.

Что всегдá дéлают / никогдá не дéлают родúтели, дéти, банкúры, полúтики, журналúсты, мужчúны, жéнщины, преподавáтели, студéнты, актрúсы, мужья́, жёны? А вы?

Мой день

Я — поэ́т. Обы́чно я встаю́ в пóлдень. Я принимáю вáнну, зáвтракаю и читáю, и дýмаю. Потóм я гуляю в пáрке. Вéчером я ýжинаю в ресторáне, игрáю в билья́рд, а в пóлночь начинáю писáть.

Урóк 6

Я — бухга́лтер. Я рабо́таю в ба́нке. Я встаю́ в 6:30 и принима́ю душ, а в 9:00 я уже́ в ба́нке на рабо́те. Я счита́ю де́ньги, в час обе́даю в кафе́, а пото́м сно́ва рабо́таю. Ве́чером я игра́ю в те́ннис в па́рке. Там гуля́ют де́ти и иногда́ оди́н поэ́т. Я у́жинаю до́ма, отдыха́ю и ду́маю, что де́лать за́втра.

Задание 81

А когда́ вы встаёте? Что вы де́лаете у́тром? Когда́ вы за́втракаете? Что у вас на за́втрак? Где вы рабо́таете? Когда́ вы начина́ете рабо́тать? Что вы де́лаете на рабо́те? Где и когда́ вы обе́даете? Когда́ и где вы у́жинаете? Что у вас на у́жин? Что вы де́лаете ве́чером?

А что вы обы́чно де́лали ра́ньше?

Задание 82

Марсиа́нин не зна́ет, **когда́ что** де́лать.

Он за́втракает ве́чером, обе́дает у́тром, чита́ет газе́ты в по́лночь, у́жинает в по́лдень, игра́ет в футбо́л но́чью, встаёт ве́чером.

Вы то́же **так** де́лаете?

Урок 7

Ты был	Мы бы́ли	Вы бы́ли
Ты плыл	Мы плы́ли	Вы плы́ли
Ты жил	Мы жи́ли	Вы жи́ли
Ты мыл	Мы мы́ли	Вы мы́ли

Где вы бы́ли? — Мы бы́ли на ры́нке.
Где вы бы́ли? — Мы бы́ли в Ки́еве.
Где ты был? — Я был на ры́нке.
Где ты был? — Я был в Ки́еве.
Где вы бы́ли? — Мы бы́ли на вы́ставке.
Где вы бы́ли? — Мы бы́ли в Кита́е.
Где ты был? — Я был на вы́ставке.
Где ты был? — Я был в Кита́е.

но́вый ры́нок	↔	ста́рый ры́нок
но́вые часы́	↔	ста́рые часы́
после́дний день	↔	после́дняя мину́та
после́днее ме́сто	↔	после́дние дни
ру́сская му́зыка	↔	ру́сские кни́ги
ру́сская ку́хня	↔	ру́сский фильм
хоро́шая маши́на	↔	хоро́шие маши́ны
больша́я оши́бка	↔	больши́е оши́бки

тА́		татА́		тА́та	
два	банк	оди́н	восто́к	ве́чер	ре́дко
три	бар	бале́т	всегда́	у́тро	ва́нна
пять	день	банки́р	дава́ть	у́тром	глу́пость
шесть	ночь	бульва́р	встава́ть	но́чью	за́пад
семь	юг	билья́рд	поэ́т	ча́сто	се́вер

татата́	татА́та	тА́тата
никогда́	обы́чно	ша́хматы
иногда́	экза́мен	фа́брика
принима́ть	снача́ла	ве́чером
продава́ть	бухга́лтер	ста́нция
программи́ст	поли́тик	о́пера

> Какой это урок? — Это трудный урок.
> Какая это книга? — Это интересная книга.
> Как вы говорите? — Мы говорим хорошо, но медленно.

m.	n.	f.	pl.
-ЫЙ / -ИЙ -ОЙ	-ОЕ / -ЕЕ	-АЯ / -ЯЯ	-ЫЕ / -ИЕ

КАКОЙ?	КАКОЕ?	КАКАЯ?	КАКИЕ?
новый дом	новое слово	новая идея	новые друзья
последний день	последнее слово	последняя минута	последние дни
хороший вопрос (ч, ш, ж, щ + И)	хорошее слово (ч, ш, ж, щ + Е)	хорошая идея	хорошие новости (ч, ш, ж, щ + И)
русский язык (к, г, х + И)	русское слово	русская идея	русские друзья (к, г, х + И)
Большой театр	большое озеро	большая проблема	большие проблемы

хороший — плохой
первый — последний
новый — старый
молодой — старый
дорогой — дешёвый
богатый — бедный

большой — маленький
горячий — холодный
лёгкий — трудный
интересный — скучный
светлый — тёмный
длинный — короткий

Задание 83

холо́дн… снег, холо́дн… пи́во, холо́дн… зима́, холо́дн… дни
холо́дный снег, холо́дное пи́во, холо́дная зима́, холо́дные дни

ста́р… дом, ста́р… сло́во, ста́р… кни́га, ста́р… друзья́
после́дн… час, после́дн… письмо́, после́дн… секу́нда, после́дн… слова́
лёгк… чемода́н, лёгк….. вино́, лёгк… рабо́та, лёгк… су́мки
дорог… биле́т, дорог… кафе́, дорог… маши́на, дорог… друзья́
хоро́ш… теа́тр, хоро́ш… ле́то, хоро́ш… пого́да, хоро́ш… иде́и
больш… музе́й, больш… мо́ре, больш… гру́ппа, больш… дома́
све́тл… день, све́тл… пи́во, све́тл… иде́я, све́тл… ко́мнаты
тёмн… ве́чер, тёмн… пи́во, тёмн… ночь, тёмн… но́чи

Задание 84

Какой? Какое? Какая? Какие?

Это дом. **Какой это дом?**

1) Это рестора́н. … 2) Это рабо́та. … 3) Это страна́. … 4) Это кафе́. …
5) Это дождь. … 6) Это су́мка. … 7) Это пло́щадь. … 8) Это у́лица. …
9) Это слова́рь. … 10) Это фи́рма. … 11) Это мост. … 12) Это сло́во. …
13) Это музе́й. … 14) Это кни́га. …

Задание 85

Это хоро́шая иде́я? — Нет, это плоха́я иде́я.

1) Это но́вый фильм?
2) Это интере́сная исто́рия?
3) Это холо́дный чай?
4) У вас плохи́е но́вости?
5) У вас дешёвый биле́т?
6) У них молода́я ко́шка?
7) Это ску́чный вопро́с?
8) У вас лёгкая рабо́та?
9) Это пе́рвая оши́бка?
10) На ю́ге све́тлые но́чи?
11) Ле́том дли́нные но́чи?
12) Это тру́дное упражне́ние?

Уро́к 7

Задание 86

Молодо́й — **молодо́й пингви́н, молода́я ко́шка, молодо́е де́рево, молоды́е лю́ди.**

Холо́дный — ...
Но́вый — ...
Интере́сный — ...
Ста́рый — ...
Дорого́й — ...
Дешёвый — ...
Ску́чный — ...
Большо́й — ...
Плохо́й — ...
Хоро́ший — ...
Ма́ленький — ...

Задание 87

Како́й у вас дом?	хоро́ший — плохо́й
Кака́я у вас маши́на?	но́вый — ста́рый
Кака́я у вас рабо́та?	молодо́й — ста́рый
Како́й у вас друг?	большо́й — ма́ленький
Кака́я у вас подру́га?	дорого́й — дешёвый
Како́й у вас го́род?	интере́сный — ску́чный
	лёгкий — тру́дный
	бога́тый — бе́дный

Задание 88

Психологи́ческий тест
См. прилага́тельные на стр. 70.

Како́й э́то го́род? Како́й э́то фильм? Кака́я э́то страна́? Кака́я э́то кни́га?

Како́е э́то письмо́? Кака́я э́то иде́я? Како́е э́то окно́? Кака́я э́то ко́мната? Како́е э́то кафе́? Како́й э́то магази́н? Кака́я э́то у́лица? Кака́я это работа? Какие это деньги? Какая это машина? Какое это вино? Какой это снег? Какая это музыка? Какая это студентка?

Если у вас 10 и более прилагательных из левой колонки (хороший и т.д.), то вы — оптимист; если из правой — пессимист; если по 9 — реалист. Если ни один вариант не подходит, то вы — оригинал.

> **Василий — хороший спортсмен. Он хорошо играет в теннис.**

хоро́ший — хорошо́

хорошо́	↔	пло́хо
бы́стро	↔	ме́дленно
гро́мко	↔	ти́хо
интере́сно	↔	ску́чно
краси́во	↔	некраси́во
ра́но	↔	по́здно
ча́сто	↔	ре́дко
мно́го	↔	ма́ло
пра́вильно	↔	непра́вильно

Урок 7

Задание 89

1) Это … тема.   /ску́чный, ску́чно/
2) Он о́чень … говорит, и я его не слушаю.
3) Чайковский — … композитор?   /хоро́ший; хорошо́/
4) Вы … знаете город?
5) Я … понимаю, что делают эти люди.   /плохо́й; пло́хо/
6) Я думаю, это … идея!
7) Это очень … музыка.   /гро́мкий; гро́мко/
8) Мой сосед — хороший музыкант, но он играет очень … .
9) Секретарь отвечает очень … .   /бы́стрый; бы́стро/
10) Вы знаете, что это очень … машина.
11) Очень … музыка! И играют они очень … .   /краси́вый, краси́во/
12) Это … специалист? Он … работает?   /хоро́ший, хорошо́/

Задание 90

Он хорошо́ игра́ет на гита́ре. — **Как он игра́ет на гита́ре?**
Э́то хоро́шая гита́ра. — **Кака́я э́то гита́ра?**

1) Э́то хоро́шая иде́я. 2) Э́то большо́й магази́н. 3) Я пло́хо его́ понима́ю. 4) Ты говори́шь ти́хо. 5) Э́то ску́чный фильм. 6) Вы рабо́таете ме́дленно. 7) Э́то бе́лое вино́. 8) Э́то дешёвая маши́на. 9) Она́ отвеча́ет бы́стро. 10) Э́то краси́вая му́зыка. 11) Э́то холо́дная вода́. 12) Мы краси́во живём.

 Задание 91

Вы пло́хо рабо́таете? — **Нет, я о́чень хорошо́ рабо́таю.**

1) Вы по́здно встаёте?
2) На́ша гру́ппа игра́ет ти́хо?
3) Вы отвеча́ете ме́дленно?
4) Мы чита́ем гро́мко?
5) Вы пло́хо понима́ете филосо́фию?
6) Мы рабо́таем бы́стро?
7) Вы хорошо́ зна́ете жизнь?
8) Я интере́сно расска́зываю?
9) Я ра́но начина́ю рабо́тать?
10) Ты пло́хо игра́ешь в ка́рты?
11) Вы ску́чно живёте?
12) Пра́вда, я хорошо́ игра́ю на саксофо́не?
13) Пра́вда, он рабо́тает пло́хо?
14) Я пло́хо вас зна́ю?

 Задание 92

Отвеча́ем на вопро́сы:
1) Как вы игра́ете на пиани́но?
2) Как вы рабо́таете?
3) Как вы говори́те по-ру́сски?
4) Как вы чита́ете по-неме́цки?
5) Как вы игра́ете в футбо́л?
6) Как вы отвеча́ете на уро́ке?

Поехали! 75

7) Как вы понима́ете по-англи́йски?
8) Как вы игра́ете в ша́хматы?
9) Как вы игра́ете в ка́рты?
10) Как вы зна́ете исто́рию?
11) Как вы понима́ете эконо́мику?

Зада́ние 93

Что вы де́лаете хорошо́?
плóхо?
бы́стро?
ме́дленно?
прекра́сно?
ужа́сно?
ча́сто?
ре́дко?

А он / она́?

Урок 7

Санкт-Петербу́рг

Вы хорошо́ зна́ете Петербу́рг?

Санкт-Петербу́рг — большо́й и краси́вый го́род. Он не о́чень ста́рый, но о́чень интере́сный. Здесь есть уника́льные архитекту́рные анса́мбли, прекра́сные дворцы́ и па́мятники, больши́е пло́щади и краси́вые у́лицы, больши́е музе́йные колле́кции: Ру́сский музе́й, Эрмита́ж и други́е. Центра́льная у́лица — Не́вский проспе́кт, центра́льная пло́щадь — Дворцо́вая. Петербу́рг — это Пётр Вели́кий и ру́сская исто́рия, бе́лые но́чи и класси́ческая му́зыка, Ле́тний сад и Зи́мний дворе́ц, «Се́верная Вене́ция» и герои́ческий Ленингра́д, литерату́рная леге́нда и архитекту́рная симфо́ния.

Задание 94

Комбина́ции:

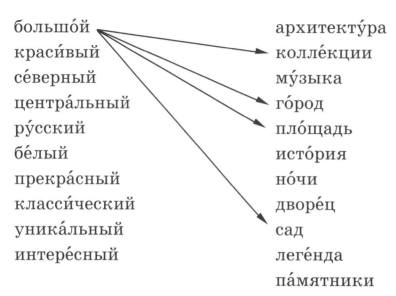

большо́й	архитекту́ра
краси́вый	колле́кции
се́верный	му́зыка
центра́льный	го́род
ру́сский	пло́щадь
бе́лый	исто́рия
прекра́сный	но́чи
класси́ческий	дворе́ц
уника́льный	сад
интере́сный	леге́нда
	па́мятники

А ваш го́род краси́вый? Он о́чень ста́рый? Большо́й или ма́ленький?

_____
_____
_____

Урок 8

Ш ш

о — шо — шё   хорошо́, шок, шёл
у — шу   пишу́, пи́шут, шу́тка, шум
а — ша   ша́пка, душа́, шар, шахтёр
э — ше   шеф, шеде́вр, шесть
ы — ши   пиши́, оши́бка, шик
наш — на́ше — на́ша — на́ши
ваш — ва́ша — ва́ше — ва́ши

Ж ж

ужу́ — ужо́ — ужа́ — уже́
пожа́луйста, уже́, у́жас, ужа́сно, то́же, журна́л, скажи́, жить, жа́рко
душ, муж [ш], гара́ж [ш], эта́ж [ш], нож [ш]
жар — шар, жить — шить, жу́тко — шу́тка, жест — шесть

Щ щ

щи — ищи́   що — ещё   щу — ищу́
плащ, пло́щадь, борщ, о́вощи
сч, жч — [щ]   же́нщина — мужчи́на — сча́стье

тА́та			татА́та	тА́тата
ча́сто	но́вый	ра́но	хоро́ший	ме́дленно
ре́дко	ста́рый	по́здно	после́дний	ма́ленький
бы́сто	пе́рвый	бе́дный	краси́вый	па́мятник
пло́хо	ску́чный	пи́во	леге́нда	пра́вильно
тру́дно	лёгкий	ти́хо	дешёвый	но́вая

> У вас есть кра́сная руба́шка?
> Я хочу́ кра́сную руба́шку.
> Я люблю́ э́тот цвет.

— Здра́вствуйте!
— До́брое у́тро! / До́брый день! / До́брый ве́чер!

— Как дела́? / Как жизнь?	Спаси́бо,	отли́чно /хорошо́/	+
		норма́льно/ ничего́/ так себе́/	✓
		пло́хо/ ужа́сно.	—

— До́брый день!
— Здра́вствуйте!
— Как дела́?
— Спаси́бо, отли́чно. А у вас?
— Спаси́бо, ничего́.

— Приве́т, как жизнь?
— Спаси́бо, хорошо́. А у тебя́?
— То́же норма́льно.

Цвета́

бе́лый	кра́сный	голубо́й
чёрный	жёлтый	си́ний
се́рый	ро́зовый	фиоле́товый
кори́чневый	ора́нжевый	зелёный
све́тлый — тёмный	светло-зелёный	тёмно-зелёный

Зада́ние 95

У нас холо́дная зима́. Зимо́й снег бе́лый, дере́вья чёрные и кори́чневые, а не́бо се́рое. Дни коро́ткие, а но́чи дли́нные.

Ле́том дере́вья зелёные, не́бо голубо́е, а цветы́ кра́сные, бе́лые, си́ние, ро́зовые и фиоле́товые. Дни дли́нные, а но́чи коро́ткие.

О́сенью дере́вья жёлтые и кра́сные, а не́бо се́рое.

А у вас?

Задание 96

Какие у неё: во́лосы, шу́ба, пла́тье, сапоги́, ша́пка, су́мка?
Какие у него́: глаза́, ку́ртка, брю́ки, ша́пка, боти́нки, руба́шка?
А у меня́ …? А у тебя́ …?

Футуристи́ческий портре́т
Каки́е глаза́, во́лосы, лицо́, нос, рот …?
Раскра́сим портре́т в любы́е симпати́чные цвета́.

Задание 97

А. Смотрим на фотографии в журнале, спрашиваем и отвечаем:

Это молодая женщина? Какое у неё платье?
Это новая машина? Она дорогая или дешёвая? …

Б. Загадайте человека в группе (или на картинке). Задавайте вопросы и описывайте его. Попробуйте угадать, кто это.

— Какие у неё глаза?
— У неё большие голубые глаза.
— Какие у неё волосы?
— У неё длинные светлые волосы.
— Какое у неё платье?
— У неё зелёное платье.

этот — это — эта — эти

Задание 98

Это дом. **Этот дом красный.**
Это роза. **Эта роза розовая.**
Это вино. **Это вино белое.**
Это дома. **Эти дома жёлтые.**

1) Это телефон. … 2) Это куртка. … 3) Это автобус. … 4) Это машина. … 5) Это чашки. … 6) Это книга. … 7) Это деревья. … 8) Это костюм. … 9) Это море. … 10) Это свитер. … 11) Это кошка. … 12) Это снег. … 13) Это джинсы. … 14) Это платье. … 16) Это брюки. … 17) Это рубашка. … 18) Это костюм. …

ACCUSATIV

m.	n.	f.	pl.
		-У / -Ю; -Ь	

Это журна́л. Я чита́ю журна́л.
Это письмо́. Я чита́ю письмо́.
Это кни́га. Я чита́ю кни́гу.
Это газе́ты. Я чита́ю газе́ты.

Зада́ние 99

1) Я покупа́ю (маши́на, ку́ртка, руба́шка, су́мка, боти́нки).
2) Она́ покупа́ет (шу́ба, пла́тье, сапоги́, ша́пка, су́мка).
3) Я слу́шаю (о́пера, му́зыка, джаз, симфо́ния, рок, ра́дио).
4) Ты чита́ешь (кни́га, газе́та, рома́н, журна́л, докуме́нты, письмо́).
5) Мы смо́трим (кино́, телеви́зор, коме́дия, бале́т, траге́дия, детекти́в).
6) Ты изуча́ешь (медици́на, эконо́мика, ру́сский язы́к, биоло́гия, хи́мия, матема́тика).

иска́ть

я ищу́	мы и́щем
ты и́щешь	вы и́щете
он/она́ и́щет	они́ и́щут

Зада́ние 100

1) Что ты ………? 2) Он ………… рабо́ту. 3) Кто меня́ ……… ? 4) Я тебя́ ……… ! 5) Вы ……… де́ньги? 6) Ни́на ……… соба́ку. 7) Они́ ……… наш дом. 8) Мы ……… кафе́. 9) Вчера́ я ……… вас, а сего́дня вы ……… меня́. 10) Вчера́ Ка́тя ……… пла́тье, а сего́дня она́ ……… ша́пку.

Уро́к 8

хоте́ть

я хочу́	мы хоти́м	+ есть, спать, знать…
ты хо́чешь	вы хоти́те	+ ко́фе, сала́т
он хо́чет	они́ хотя́т	

Зада́ние 101

1) Я … пи́ццу. 2) Они́ … игра́ть в те́ннис. 3) Он не … чита́ть. 4) Вы … изуча́ть ру́сский язы́к? 5) Мы … слу́шать му́зыку. 6) Ты … рабо́тать? 7) Она́ … знать, где её соба́ка. 8) Где вы … гуля́ть? 9) Мы … жить.

Accus. Что?	m., n.	f.	Pl.
Adj. / N.	= Nom.	-УЮ / -ЮЮ -У / -Ю; -ь	= Nom.

Зада́ние 102

	бе́лый	
	кра́сный	
	голубо́й	дом
	чёрный	маши́на
	жёлтый	ку́ртка
Я хочу́	си́ний	руба́шка
Я покупа́ю	се́рый	су́мка
Я ищу́	ро́зовый	пла́тье
	фиоле́товый	шу́ба
	кори́чневый	брю́ки
	ора́нжевый	
	зелёный	

люби́ть

я люблю́	мы лю́бим
ты лю́бишь	вы лю́бите
он/она́ лю́бит	они́ лю́бят

Зада́ние 103

1) Ты, люби́ть, краси́вый, оде́жда.
2) Она́, люби́ть, хоро́ший, му́зыка.
3) Я, люби́ть, чёрный, ко́фе.
4) Мы, люби́ть, хоро́ший, пого́да.
5) Же́нщины, люби́ть, дорого́й, оде́жда.
6) Вы, люби́ть, но́вый, мо́да?
7) Он, люби́ть, краси́вая, жизнь.

Зада́ние 104

Что вы лю́бите / не лю́бите де́лать?

я	лю́бит	смотре́ть телеви́зор
ты	лю́бим	слу́шать симфо́нии
он	лю́бят	чита́ть газе́ты
она́	люблю́	писа́ть пи́сьма
мы	лю́бишь	гуля́ть в лесу́
вы	лю́бит	игра́ть в ка́рты
они́	лю́бите	игра́ть на пиани́но

Како́й цвет вы лю́бите?
Где вы покупа́ете проду́кты?
Где вы покупа́ете оде́жду?
Вы лю́бите покупа́ть но́вую оде́жду?
Что вы покупа́ете ча́сто?
Что вы покупа́ете ре́дко?

Уро́к 8

Accus. Что?

Nom.	мой, твой	моё, твоё	моя, твоя	мои, твои
Accus.	мой, твой	моё, твоё	мою, твою	мои, твои
Nom.	наш, ваш	наше, ваше	наша, ваша	наши, ваши
Accus.	наш, ваш	наше, ваше	нашу, вашу	наши, ваши

Задание 105

1) Чью книгу вы читаете? (ваша)
2) Чью машину он покупает? (моя)
3) Какую музыку ты слушаешь? (твоя)
4) Чей план вы знаете? (наш)
5) Чью ошибку он повторяет? (моя)
6) Какую идею ты не понимаешь? (твоя)
7) Какое письмо вы читаете? (ваше)
8) Какую жизнь вы любите? (наша)

Задание 106

Это или этот, это, эта, эти.

1) … наша машина. … машина стоит очень дорого. Вы покупаете … машину?

2) Ты видишь … картину? Я думаю, … отличная картина. Сколько стоит … картина?

3) Сколько стоит … костюм? … модный костюм? Пожалуйста, … костюм и … рубашку.

4) Я хочу … ботинки. … ботинки не очень дорогие? Я думаю, …отличные ботинки.

5) Я хочу … торт. … очень красивый торт. … торт, наверное, очень вкусный.

6) Я думаю, … интересный журнал. Сколько стоит … журнал? Пожалуйста, … журнал и … газету.

7) Кто читает … книгу? … интересная книга? Почему … книга у меня на столе?

8) Сколько стоят … билеты? … очень дорогие билеты! Но я покупаю … билеты.

В магазине

— Здравствуйте!
— Добрый день! Что вы ищете?
— Тёплую шапку.
— Вот хорошие шапки: жёлтая, красная, зелёная.
— А другие цвета у вас есть? Синяя или чёрная?
— Нет. Вот красная — прекрасная!
— Но у меня зелёная куртка!
— Тогда вот зелёная шапка, очень красивая и тёплая.
— Не хочу зелёную! Я же не доллар!
— Тогда, пожалуйста, вот жёлтая! Какой размер?
— Мой размер 56. А сколько она стоит?
— Недорого, 150.
— Спасибо, я её покупаю.

Отвечаем на вопросы:

1) Что ищет покупатель? 2) Какие шапки есть в магазине? 3) Он покупает зелёную шапку? 4) Почему он не хочет зелёную шапку? 5) Какой у него размер? 6) Какую шапку он покупает? 7) Сколько она стоит? 8) А какая у вас шапка?

— Здравствуйте, вы продаёте шубы?
— Да, конечно. Вы ищете натуральную?
— Нет, конечно. Я эколог.
— А я люблю всё натуральное, потому что тоже люблю природу. Какую шубу вы хотите, женскую или мужскую, светлую или тёмную, дорогую или дешёвую?
— А у вас есть дешёвые шубы?
— Ну, не очень дешёвые...
— Тогда, пожалуйста, женскую, светлую и не очень дорогую.
— У нас есть красивые женские шубы: белые, голубые и светло-жёлтые.
— Пожалуйста, голубую.
— Какой размер?
— Размер 46. У меня кредитная карта.
— Хорошо, это не проблема.

Отвечаем на вопросы:

1) Что ищет покупатель? 2) Почему он не покупает натуральную шубу? 3) Что любит продавец? 4) А вы любите природу? 5) А натуральные шубы? 6) Какие шубы есть в магазине? 7) Какую шубу хочет покупатель?

Урок 8

— Добрый день! Вы говорите по-русски?
— Да.
— Смотрите, у нас прекрасные сувениры.
— Да, хорошие у вас сувениры. А какие матрёшки у вас есть?
— Вот традиционные русские матрёшки, вот балалайка, а вот открытки.
— А какие у вас футболки?
— Разные. Вот Петербург, вот Эрмитаж, вот Ленин, а вот Калашников.
— Пожалуйста, эту футболку и эту маленькую матрёшку.
— Пожалуйста.

Отвечаем на вопросы:

1) Что продаёт продавец? 2) Какие сувениры у вас есть? 3) Вы любите матрёшки? 4) Какие футболки продаёт продавец? 5) Что покупает покупатель?

Играем сцены «в магазине»: «Одежда», «Обувь», «Мебель», «Радиотехника».

Задание 107

А.

1) Я ищу́ (тёплая ша́пка). У вас есть (тёплая ша́пка)?
2) Вот (зелёная ку́ртка). — Я не хочу́ (зелёная ку́ртка)!
3) Вы хоти́те (ма́ленькая матрёшка)? Вот (ма́ленькая матрёшка)!
4) У вас есть (хоро́шие сувени́ры)? Я люблю́ (хоро́шие сувени́ры)!
5) Это (бе́лая футбо́лка). Я покупа́ю (бе́лая футбо́лка).
6) Вы и́щете (же́нская шу́ба)? У меня́ есть (же́нская шу́ба).
7) Я хочу́ (голубо́е пла́тье). — У нас есть (голубо́е пла́тье)!
8) У вас есть (чёрная су́мка) — Да, я продаю́ (чёрная су́мка).
9) Вы лю́бите (ру́сские сувени́ры)? — Да, пожа́луйста, вот (ру́сская матрёшка и (э́та футбо́лка).
10) Я хочу́ (кра́сная руба́шка)! — Вот (кра́сная руба́шка)!

Б. Вы открыва́ете но́вый магази́н. Что вы там продаёте?

	Магази́н «Оде́жда»	Универма́г	пода́рки
большо́й	ша́пка	велосипе́д	кни́ги
ма́ленький	ку́ртка	мотоци́кл	ка́рты
дорого́й	футбо́лка	фотоаппара́т	часы́
дешёвый	пла́тье	гита́ра	ди́ски
америка́нский	костю́м	компью́тер	ру́чки
япо́нский	брю́ки	су́мка	цветы́
неме́цкий	джи́нсы	видеока́мера	вино́
италья́нский	руба́шка	магнитофо́н	матрёшка
ора́нжевый	боти́нки	телеви́зор	ша́хматы ...
кори́чневый	ту́фли	телефо́н ...	
мо́дный ...	шу́ба ...		

Пи́шем рекла́му.

Уро́к 8

Урок 9

Что ты говори́шь?
Что ты пи́шешь?
Что ты слу́шаешь?
Что ты спра́шиваешь?

ру́сский — по-ру́сски
англи́йский — по-англи́йски
неме́цкий — по-неме́цки
францу́зский —по-францу́зски
шве́дский — по-шве́дски
испа́нский — по-испа́нски

по́льский — по-по́льски
норве́жский — по-норве́жски
че́шский — по-че́шски
се́рбский — по-се́рбски
голла́ндский — по-голла́ндски

Голла́ндия, Га́мбург, га́мбургер, Голливу́д, Викто́р Гюго́, Ге́нрих Ге́йне, гумани́зм, Гава́на, Гава́йи, гармо́ния

Здра́вствуйте!
спра́шиваю — спра́шиваете, за́втракаешь — за́втракаете

повторя́ю — повторя́ешь — повторя́ем — повторя́ете
спортсме́н — спортсме́нка — спортсме́ны — спорстме́нки

Алекса́ндр, Алекса́ндра, Андре́й, Арха́нгельск, Му́рманск, Псков зоопа́рк, Ватерло́о, Кра́сное мо́ре, си́нее мо́ре

краси́вое пла́тье — си́нее пла́тье
краси́вые си́ние пла́тья
краси́вое кра́сное пла́тье

после́днее сло́во — после́дние слова́

быстре́е — ме́дленнее
говори́те быстре́е, говори́те ме́дленнее
жира́ф — длинноше́ее живо́тное

в Ита́лии	в Испа́нии
в Ирла́ндии	в Исла́ндии
в Герма́нии	в Да́нии
в Арме́нии	в Гру́зии
в музе́е	в галере́е
в ма́е	в трамва́е

ию́нь — в ию́не
ию́ль — в ию́ле

био́лог, зоо́лог, физио́лог, авиа́тор, гладиа́тор, психиа́тр
национа́льный, эмоциона́льный, рациона́льный, иррациона́льный

> Я хорошо́ говорю́ по-ру́сски, но пишу́ пло́хо.
> Я не люблю́ говори́ть о поли́тике.

писа́ть

я пиШу́	мы пи́Шем
ты пи́Шешь	вы пи́Шете
он/она́ пи́Шет	они́ пи́Шут

Урок 9

Зада́ние 108

А. ... пи́шут ... пи́шешь ... пишу́ ... пи́шете ... пи́шем ... пи́шет

Б. мы .... я .... она́ .... ты .... они́ .... вы....................

В. 1) Что ты ... ? — Я ... рома́н.
2) Она́ ча́сто ... пи́сьма.
3) А́втор ... текст.
4) Они́ ... план.
5) Вы ... расска́з.
6) Мы ... откры́тки.
7) Кто ... му́зыку?

Страна	Он	Она	Они	Язык	Говорят
Россия	ру́сский	ру́сская	ру́сские	ру́сский	по-ру́сски
Шве́ция	швед	шве́дка	шве́ды	шве́дский	по-шве́дски
Япо́ния	япо́нец	япо́нка	япо́нцы	япо́нский	по-япо́нски
Ита́лия	италья́нец	италья́нка	италья́нцы	италья́нский	по-италья́нски
Голла́ндия	голла́ндец	голла́ндка	голла́ндцы	голла́ндский	по-голла́ндски
А́нглия	англича́нин	англича́нка	англича́не	англи́йский	по-англи́йски
Да́ния	датча́нин	датча́нка	датча́не	да́тский	по-да́тски
Фра́нция	францу́з	францу́женка	францу́зы	францу́зский	по-францу́зски
Герма́ния	не́мец	не́мка	не́мцы	неме́цкий	по-неме́цки
Финля́ндия	финн	фи́нка	фи́нны	фи́нский	по-фи́нски

> Вы изучáете немéцкий язы́к?
> Я изучáю рýсский язы́к.
> Я хорошó говорю́ по-немéцки.

Задание 109

Э́тот попугáй говори́т по-англи́йски, по-испáнски и по-арáбски. А вы?

— Вы знáете эперáнто?
— Конéчно! Там живёт мой брат!

— Ты знáешь немéцкий язы́к?
— Да, знáю
— Как по-немéцки «стол»?
— «La table»!
— Э́то по-францýзски...
— Знáчит, я знáю и францýзский язы́к!

| Знать
Изучáть | рýсский язы́к | Говори́ть
Читáть
Писáть
Понимáть | по-рýсски |

Задание 110

1) Вы хорошó говори́те ...? — Да, я прекрáсно знáю ... . (францýзский язы́к; по-францýзски)

2) Вы знáете ... ? — Нет, я не говорю́ ... . (англи́йский язы́к; по-англи́йски)

3) Вы хорошó говори́те ... ? — Я хорошó говорю́, но плóхо понимáю ... . Я изучáю ... . (рýсский язы́к; по-рýсски)

4) Вы изучáете ... ? — Да, я ужé неплóхо понимáю ... . (итальянский язы́к; по-итальянски)

Урок 9

5) Я читаю ... , но пишу́ пло́хо. Я ещё пло́хо зна́ю ... . (япо́нский язы́к; по-япо́нски)

6) Она́ хорошо́ говори́т ... , а я зна́ю ... пло́хо. (неме́цкий язы́к; по-неме́цки)

7) Мы изуча́ем ... . Мы уже́ немно́го чита́ем ... . (шве́дский язы́к; по-шве́дски)

8) Ты зна́ешь ... ? — Нет, но я немно́го понима́ю ... . (голла́ндский язы́к; по-голла́ндски)

9) Вы говори́те ...? — Нет, ... о́чень тру́дный. (фи́нский язык; по-фи́нски)

> **Вы не зна́ете, где здесь продаю́т биле́ты?**

Зада́ние 111

1) Здесь ... магази́н. (стро́ить) 2) У нас не ... . (кури́ть) 3) Так по-ру́сски не ... . (говори́ть) 4) Что здесь ... ? (стро́ить) 5) У нас э́ти фи́льмы не ... . (смотре́ть) 6) Где здесь ... в футбо́л? (игра́ть) 7) В Испа́нии ... по-испа́нски. (говори́ть) 8) Что (писа́ть) в газе́те? 9) (говори́ть), что э́то о́чень краси́вый го́род. 10) Что здесь (продава́ть)? 11) Где здесь (кури́ть)? 12) Здесь ча́сто (игра́ть) в ка́рты.

Говори́ть		
Расска́зывать		
Писа́ть		
Чита́ть	О КОМ?	о царЕ́ ПетрЕ́
Разгова́ривать	О ЧЁМ?	о Петербу́ргЕ
Спра́шивать		
Ду́мать		
Мечта́ть	ОБ Э́ТОМ челове́кЕ	ОБО МНЕ́
Спо́рить		

фильм, кни́га, расска́з, рома́н, пе́сня, письмо́, разгово́р, статья́

Задание 112

1) О чём этот фильм? 2) О чём эта книга? 3) О чём вы спорите? 4) О ком вы думаете? 5) О ком вы спрашиваете? 6) О чём он пишет? 7) О чём она мечтает? 8) О чём эта статья?

(о любви, о политике, о катастрофе, о прогрессе, о работе, о семье ...)

я — обо мне	мы — о нас
ты — о тебе	вы — о вас
он — о нём	они — о них
она — о ней	

Задание 113

1) Я люблю тебя. Я всё время думаю ... . 2) Мои друзья живут в Киеве. Я уже рассказывал ... . 3) Вы знаете, Анна часто говорит ... . А что вы думаете ... ? 4) Я не люблю этот город. Мы часто спорим ... . 5) Я вас не знаю. Вы журналист? Почему вы хотите писать ... ? 6) Мы всё слышим! Вы говорите ...! 7) У вас новые планы? Я ничего не знаю ... . 8) Это интересный человек. Что вы знаете ... ? 9) Какая красивая картина! Я много читал ... . 10) Вы меня знаете? Что вы слышали ...? 11) У меня есть проблемы, но я не хочу говорить ... . 12) Я хорошо тебя знаю. Я могу много рассказывать ... .

Задание 114

Я не люблю говорить о...
Вы часто думаете о...
Мы всегда помним о...
Он интересно пишет о ...
Она читает книгу о...
Она мечтает о...
Мы спорим о...
Вы не рассказываете о ...
Она спрашивает о ...? О ...? Нет!

(жизнь, сын, яхта, политика, работа, я — ты, природа, погода, литература...)

Задание 115

У меня́ есть кни́га	о любви́
Я чита́ю расска́з	о спо́рте
Мы чита́ем рома́н	о мо́де
У него́ есть журна́л	о поли́тике
Она́ смотре́ла фильм	об эконо́мике
В газе́те была́ статья́	о катастро́фе
Я расска́зывал	о приро́де
Мы мно́го говори́м	о кри́зисе
Вы ма́ло зна́ете	о войне́
Они́ спра́шивают	о президе́нте

Задание 116

А. Стро́им предложе́ния: о ком / о чём вы говори́те, пи́шете и т.д. мно́го / ма́ло, ча́сто / ре́дко, всегда́ / никогда́…

Я ре́дко говорю́ о би́знесе.

говори́ть	дом, семья́
писа́ть	рабо́та, поли́тика
чита́ть	рели́гия, жизнь
спо́рить	би́знес, исто́рия
мечта́ть	любо́вь, секс
расска́зывать	эконо́мика, о́тдых
ду́мать	му́зыка, литерату́ра
спра́шивать	спорт, пого́да, …

Б. О ком / о чём говоря́т, чита́ют, спра́шивают и т.д. де́ти, шко́льники, студе́нты, пенсионе́ры, мужчи́ны, же́нщины, бизнесме́ны, актёры, лю́ди в Росси́и, в Аме́рике и т.д.?

Письмо

Здравствуй, дорогая Хельга!

Как ты знаешь, я сейчас в Петербурге, изучаю русский язык. А ещё здесь сейчас экологическая конференция. Школа у нас небольшая, но хорошая. На уроке мы много говорим, читаем и пишем по-русски. Ещё мы играем. Мы уже неплохо понимаем по-русски, а говорим правильно, но медленно. Конечно, здесь говорят по-русски: в магазине, на улице, в ресторане, в музее. Дома я иногда смотрю телевизор, но понимаю ещё очень мало. Мой русский друг Игорь говорит, что иногда он тоже плохо понимает, о чём говорят. У нас очень хорошая учительница. Её зовут Анна Ивановна. У неё голубые глаза и светлые волосы, как у тебя. Она говорит по-русски, по-немецки и по-английски.

Я живу в центре. Вечером я часто гуляю. Здесь красивые дома, хорошие клубы и рестораны. Я уже был на экскурсии в Эрмитаже и в театре на балете «Лебединое озеро». Я живу здесь очень хорошо и интересно.

Я люблю тебя и часто думаю о тебе.

Урок 9

Отвечаем на вопросы:

А. 1) Где сейчас живёт Свен? 2) Где его жена? 3) Как зовут его жену? 4) Что изучает Свен? 5) Что он делает на уроке? 6) Как он говорит и понимает по-русски? 7) Как зовут его учительницу? 8) Какие языки она знает? 9) Что Свен делает вечером? 10) Где он уже был в Петербурге? 11) Как он живёт в Петербурге? 12) О ком он часто думает?

Б. 1) Где вы сейчас живёте? 2) Вы пишете письма или звоните? 3) Какая у вас школа? 4) У вас большая группа? 5) Что вы делаете на уроке? 6) Как вы говорите и понимаете по-русски? 7) А по-английски? 8) Вы смотрите телевизор? 9) Вы хорошо понимаете, о чём говорят? 10) Какие ещё языки вы знаете? 11) Какая у вас учительница? 12) Что вы обычно делаете вечером? 13) Где вы уже были? 14) О ком / о чём вы часто думаете?

Урок 10

ПОВТОРЕ́НИЕ

Зада́ние 117

Э́то я. Э́то ты. Вот ... вопро́с. Вот ... отве́т.
Э́то я. Э́то ты. Вот твой вопро́с. Вот мой отве́т.

1) Э́то я. Э́то ты. Э́то ... семья́. Э́то ... рабо́та. Э́то ... дом. Э́то ... де́ти. Э́то ... маши́на. Э́то ... вино́. Э́то ... стул. Э́то ... телефо́н.
2) Э́то мы. Э́то вы. Э́то ... у́лица. Э́то ... го́род. Э́то ... фи́рма. Э́то ... кафе́. Э́то ... пробле́ма. Э́то ... друзья́.
3) Э́то Андре́й. Э́то Ле́на. Э́то ... муж. Э́то ... жена́. Э́то ... журна́лы. Э́то ... пи́во. Э́то ... газе́ты. Э́то ... телефо́н. Э́то ... рабо́та. Э́то ... де́ньги. Э́то ... пла́тье.
4) Э́то Ле́на и Андре́й. Э́то ... дом. Э́то ... де́ти. Э́то ... сад. Э́то ... фотогра́фия.

Зада́ние 118

Я такси́ст. У ... есть маши́на. Э́то ... маши́на.
Я такси́ст. У меня́ есть маши́на. Э́то моя́ маши́на.

1) Я секрета́рь. У ... есть компью́тер. Вот ... компью́тер. У ... есть докуме́нты. Вот ... докуме́нты. У ... есть рабо́та. Вот ... рабо́та.
2) Мы студе́нты. У ... есть стол. Вот ... стол. У ... кни́ги. Вот ... кни́ги. У ... есть упражне́ние. Вот ... упражне́ние. У ... есть учи́тельница. Вот ... учи́тельница.
3) Он банки́р. У ... есть сейф. Вот ... сейф. У ... есть маши́на. Вот ... маши́на. У ... есть де́ньги. Вот ... де́ньги.
4) Ты журнали́ст. У ... есть журна́л. Вот ... журна́л. У ... есть газе́та. Вот ... газе́та. У ... есть иде́и. Вот ... иде́и. У ... есть пи́во. Вот ... пи́во.
5) Она́ актри́са. У ... есть пла́тье. Вот ... пла́тье. У ... есть шу́ба. Вот ... шу́ба. У ... есть друг. Вот ... друг. У ... есть ро́зы. Вот ... ро́зы.

Поехали!

6) Вы адвока́ты. У … есть клие́нт. Э́то … клие́нт. У … есть де́ньги. Э́то … де́ньги. У … есть рабо́та. Э́то … рабо́та.

7) Они́ музыка́нты. У … есть пиани́но. Э́то … пиани́но. У … есть гита́ра. Э́то … гита́ра. У … есть инструме́нты. Э́то … инструме́нты. У … есть саксофо́н. Э́то … саксофо́н.

Зада́ние 119

Я вас (знать)! — Что вы (говори́ть)?
Я вас зна́ю! — Что вы говори́те?

1) Что они́ (де́лать)? — Они́ (смотре́ть) телеви́зор.
2) Он (за́втракать)? — Нет, он (кури́ть).
3) Ты меня́ (слу́шать)? — Нет, я (слу́шать) му́зыку.
4) Она́ не (ве́рить), что он не (понима́ть).
5) Вы меня́ (по́мнить)? — Нет, я вас не (знать).
6) Ты пло́хо (игра́ть)! — Нет, я хорошо́ (игра́ть), а ты не (люби́ть) му́зыку.
7) Анто́н пло́хо (говори́ть), но хорошо́ (писа́ть).
8) Ско́лько (сто́ить) соба́ка? — Я не (продава́ть) соба́ку!

Зада́ние 120

Мы де́лаем упражне́ние. — **Мы де́лали упражне́ние.**

1) Вы чита́ете кни́гу.
2) Они́ пи́шут письмо́.
3) Мы живём на восто́ке.
4) Ты хорошо́ говори́шь по-неме́цки.
5) Я по́мню ваш а́дрес.
6) Мы смо́трим но́вости.
7) Она́ встаёт ра́но.
8) Ты отдыха́ешь на мо́ре.
9) Они́ продаю́т маши́ны.
10) Вы меня́ слу́шаете?
11) Они́ ку́рят.
12) Анто́н хо́чет ко́фе.

Уро́к 10

Задание 121

Что вы де́лали? — **Что вы де́лаете?**

1) Где он отдыха́л?
2) Что они́ продава́ли?
3) Каку́ю му́зыку ты слу́шал?
4) Ле́том вы ра́но встава́ли?
5) Она́ его́ люби́ла?
6) Вы кури́ли?
7) О чём они́ говори́ли?
8) Мы жи́ли в Росси́и.
9) Ты писа́л письмо́.
10) Я хоте́л сала́т.
11) Ско́лько сто́или биле́ты?
12) Они́ спо́рили о поли́тике.

Задание 122

Кто?	Како́й?	Чей?
Что?	Како́е?	Чьё?
Где?	Кака́я?	Чья?
Когда́?	Каки́е?	Чьи?
	Как?	

Спра́шиваем: Э́то интере́сная исто́рия. — **Кака́я э́то исто́рия?**

1) Она́ рабо́тает в музе́е. 2) У́тром он за́втракает. 3) Мы пло́хо понима́ем, что вы говори́те. 4) Мы гуля́ем ве́чером. 5) Э́то говори́т Анто́н. 6) Ты чита́ешь рома́н «Бра́тья Карама́зовы». 7) Э́то моя́ маши́на. 8) Мы смо́трим ску́чный фильм. 9) Они́ говоря́т о́чень бы́стро. 10) Я не рабо́таю но́чью. 11) Я зна́ю, что де́лать. 12) Она́ чита́ет францу́зские журна́лы. 13) Они́ живу́т в Ки́еве. 14) Мы отдыха́ем ле́том. 15) Ве́чером мы отдыха́ем. 16) Я зна́ю ваш секре́т. 17) Андре́й отдыха́ет на мо́ре. 18) Э́тот журнали́ст рабо́тает на ра́дио. 19) Они́ стро́ят большо́й дом. 20) Здесь живёт мой друг. 21) Мы встаём в 7.30. 22) Ты о́чень ме́дленно рабо́таешь. 23) У меня́ есть твоя́ фотогра́фия. 24) Сего́дня мы изуча́ем ру́сский язы́к.

Задание 123

У него́ бе́лая руба́шка, кра́сный га́лстук, се́рые брю́ки и чёрные боти́нки.

Кака́я у вас оде́жда? А у него́? А у неё?

Задание 124

Фили́пп — секрета́рь. Он … в 7.30. Снача́ла он … душ, пото́м … . В 9.00 он … рабо́тать. На рабо́те он … и … пи́сьма, … на вопро́сы. В 13.00 он … в кафе́ на углу́. Ве́чером он … , … газе́ты, … му́зыку. Иногда́ он … в клу́бе, … фи́льмы и́ли … в це́нтре.

(гуля́ть, обе́дать, начина́ть, встава́ть, за́втракать, принима́ть, писа́ть, чита́ть, смотре́ть, отдыха́ть, у́жинать, отвеча́ть, слу́шать)

А вы?

Задание 125

В или НА?

1. Мы живём … се́вере, … Му́рманске.
2. Наш сын … шко́ле … уро́ке.
3. На́ши роди́тели отдыха́ют … мо́ре … Крыму́.
4. Ты был … рабо́те? — Да, … ба́нке.
5. Вы бы́ли … теа́тре? — Да, … бале́те.
6. Мы бы́ли … кафе́ … у́лице Ро́сси.
7. О́льга была́ … по́чте и … магази́не.
8. Тури́сты бы́ли … конце́рте и … рестора́не.

Задание 126

Меня ... Игорь. Я биолог. Я (работать) в зоопарке. Я (знать) биологию, медицину и химию. Я, конечно, (говорить) по-русски, а ещё по-английски и сейчас (изучать) шведский язык. У меня есть жена. Её ... Ольга. Она экономист. Она (работать) в (цирк). У нас есть сын. ... зовут Дима. Он школьник. Он хорошо (играть) в футбол и на гитаре. У нас есть квартира. Она небольшая, но хорошая. Утром мы (вставать) рано, потому что в 9 мы уже начинаем (работать). Мы (работать), а вечером мы (отдыхать), много (читать), (гулять), иногда (смотреть) телевизор, (играть) в шахматы, (слушать) музыку, а потом (ужинать). Ещё у меня есть друг. ... зовут Свен. Он эколог. Он (жить) в (Швеция), но он хорошо говорит по-русски. Он (работать) в (Швеция), а я (работать) в (Петербург). Но сейчас он в (Петербург) на (конференция).

Отвечаем на вопросы:

1) Где работает Игорь? 2) Кто он? 3) Какие языки он знает? 4) Что ещё он знает? 5) У него есть семья? 6) Как зовут его жену? 7) Где она работает? 8) Кто она? 9) У них есть дети? 10) Что хорошо делает их сын? 11) Они встают поздно? Почему? 12) Что они делают вечером? 13) Где живёт Свен? 14) Кто он? Где он живёт? 11) Где он сейчас? 12) Почему он сейчас в Петербурге?

Задание 127

Спрашиваем и отвечаем:

1) Где вы работаете? Где ещё вы работали раньше?
2) Какие языки вы знаете?
3) Вы много отдыхаете? Где вы обычно отдыхаете?
4) Вы часто гуляете? Где вы обычно гуляете? Вы гуляете утром или вечером? Где вы гуляли вчера?
5) Что вы любите читать? Что вы сейчас читаете? Что вы читали раньше? Вы хорошо читаете по-английски? А по-немецки? А по-русски?
6) О чём вы думаете? Что вы думаете о России?
7) Когда вы завтракаете?
8) Когда вы обедаете?
9) Когда вы ужинаете?
10) Где вы покупаете одежду? Вы часто покупаете новую одежду?
11) О чём вы часто рассказываете?
12) О чём вы редко рассказываете?
13) Когда вы встаёте?
14) Вы часто пишете письма? А открытки? О чём вы пишете?
15) О чём вы часто говорите на работе? О чём вы редко говорите на работе? А дома?
16) Вы говорите по-французски? А по-испански?
17) Вы курите? А раньше вы курили?
18) Вы помните, что вы делали вчера? Вы хорошо помните новые слова?
19) Какую музыку вы слушаете? Где вы любите слушать музыку?
20) Вы смотрите телевизор? Вы часто смотрите футбол? Когда вы смотрите телевизор, днём или ночью?
21) Какой язык вы сейчас изучаете? Где вы его изучаете?
22) У вас есть машина? Какая?
23) Что вы обычно делаете утром?
24) А днём? А вечером?

Задание 128

Саша — белорус. Он живёт в Белоруссии. Он говорит по-белорусски и по-русски. Он знает белорусский и русский.

Свен — швед. Он … .
Хозе́ — аргенти́нец. Он … .
Элоди́ — францу́женка. Она́ … .
Владисла́в — ру́сский. Он … .
Джек — австрали́ец. Он … .
Норико́ — япо́нка. Она́ … .
Мари́я — италья́нка. Она́ … .
Беатри́кс — голла́ндка. Она́ … .
Лео́н — бельги́ец. Он … .
Ка́рин — швейца́рка. Она́ … .

Задание 129

Спра́шиваем и отвеча́ем:

Где живёт Са́ша? Он эсто́нец?
Каки́е языки́ он зна́ет? Он говори́т по-неме́цки?
Как вы ду́маете, кто он? Где он рабо́тает?
У него́ есть семья́? Как зову́т его́ жену́? Она́ рабо́тает? Е́сли да, то где? У них есть де́ти?
У него́ есть маши́на? Больша́я и́ли ма́ленькая? Ро́зовая? А кака́я?
Что он лю́бит / не лю́бит? А его́ жена́?
Что он де́лает у́тром, днём, ве́чером?

Продолжа́ем!

Урок 11

> Я живу́ на Не́вском проспе́кте.
> На како́м этаже́? — На второ́м этаже́.

m.	n.	f.
-ОМ / -ЕМ		-ОЙ / -ЕЙ

Где? Не́вский проспе́кт — на Не́вскОМ проспе́ктЕ
Садо́вая у́лица — на Садо́вОЙ у́лицЕ

1 — пе́рвый
2 — второ́й
3 — тре́тий
4 — четвёртый
5 — пя́тый

6 — шесто́й
7 — седьмо́й
8 — восьмо́й
9 — девя́тый
10 — деся́тый

 Зада́ние 130

Что де́лают на пе́рвом этаже́?

(смотре́ть телеви́зор, игра́ть на пиани́но, писа́ть, говори́ть, игра́ть в ка́рты, отдыха́ть, за́втракать, чита́ть, рабо́тать на компью́тере, слу́шать му́зыку)

Задание 131

хоро́ший — плохо́й; большо́й — ма́ленький; тёплый — холо́дный; но́вый — ста́рый; бога́тый — бе́дный; интере́сный — ску́чный; чёрный — бе́лый

1) В како́м го́роде вы живёте, в большо́м и́ли в ма́леньком? 2) На како́м этаже́ вы живёте, на второ́м и́ли на тре́тьем? 3) В како́м до́ме вы живёте, в но́вом и́ли в ста́ром? 4) В како́м магази́не вы покупа́ете проду́кты, в дорого́м и́ли в дешёвом? 5) В како́й гру́ппе вы изуча́ете ру́сский язы́к, в большо́й и́ли в ма́ленькой? 6) На како́м мо́ре вы отдыха́ете, на Чёрном и́ли на Бе́лом? 7) В како́й компа́нии вы рабо́таете, в большо́й и́ли в ма́ленькой? 8) В како́й кварти́ре вы живёте, в тёплой и́ли в холо́дной? 9) В како́й стране́ вы хоти́те жить, в бога́той и́ли в бе́дной? 10) В како́м рестора́не обе́дают тури́сты, в дорого́м и́ли в дешёвом? 11) В како́й стране́ вы живёте, в хоро́шей и́ли в плохо́й? 12) В како́м ба́нке ва́ши де́ньги, в большо́м и́ли в ма́леньком? 13) В како́й газе́те рабо́тает Джова́нни, в шве́дской и́ли в италья́нской? 14) На како́м о́строве живёт Робинзо́н, на большо́м и́ли на ма́леньком?

Задание 132

1. Где продаю́т газе́ты?

    а) в мексика́нском рестора́не;
    б) в газе́тном кио́ске;
    в) в компью́терном магази́не

2. Где даю́т креди́ты?

    а) в пивно́м ба́ре;
    б) в университе́тской библиоте́ке;
    в) в швейца́рском ба́нке

3. Где гуля́ют де́ти?

    а) в городско́м па́рке;
    б) в ло́ндонском аэропорту́;
    в) в ночно́м клу́бе

4. Где играют в теннис?

        а) в большом лесу;

        б) на морском берегу;

        в) на теннисном корте

5. Где живут пингвины?

        а) на Северном полюсе;

        б) в холодной Антарктиде;

        в) в Центральной Африке

6. Где жили Адам и Ева?

        а) в Южной Африке

        б) в Древнем Риме

        в) на Ближнем Востоке

7. Где остров Куба?

        а) в Тихом океане

        б) в Атлантическом океане

        в) в Индийском океане

8. Где хорошо жить?

        а) в большом городе

        б) в маленькой деревне

        в) на другой планете

Задание 133

1) Мы живём в (большой город). 2) Туристы гуляют на (Красная площадь). 3) Она работает в (исторический музей). 4) Мы отдыхаем на (Чёрное море). 5) Ты играешь в (футбольная команда). 6) Игорь работает в (Петербургский зоопарк). 7) Он сейчас на (итальянская опера). 8) Актриса играет в (интересный фильм). 9) Это книга на (русский язык). 10) Мы гуляем в (старый парк). 11) Сергей живёт на (Дальний Восток). 12) Это костюм в (классический стиль). 13) Он работает в (спортивный журнал). 14) Вы живёте на (Садовая улица).

Задание 134

Смотрите план. Где в Петербурге находится ... ?

1) Универмаг «Гостиный двор»; 2) Александровская колонна; 3) кассы «Аэрофлот»; 4) ресторан «Метрополь»; 5) Русский музей; 6) ресторан «Валхалл»; 7) Филармония; 8) Зимний дворец; 9) Александровский сад; 11) гостиница «Европа»; 12) Российская национальная библиотека; 13) Универмаг «ДЛТ»; 14) Детская филармония; 15) клуб «Талеон».

Невский проспект, Дворцовая площадь, Большая Морская, Малая Морская, Садовая улица, Большая Конюшенная, Думская улица, Малая Садовая, Малая Конюшенная, Инженерная улица, Итальянская улица, Адмиралтейский проспект, Михайловская улица.

Задание 135

— В каком веке была вторая мировая война?
— **В двадцатом веке.**

1. В каком веке была первая мировая война? — 20
2. В каком веке жил Бах? — 18
3. В каком веке жил Данте? — 13
4. В каком веке была Реформация? — 16
5. В каком веке жил Пётр Первый? — 18
6. В каком веке жил Шекспир? — 16
7. В каком веке жил Иисус Христос? — 1
8. В каком веке жил Наполеон? — 19
9. В каком веке жил Карл Великий? — 9
10. В каком веке жил Иван Грозный? — 16
11. В каком веке была Французская революция? — 18
12. В каком веке была перестройка? — 20
13. В каком веке мы живём? — 21

Поехали!

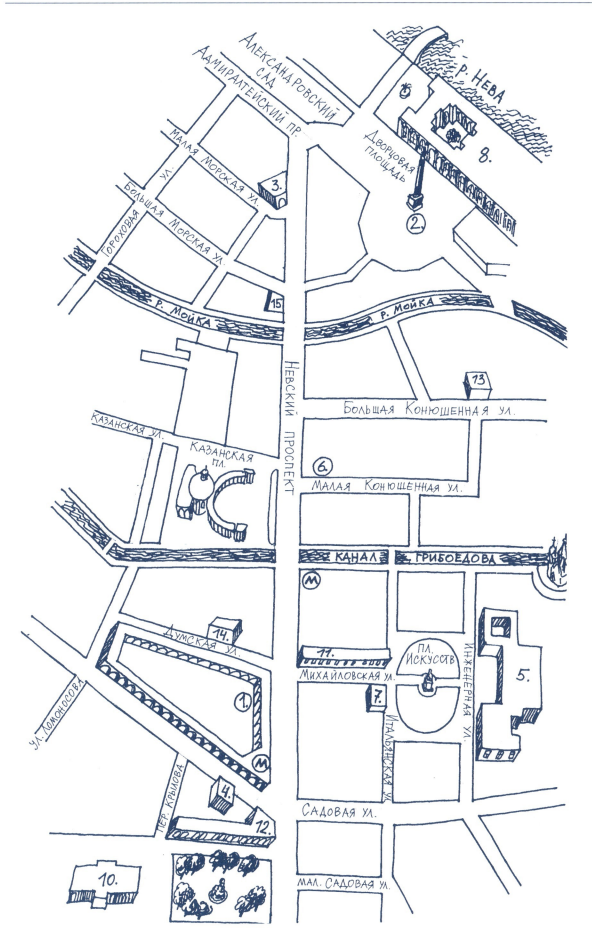

Урок 11

Задание 136

Спрашиваем и отвечаем:

— В какой школе вы хотите изучать русский язык?
— **Я хочу изучать русский язык в хорошей школе.**

1. В каком городе вы хотите жить?
2. В какой компании вы хотите работать?
3. В какой стране вы хотите отдыхать?
4. В каком ресторане вы хотите ужинать?
5. В каком магазине вы покупаете одежду?
6. В каком веке вы хотите жить?

и т.д.

Задание 137

Строят город Новоград. Вы — кандидаты в губернаторы.
Вы пишете программу: что строить на какой улице?
— Я предлагаю строить Зоопарк на Лесной улице.

Улицы:

Зелёная улица, Садовая улица, Спортивная улица, Красная улица, Большой проспект, Морская улица, Лесной проспект, Старая площадь, Красная площадь, Миллионная улица, Фабричная улица, Рыночная площадь, Светлая улица, Ивановская улица, Театральная площадь, Петровский проспект.

Что строить:

Банк, Исторический музей, большой магазин, рынок, Ботанический сад, стадион, мебельная фабрика, порт, университет, театр, ресторан…

Задание 138

Письмо

Здравствуй, дорогая Хельга!

Как ты живёшь, какие новости в нашем тихом маленьком городе?

У меня всё хорошо. Только погода в этом прекрасном городе плохая: ветер и дождь, небо серое.

Я уже писал, что я был на интересной экологической конференции в Петербургском университете. В языковой школе тоже всё нормально. Я живу на Садовой улице, это в центре, и часто гуляю в небольшом парке. На прошлой неделе я был в Русском музее и в Мариинском театре. Ещё я почти каждый вечер работаю в Национальной библиотеке. Иногда мы ужинаем в ресторане: в мексиканском, в итальянском или в русском. Я был даже в ночном клубе.

Я много думаю о тебе и очень тебя люблю. Здесь хорошо, и я очень хочу видеть тебя в этом красивом и холодном городе.

Твой Свен

Да или нет?

Свен живёт в новом районе. — **Нет, он живёт не в новом районе, а в центре.**

1) Свен был на политической демонстрации в Московском университете.
2) Он был на интересной конференции.
3) Хельга живёт в большом городе.
4) Свен был в Британском музее.
5) Свен был в Большом театре.
6) Он живёт на Адмиралтейском проспекте.
7) Он каждый вечер работает в ночном клубе.
8) Он никогда не был в ночном клубе.
9) Он ужинал в мексиканском ресторане.
10) Он не был в русском ресторане.

Урок 12

> В нашей квартире маленькая кухня.
> У нас на кухне стол, стулья и холодильник.

     Задание 139

Я живу́ в го́роде →

Я живу́ в ма́леньком го́роде →

Я живу́ в ма́леньком ста́ром го́роде →

Я живу́ в ма́леньком ста́ром го́роде в до́ме →

Я живу́ в ма́леньком ста́ром го́роде в большо́м до́ме →

Я живу́ в ма́леньком ста́ром го́роде в большо́м но́вом до́ме →

Я живу́ в ма́леньком ста́ром го́роде в большо́м но́вом до́ме на этаже́ →

Я живу́ в ма́леньком ста́ром го́роде в большо́м но́вом до́ме на пя́том этаже́ →

Я живу́ в ма́леньком ста́ром го́роде в большо́м но́вом до́ме на пя́том этаже́ в кварти́ре →

Я живу́ в ма́леньком ста́ром го́роде в большо́м но́вом до́ме на пя́том этаже́ в большо́й кварти́ре →

Я живу́ в ма́леньком ста́ром го́роде в большо́м но́вом до́ме на пя́том этаже́ в большо́й хоро́шей кварти́ре →

Я живу́ в ма́леньком ста́ром го́роде в большо́м но́вом до́ме на пя́том этаже́ в большо́й хоро́шей удо́бной кварти́ре →

А вы?

Nom.	мой моя́ моё твой наш ваш	твоя́ на́ша ва́ша	твоё на́ше ва́ше
Prep.	о моём о твоём о на́шем о ва́шем	о мое́й о твое́й о на́шей о ва́шей	о моём о твоём о на́шем о ва́шем

Зада́ние 140

1) О како́й оши́бке вы говори́те? (твой)
2) О чьей рабо́те они́ спра́шивают? (наш)
3) В чьём до́ме де́лают ремо́нт? (ваш)
4) О како́м прое́кте вы спо́рите? (мой)
5) О како́м прое́кте вы расска́зываете? (наш)
6) О чьей семье́ они́ говоря́т? (мой)
7) В како́м го́роде э́тот фестива́ль? (ваш)
8) В како́й ко́мнате игра́ют де́ти? (твой)
9) В чьём саду́ вы гуля́ли? (ваш)
10) О како́м тала́нте они́ говоря́т? (мой)
11) В како́й фи́рме она́ рабо́тает? (наш)
12) О како́й кни́ге пи́шут кри́тики? (твой)

Зада́ние 141

Э́то твоя́ пробле́ма. Я не знал о … .
Э́то твоя́ пробле́ма. Я не знал о твое́й пробле́ме.

1) Э́то наш го́род. Э́то кни́га о …
2) Вот моя́ су́мка. Де́ньги в …
3) Э́то на́ша у́лица. Но́вое кафе́ на …
4) Вот моя́ иде́я. Что ты ду́маешь о … ?
5) Э́то мой компью́тер. Кто рабо́тал на … ?
6) Э́то твоя́ иде́я. Мы спо́рим о …
7) Вот на́ша фи́рма. Что вы зна́ете о … ?
8) Э́то мой стул. Он сиди́т на … сту́ле.

Уро́к 12

Задание 142

Телеви́зор в мое́й ко́мнате. — **Телеви́зор у меня́ в ко́мнате.**

1) Су́мка в мое́й ко́мнате.
2) Кни́га на моём столе́.
3) Де́ньги в мое́й су́мке.
4) Они́ гуля́ли в на́шем па́рке.
5) В на́шем го́роде хоро́шие музе́и.
6) В на́шей фи́рме но́вый дире́ктор.
7) В ва́шем ба́нке даю́т креди́ты?
8) Биле́ты в твое́й ку́ртке.
9) В твоём па́спорте хоро́шая фотогра́фия.
10) В на́шем до́ме есть лифт?
11) В ва́шей семье́ есть де́ти?
12) В твое́й ко́мнате есть телефо́н?

Мой дом

— Здра́вствуйте! Я — Свен.
— До́брый день! Я — О́ля. Как дела́? Всё в поря́дке?
— Да, спаси́бо.
— Ну, хорошо́. Э́то наш сын Ди́ма.
— О́чень прия́тно. А где И́горь? Он до́ма?
— Муж сейча́с на рабо́те. Пожа́луйста, вот ва́ша ко́мната. Спра́ва крова́ть, сле́ва шкаф и кни́жные по́лки.
— Спаси́бо, удо́бная ко́мната.
— Пожа́луйста, здесь ку́хня, там гости́ная, спра́ва на́ша спа́льня, сле́ва де́тская. Телеви́зор в гости́ной.
— Спаси́бо. А где...
— Вот здесь, в коридо́ре — ва́нная и туале́т. А ещё у нас есть ко́шка. Где она́? Ди́ма, ты не зна́ешь? Кис-кис-кис... В ва́нной? Нет... В спа́льне?
— На лю́стре?

— Что ты!
— В шкафу́?
— Нет.
— Коне́чно, она́ здесь на ку́хне! А где же смета́на?

Слова́

Кварти́ра, ко́мната: стена́, пол, потоло́к, у́гол, балко́н, окно́, ме́бель.

Прихо́жая, коридо́р: дверь (она́), ла́мпа, телефо́н.

Ва́нная: ва́нна, душ, полоте́нце (-а), мы́ло, шампу́нь (он), кран, ра́ковина, горя́чая / холо́дная вода́, стира́льная маши́на, зе́ркало.

Ку́хня: стол, сту́л(-ья), га́зовая / электри́ческая плита́, по́лка, холоди́льник, посу́да, сковорода́ (сковоро́дка), кастрю́ля, ча́йник, самова́р.

Спа́льня: крова́ть, одея́ло, поду́шка, ту́мбочка, ла́мпа, шкаф, карти́на, ковёр.

Гости́ная: стол, кре́сло, дива́н, телеви́зор, (музыка́льный центр), серва́нт, часы́, лю́стра, занаве́ска (-и), пиани́но, свеча́ (-и).

Де́тская.

Столо́вая.

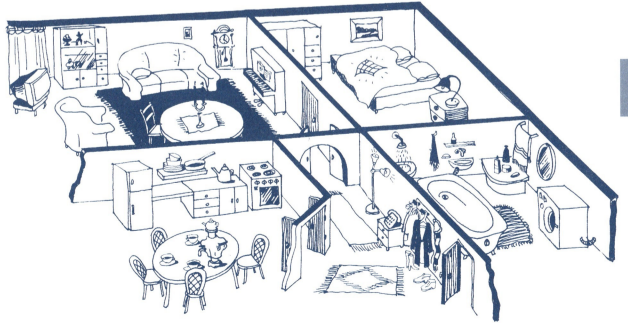

Наша квартира

Мы живём в большом городе, в новом районе, на Зелёной улице, в новом девятиэтажном доме на восьмом этаже. У нас не очень большая, но удобная квартира: прихожая, кухня, спальня, гостиная, детская, ванная и туалет.

Телефон стоит в прихожей; в ванной — ванна, душ, кран, зеркало на стене и стиральная машина. В ванной мы принимаем ванну и душ.

На кухне стоит стол и стулья, на столе — самовар и чашки. Ещё там стоит газовая плита и холодильник. Посуда на полке на стене и в шкафу. На кухне мы завтракаем и ужинаем.

В гостиной в углу стоит телевизор, в центре стол, на столе свечи. Ещё там есть пианино, кресло, сервант, диван и большие часы. В гостиной мы отдыхаем, смотрим телевизор, говорим, играем на пианино и слушаем музыку.

В спальне кровать, большой шкаф, лампа на тумбочке и картина на стене. В спальне мы отдыхаем и читаем вечером.

В детской стоит кровать, стол и стул, маленький шкаф, книжные полки и музыкальный центр. Здесь Дима отдыхает, играет, делает уроки, читает и слушает музыку.

Отвечаем на вопросы:

1) Где живут Дубовы: в каком городе, в каком районе, на какой улице, в каком доме, на каком этаже? 2) Какие комнаты у них в квартире? 3) Где стоит телефон? 4) Что у них в ванной? 5) Где принимают ванну и душ? 6) Где стоит холодильник? 7) Что ещё там есть? 8) Где Дубовы завтракают и ужинают? 9) Какая мебель стоит в гостиной? 10) Что там делают? 11) Где Дубовы отдыхают и читают вечером? 12) Где стоит кровать? 13) Что ещё там есть? 14) Какая мебель стоит в детской? 15) Что Дима делает в детской?

Задание 143

А какая квартира у учителя?

У вас гости. Вы показываете квартиру (и рисуете).

Задание 144

Марсианин не знает, в какой комнате что делать.

Он отдыхает на кухне, ужинает в ванной, смотрит телевизор в туалете, завтракает в гостиной, играет в карты в коридоре, принимает душ на балконе. А вы тоже так делаете?

Задание 145

Играем!

Рисуем комнаты: гостиную, ванную, кухню, спальню, прихожую, туалет.

В квартире рисуем: стол, шкаф, стулья, кресло, ванну, душ, кровать, сервант, полки, телевизор, холодильник.

Студент А: — У тебя кресло в прихожей!

Студент Б: — Да (1:0) / — Нет (0:0)

Задание 146

Мой дом — моя мечта.

Рассказываем:

В городе или в деревне? На юге, на севере, на западе или на востоке? В лесу? На острове? Какая кухня? Какие стены в спальне? Оранжевые? Какая мебель в гостиной? ...

Урок 12

Урок 13

> Я гото́влю омле́т. Я беру́ я́йца, молоко́, ма́сло и соль.

проси́ть — я проШу́, ты про́сишь, … они́ про́сят   С / Ш
— Я **прошу́** вас не игра́ть на пиани́но но́чью…
— А когда́ вы **про́сите** игра́ть?

Что обы́чно про́сят / никогда́ не про́сят де́ти?
Роди́тели? Друзья́? Сосе́ди? А вы?

плати́ть — я плаЧу́, ты пла́тишь, … они́ пла́тят   Т / Ч
— Ско́лько вы **пла́тите**?
— Я **плачу́** мно́го…

За что вы пла́тите мно́го?
За что вы пла́тите ма́ло?

ви́деть — я ви́Жу, ты ви́дишь, … они́ ви́дят   Д / Ж
— Я вас **ви́жу**, а вы меня́ **ви́дите**?

Что вы ви́дите в окно́ до́ма? А в кла́ссе?

ненави́деть — я ненави́Жу, ты ненави́дишь, … они ненави́дят
— Я **ненави́жу** телеви́зор, а он **ненави́дит** меня́.

Что вы ненави́дите? Что ненави́дят мужчи́ны / же́нщины?

переводи́ть — я перевоЖу́, ты перево́дишь, … они́ перево́дят
— Что ты **перево́дишь**?
— Я **перевожу́** францу́зский рома́н.

Вы хорошо́ перево́дите? Вы перево́дите стихи́?
Что вы перево́дите? Вы лю́бите чита́ть перево́ды?

люби́ть — я люблЮ, ты лю́бишь, … они́ лю́бят   Б + Л
Я люблю́ му́зыку, а что ты **лю́бишь**?

Что вы лю́бите де́лать ве́чером? А в выходны́е?
Что вы не лю́бите? Что лю́бят / не лю́бят ва́ши друзья́?

спать — я спЛю, ты спишь, … они́ спят   П + Л
— Я уже́ **сплю**, а ты ещё не **спишь**?

Вы мно́го спи́те? Вы ви́дите сны, когда́ спи́те?
Что вы ви́дите во сне? Вы спи́те днём?

гото́вить — я гото́вЛю, ты гото́вишь, … они́ гото́вят   В + Л
— Я **гото́влю** пи́ццу, а они́ **гото́вят** суп.

Вы лю́бите гото́вить? Вы хорошо́ гото́вите?
Что вы гото́вите, когда́ у вас го́сти?
Что вы лю́бите / ненави́дите гото́вить?

Задание 147

Я (люби́ть) (гото́вить). — А я (люби́ть), когда́ ты (гото́вить)!
Я люблю́ гото́вить. — А я люблю́, когда́ ты гото́вишь!

1) Я о́чень хорошо́ (переводи́ть)! — А я пло́хо (понима́ть), когда́ ты (переводи́ть).
2) Я о́чень (проси́ть) вас его́ не слу́шать. — Вы (проси́ть) слу́шать то́лько вас?
3) Почему́ я (плати́ть) мно́го, а ты (плати́ть) ма́ло?
4) Я тебя́ (люби́ть)! А ты меня́ (люби́ть)?
5) Алло́! Ты не (спать)? — Сейча́с ночь! Коне́чно, я (спать)!
6) Я не (ви́деть), ско́лько (сто́ить) руба́шка? А ско́лько (сто́ить) часы́?
7) Кто (гото́вить) обе́д? — Я (гото́вить) ко́фе, а Ма́ша (гото́вить) суп.
8) Я тебя́ (ви́деть), а ты меня́ (ви́деть)? — Нет, не (ви́деть).
9) Ты (ви́деть), что я (гото́вить)? — Я не (ви́деть), что ты (гото́вить).
10) Ты его́ (ненави́деть)! — Почему́ ты ду́маешь, что я его́ (ненави́деть)?

Задание 148

1) Что вы любите?
2) Что вы не любите?
3) Вы хорошо переводите?
4) Что вы видите в окно?
5) Вы много спите?
6) Сколько вы платите за кофе? (чай, воду, сигареты, билет)
7) Вы хорошо готовите? Что вы любите готовить?
8) Что вы ненавидите?

брать	
я беру́	мы берём
ты берёшь	вы берёте
он/она́ берёт	они беру́т

Задание 149

1) Мы .. книги в библиотеке.
2) Ты … деньги в банке.
3) Я … салат и сок.
4) Вы … кофе и пирожное.
5) Он … деньги и сумку.
6) Они … билеты в театр.
7) Она … журналы.

Задание 150

Что вы любите / не любите? Очень любите? Ненавидите?

Мясо, курица; котлеты, шашлык, сосиски, колбаса.
Рыба, икра чёрная / красная
Овощи: морковка, капуста, картошка, свёкла, салат, помидоры, огурцы…
Грибы
Каша

Фру́кты: я́блоки, гру́ши, виногра́д, ананáсы, бана́ны, апельси́ны; я́годы; сок.

Моло́чные проду́кты: молоко́, ма́сло, смета́на, йо́гурт, творог, сыр, я́йца …

Хлеб: чёрный / бе́лый, пироги́; пиро́жные, торт …

Конфе́ты, шокола́д…

Лук, чесно́к… Соль, пе́рец, са́хар …

Задание 151

Что продаю́т в бу́лочной?

Что продаю́т в моло́чном отде́ле?

Что продаю́т в мясно́м отде́ле?

Что продаю́т в ры́бном отде́ле?

Что продаю́т в овощно́м отде́ле?

Что продаю́т на ры́нке?

Уро́к 13

В магазине

Вот наш универсам. Это молочный отдел. Здесь мы покупаем молочные продукты. Ольга и Свен в магазине.

Ольга: — Пожалуйста, молоко, сыр, сметану и яйца.
Продавец: — Какой сыр: швейцарский, голландский или российский?
Ольга: — Российский. Сколько это стоит?
Продавец: — 57.80 (пятьдесят семь восемьдесят).
Ольга: — У меня сто.
Продавец: — Пожалуйста, вот ваша сдача: 42.20 (сорок два двадцать).
Ольга: — Спасибо. А вот мясной отдел. Но обычно мы покупаем мясо на рынке. Там оно дорогое, но свежее. А хлеб мы покупаем в булочной на углу.
Свен: — А что продают там? Фрукты?
Ольга: — Да, овощи и фрукты. В этом отделе старая система: вы выбираете, что вы хотите, потом платите в кассу, берёте чек и в отделе берёте продукты. Сейчас в универсаме мы обычно просто выбираем продукты и потом платим в кассу... Здравствуйте, у вас есть картошка?
Продавец: — Да, но она плохая.
Ольга: — А морковка есть?
Продавец: — Сегодня нет.
Ольга: — Хорошо, тогда фрукты. Свен, что вы любите: яблоки, груши, бананы или виноград?
Свен: — Я ненавижу бананы, но очень люблю груши. А вы?
Ольга: — Я люблю всё! Извините, пожалуйста, у вас груши хорошие?
Продавец: — Да, отличные: очень сладкие и мягкие.
Ольга: — А виноград?
Продавец: — Есть, и очень вкусный.
Ольга: — Хорошо. Тогда груши и виноград. Сколько?
Продавец: — 65.50 (шестьдесят пять пятьдесят).
Ольга: — Вот 70 (семьдесят).
Продавец: — Вот ваша сдача: 4.50 (четыре пятьдесят). Спасибо за покупку.

Отвеча́ем на вопро́сы:

1) Что они́ покупа́ют в универса́ме? 2) В како́м отде́ле продаю́т я́йца? 3) Како́й сыр они́ покупа́ют? Вы лю́бите сыр? Како́й? 4) Они́ покупа́ют мя́со в магази́не? Почему́? 5) Где они́ покупа́ют хлеб? 6) Кака́я систе́ма в мясно́м отде́ле? Что э́то зна́чит? 7) Как обы́чно де́лают поку́пки в универса́ме? 8) Свен лю́бит бана́ны? Что он лю́бит? 9) Ско́лько сто́ят гру́ши и виногра́д?

Зада́ние 152

Вы по́мните, что э́то?

Урок 13

На рынке

Ольга: — Сколько у вас стоит это мясо?
Продавец: — Восемьдесят. Отличное мясо, свежее.
Ольга: — Это очень дорого!
Продавец: — Продаю за 75, если берёте сейчас.
Ольга: — Ладно, беру. Спасибо.
Продавец: — На здоровье. Спасибо за покупку.
Ольга: — Теперь овощи: картошка и морковка. У вас есть картошка?
Продавец: — Да, отличная, очень вкусная.
Ольга: — А сколько стоит?
Продавец: — Недорого, четыре за килограмм.
Ольга: — Хорошо, берём!...

1) Что они покупают на рынке?
2) Сколько стоит мясо?
3) Это дорого?
4) Они покупают картошку?
5) Почему?

 Задание 153

Василий Иванович покупает свежие газеты в этом киоске и всегда знает свежие новости.

Что и где вы покупаете?

Покупать:
что? — фрукты, картошка, капуста, свежая рыба, мясо, масло, сыр, колбаса, сметана, хлеб, курица, морковка, булка...

где? — магази́н «Мя́со», магази́н «Ры́ба», бу́лочная, мясно́й отде́л, овощно́й магази́н, моло́чный (магази́н), кио́ск, ры́нок, моло́чный отде́л.

Молодо́й челове́к спра́шивает в магази́не:
— У вас есть романти́ческие откры́тки?
— Да, наприме́р, э́та: «Дорога́я, я люблю́ то́лько тебя́!»
— О́чень хорошо́! Я покупа́ю два́дцать!

Зада́ние 154

1) Где вы покупа́ете проду́кты?
2) Что вы покупа́ете ча́сто / ре́дко / никогда́ не покупа́ете?
3) Что вы покупа́ете, когда́ у вас го́сти?
4) Что лю́бят ру́сские / не́мцы / италья́нцы / америка́нцы / япо́нцы / францу́зы?

Урок 14

> Что вы плани́руете де́лать в сре́ду?
> В сре́ду днём я рабо́таю, а ве́чером танцу́ю.

— Каки́е у вас пла́ны?
— Я всегда́ плани́рую дела́.
— А я не люблю́ плани́ровать.

-ова- / -ева- ➡ -у-

плани́рОВАть,   организова́ть,
регистри́ровать,   танцева́ть,
финанси́ровать,   путеше́ствовать,
инвести́ровать,   ночева́ть,
контроли́ровать,   сове́товать,
целова́ть,   рисова́ть, интересова́ть…

я плани́рУю   мы плани́рУем
ты плани́рУешь   вы плани́рУете
он/она́ плани́рУет   они́ плани́рУют

Задание 155

1) Кто вас (финанси́ровать)? 2) Где (ночева́ть) тури́сты? — Я ду́маю, они́ (ночева́ть) в гости́нице. 3) Сего́дня они́ (регистри́ровать) но́вую па́ртию. 4) Мы (организова́ть) интере́сную экску́рсию. 5) Я не (сове́товать) смотре́ть э́тот фильм. 6) Когда́ ты (плани́ровать) начина́ть норма́льную жизнь? 7) Вы (инвести́ровать) де́ньги, а мы (гаранти́ровать) результа́ты. 8) Ты ви́дишь, как она́ (танцева́ть)? 9) Почему́ э́то тебя́ (интересова́ть)? 10) Я хорошо́ (рисова́ть) портре́ты. 11) Кака́я фи́рма (контроли́ровать) ры́нок? 12) Влади́мир мно́го (путеше́ствовать). 13) Анто́н (целова́ть) А́нну. 14) Что вы (сове́товать) де́лать?

Задание 156

1) Вы любите танцевать? Вы хорошо танцуете? Где вы танцуете?

2) Вы любите путешествовать? Вы много путешествуете? Где вы любите путешествовать?

3) Вас интересует политика? А что вас интересует? Что вас интересовало раньше? Что вас абсолютно не интересует?

4) Что вы планируете делать летом? Вы всегда планируете дела и отдых? Вы всегда делаете то, что планируете?

5) Вы любите рисовать? Вы хорошо рисуете? Что вы хорошо рисуете?

6) Где вы советуете отдыхать? Вы любите советовать? А слушать советы?

Задание 157

Журналист: Вы (**рисовать**) мультфильмы?

Уолт Дисней: Нет, их (**рисовать**) художник.

Журналист: Вы (**писать**) сценарии?

Уолт Дисней: Нет, это (**делать**) сценарист.

Журналист: А музыка?

Уолт Дисней: Тоже нет. Музыку (**писать**) композитор.

Журналист: А что же (**делать**) вы?

Уолт Дисней: Как что? Я (**делать**) мультфильмы.

Художник Илья Глазунов говорит, что художник-реалист **рисует** то, что он видит; художник-модернист **рисует** то, что он думает; а социалистический реалист **рисует** то, что он слышит.

Неде́ля

Сего́дня:	Когда́?
понеде́льник (— **неде́ля**)	в понеде́льник
вто́рник (— **второ́й**)	во вто́рник
среда́ (— **сре́дний**)	в сре́дУ
четве́рг (— **четвёртый**)	в четве́рг
пя́тница (— **пя́тый**)	в пя́тницУ
суббо́та	в суббо́тУ
воскресе́нье	в воскресе́нье

Сего́дня пя́тница. Сейча́с три. / Мы организу́ем экску́рсию в пя́тницу, в три.

Каки́е дни вы лю́бите / не лю́бите? Почему́?

 ## Зада́ние 158

— Что вы де́лаете сего́дня ве́чером?
— Я рабо́таю.
— А за́втра?
— ...
— А послеза́втра?
— ...
— А во вто́рник?
— ...
— А в выходны́е?
— ...
— А в сле́дующий вто́рник?
— ...
— А в сле́дующие выходны́е?

Поехали!

Задание 159

Сего́дня понеде́льник.
Вчера́ бы́ло воскресе́нье.
За́втра вто́рник.
Позавчера́ была́ суббо́та.
Послеза́втра среда́.

Позавчера́	вчера́	сего́дня	за́втра	послеза́втра
....	....	четве́рг	....	....
....	....	пя́тница	....	....
....	....	суббо́та	....	....
....	....	воскресе́нье	....	....
....	....	понеде́льник	....	....
....	....	вто́рник	....	....
....	....	среда́	....	....

Задание 160

Вы — уча́стники экологи́ческой конфере́нции в Петербу́рге.

Спра́шиваем и отвеча́ем:
— Что вы де́лаете в понеде́льник в двена́дцать?
— В понеде́льник в двена́дцать я на конфере́нции в университе́те.

ПН   12. 00   конфере́нция (университе́т)
       14. 00   обе́д (рестора́н «Афроди́та»)
       16. 00   экску́рсия
       20. 00   банке́т (рестора́н «Метропо́ль»)

ВТ   11. 00   экску́рсия (Эрмита́ж)
       14. 00   конфере́нция (Петро́вская Акаде́мия)
       17. 00   встре́ча (зоопа́рк)
       19. 00   конце́рт (Филармо́ния)

СР   11. 00   конфере́нция (Техни́ческий университе́т)
       14. 00   обе́д (рестора́н «Кукара́ча»)
       16. 00   (кинотеа́тр «Спарта́к») фильм «Прогре́сс и апока́липсис»
       18. 00   диску́ссия (телеви́дение)

Урок 14

ЧТ	11.00	встре́ча (Зоологи́ческий музе́й)
	15.00	ле́кция (Санкт-Петербу́ргский университе́т)
	19.00	орга́нный ве́чер (Капе́лла)
ПТ	11.00	городска́я администра́ция
	13.00	вы́ставка «Но́вые технологии»
	16.00	ле́кция (Медици́нский университе́т)
	19.00	о́пера «Пи́ковая да́ма» (Марии́нский теа́тр)
СБ	11.00	вы́ставка «Ко́смос в традицио́нной культу́ре»
	15.00	конфере́нция (университе́т)
	20.00	ба́ня
ВС	13.00	регистра́ция (аэропо́рт Пу́лково-2)

Зада́ние 161

Спра́шиваем и отвеча́ем:

Где вы бы́ли в понеде́льник в двена́дцать?
(См. План на неде́лю)

Зада́ние 162

У меня́ есть пробле́ма. — **Вчера́ у меня́ была́ пробле́ма.**

1) У нас есть кварти́ра в це́нтре.
2) У тебя́ есть де́ньги.
3) У неё есть друг.
4) У вас есть вопро́с.
5) У меня́ есть вре́мя.
6) У него́ есть рабо́та.
7) У них есть сад.
8) У меня́ есть её телефо́н.
9) У тебя́ есть чек.
10) У неё есть су́мка.
11) У него́ есть подру́га.
12) У нас есть проду́кты.

Задание 163

Свен пишет дневник:

В понедельник **у нас был** банкет.
Во вторник **у меня была** встреча в зоопарке.
В среду **у нас была** дискуссия на телевидении.

Вы пишете дневник: что у вас было в понедельник? ...

Задание 164

А. Вот две таблицы: ваша обычная неделя и необычная неделя (например, на работе и в отпуске).

Б. Спрашиваем партнёра: что ты делаешь в понедельник утром? Пишем его ответы.

день	утром	днём	вечером
понедельник			
вторник			
среда			
четверг			
пятница			
суббота			
воскресенье			

день	утром	днём	вечером
понедельник			
вторник			
среда			
четверг			
пятница			
суббота			
воскресенье			

Урок 15

> Вы уме́ете петь?
> Я уме́ю ката́ться на велосипе́де.
> Вы мо́жете отдыха́ть.

мочь + inf.
я могу́   мы мо́жем
ты мо́жешь   вы мо́жете
он мо́жет   они мо́гут
он мог, она́ могла́, оно́ могло́, они́ могли́

Зада́ние 165

1) Я не … здесь рабо́тать. 2) Они́ не … говори́ть. 3) Вы … спать здесь. 4) Она́ … отдыха́ть в суббо́ту и в воскресе́нье. 5) Ты … говори́ть, что хо́чешь. 6) Мы … гуля́ть сего́дня и за́втра. 7) Он не … звони́ть ка́ждый ве́чер. 8) Они́ не … контроли́ровать ситуа́цию.

Зада́ние 166

Вы мо́жете зимо́й спать в саду́?
Вы мо́жете рабо́тать 120 часо́в в неде́лю?
Вы мо́жете путеше́ствовать в А́рктике?
Вы мо́жете не есть неде́лю?
Вы мо́жете есть весь день?
Вы мо́жете ночева́ть в лесу́?
Вы мо́жете зимо́й пла́вать в реке́?
Вы мо́жете говори́ть по-ру́сски день и ночь?

 В гру́ппе: А он / она́ / они́?

Что вы мо́жете де́лать сейча́с и что могли́ де́лать ра́ньше?
Наприме́р: **Сейча́с я могу́ рабо́тать. Ра́ньше я мог не рабо́тать.**

> Если солдат говорит «Да», то это значит «Да»; если говорит «Нет», то это значит «Нет»; если говорит «Может быть», то это не солдат. Если дипломат говорит «Да», то это значит «Может быть»; если говорит «Может быть», то это значит «Нет»; если говорит «Нет», то это не дипломат. Если женщина говорит «Нет», то это значит «Может быть»; если женщина говорит «Может быть», то это значит «Да»; если говорит «Да», то это не женщина.

уметь + inf.

я умею	мы умеем
ты умеешь	вы умеете
он/она умеет	они умеют

Задание 167

Спрашиваем и отвечаем:

Вы можете? или Вы умеете?

Вы умеете плавать? — Да, я умею плавать.

Вы можете плавать зимой в реке? — Нет, в России я не могу плавать зимой в реке. Только в Австралии.

играть в карты	рисовать
курить дома	не спать неделю
не работать	готовить
играть в шахматы	играть на пианино
танцевать день и ночь	спать день и ночь
жить в лесу	работать на компьютере
работать день и ночь	фотографировать
рисовать ночью	танцевать

Урок 15

петь

я пою́	мы поём
ты поёшь	вы поёте
он/она́ поёт	они́ пою́т

Задание 168

А. 1) Он … балла́ду. 2) Вы прекра́сно … . 3) Да, я о́чень хорошо́ … . Вчера́ я то́же прекра́сно … . 4) Я не хочу́ слу́шать, что они́ … . 5) Ты … о́чень ти́хо, и я не слы́шу. 6) Мы … но́вую пе́сню. 7) Кто э́то … на у́лице?

Б. Вы лю́бите петь?
Вы уме́ете петь?
Вы хорошо́ поёте?
Как вы ду́маете, кто хорошо́ поёт?
Вы поёте ру́сские пе́сни?
Каки́е пе́сни вы поёте?

Настоя́щий друг, настоя́щий мужчи́на, настоя́щий пра́здник…

Популя́рная актри́са говори́т на репети́ции:
— В пе́рвом а́кте я хочу́ настоя́щие брилли́анты!
Режиссёр отвеча́ет:
— Хорошо́, всё бу́дет настоя́щее: брилли́анты в пе́рвом а́кте и яд — в после́днем.

Кака́я ра́дость! Како́й сюрпри́з! Кака́я пре́лесть! Како́й у́жас!

ката́ться	на велосипе́де, на лы́жах, на конька́х, на ло́дке
о́тпуск	У вас большо́й о́тпуск? Когда́ у вас о́тпуск, зимо́й и́ли ле́том?
приро́да	Я люблю́ приро́ду. Мы отдыха́ли на приро́де.
снима́ть	Мы снима́ем дом, ко́мнату, кварти́ру. Я снима́ю ша́пку. Они́ снима́ют фильм.

Как вы отдыхали?

Игорь: — Я бо́льше не могу́! Я бо́льше не могу́ рабо́тать!

О́льга: — Рабо́тать ме́ньше ты то́же не мо́жешь!

Игорь: — Это шу́тка. Всё, я в о́тпуске!

О́льга: — А у нас гость!

Игорь: — Да что ты говори́шь! Приве́т, Свен!

Свен: — Здра́вствуй!

Игорь: — Ну, как дела́? Где ты был, что ты де́лал?

Свен: — Я о́чень мно́го рабо́тал. Это был о́чень интере́сный год. Наприме́р, я был в Австра́лии. Ты зна́ешь, я всегда́ хоте́л рабо́тать на приро́де. По́мнишь, как мы вме́сте рабо́тали на Байка́ле? Меня́ всегда́ интересова́ла рабо́та в Сиби́ри. Я ду́маю, ты зна́ешь, почему́.

О́льга: — Почему́ ты начина́ешь говори́ть о рабо́те? Свен, где вы отдыха́ли в про́шлом году́?

Свен: — Мы бы́ли на мо́ре, но пого́да была́ плоха́я, мы сиде́ли до́ма и смотре́ли в окно́. В гости́нице бы́ло хо́лодно, а на́ши сосе́ди ка́ждый ве́чер слу́шали гро́мкую му́зыку и танцева́ли. А ещё у них была́ соба́ка, и ка́ждое у́тро она́ проси́ла есть. Я ду́маю, мы ещё никогда́ не отдыха́ли так пло́хо.

О́льга: — Како́й кошма́р!

Свен: — А где вы отдыха́ли в про́шлом году́?

Игорь: — У нас был прекра́сный о́тдых: мы снима́ли дом в дере́вне. Была́ хоро́шая пого́да, мы ра́но встава́ли, пла́вали в о́зере, рабо́тали в саду́, игра́ли в футбо́л и в волейбо́л, загора́ли. Ка́ждую пя́тницу у нас была́ ба́ня, а ве́чером мы ча́сто сиде́ли в лесу́, смотре́ли на ого́нь, игра́ли на гита́ре и пе́ли. Это был настоя́щий о́тдых!

Отвечаем на вопросы:

1) Где работал Свен?
2) Где Игорь и Свен работали вместе?
3) Как вы думаете, почему Свен хочет работать в Сибири?
4) Где отдыхали Свен и его семья?
5) Что они делали на отдыхе?
6) Как отдыхали Игорь и Ольга?
7) Как вы любите отдыхать?
8) Где вы отдыхали хорошо, а где — плохо?

ошиба́ть + ся

я ошиба́-ю-сЬ   мы ошиба́е-м-сЯ
ты ошиба́е-шь-сЯ вы ошиба́ет-е-сЬ
он/она́ ошиба́е-т-сЯ они́ ошиба́ю-т-сЯ
он ошиба́-л-сЯ, она́ ошиба́л-а-сЬ, они́ ошиба́л-и-сЬ

ошиба́ться, боя́ться, ката́ться, встреча́ться, закрыва́ться, открыва́ться, начина́ться, конча́ться.

Задание 169

1) Мы часто (встреча́ться) в кафе́. 2) Мы не (боя́ться) гуля́ть но́чью. 3) Ма́ленькие де́ти ле́том (ката́ться) на велосипе́де. 4) Когда́ мы бы́ли в Швейца́рии, мы (ката́ться) на лы́жах. 5) У нас в го́роде магази́ны (закрыва́ться) ра́но. 6) Я люблю́ гуля́ть в лесу́, когда́ (начина́ться) о́сень. 7) Ле́том в Петербу́рге но́чью (открыва́ться) мосты́. 8) Всё плохо́е (конча́ться). 9) Они́ ча́сто (встреча́ться)? 10) Почему́ ты меня́ (боя́ться)? 11) Когда́ (начина́ться) конце́рт? — Он (начина́ться) в 7. 12) Когда́ (конча́ться) спекта́кль? — Он (конча́ться) в 11. 13) Ба́нки (открыва́ться) ра́но. 14) Две́ри (закрыва́ться)! 15) Лю́ди иногда́ (ошиба́ться).

Задание 170

Спра́шиваем и отвеча́ем:

1) Когда́ открыва́ется магази́н? 2) Когда́ начина́ется спекта́кль? 3) Когда́ закрыва́ется рестора́н? 4) Когда́ конча́ются уро́ки? 5) Вы

любите кататься на велосипеде? 6) Вы часто ошибаетесь? 7) Вы боитесь гулять ночью? 8) Где и когда мы встречаемся? 9) Вы любите кататься на лыжах?

Задание 171

1) Я ... окно. Осторожно, двери ... ! (закрывать — закрываться)
2) Мы часто ... на улице. Я часто ... её на улице. (встречать — встречаться)
3) Когда ... кафе? Когда вы ... кафе? (открывать — открываться)
4) Когда вы ... экскурсию? Когда ... экскурсия? (начинать — начинаться)
5) Зима уже ... . Когда вы ... работу? (кончать — кончаться)
6) Почему они ... ресторан? Ресторан ... в полночь. (закрывать — закрываться)
7) В понедельник я ... новую жизнь. Новая жизнь ... в понедельник. (начинать — начинаться)
8) Мы ... упражнение. Урок ... . (кончать — кончаться)

— Кажется, это не очень популярный спектакль?
— Я тоже так думаю: вчера я звонил в кассу и спрашивал, когда он начинается, и знаешь, что они отвечают? — «А когда вы хотите?»

Всё хорошо, что хорошо кончается!

Задание 172

Летом Дима живёт на даче, в деревне. Он встаёт поздно и завтракает. Потом он плавает в озере, играет в футбол или катается на велосипеде. Потом обедает. Ещё мальчики часто гуляют в лесу. Вечером он читает, а иногда, когда погода хорошая, он и его друзья сидят в лесу на озере, смотрят на огонь, рассказывают разные истории, играют на гитаре и поют песни.

В прошлом году Дима ...

Задание 173

Где вы мо́жете отдыха́ть ле́том, о́сенью, зимо́й, весно́й?

Что вы мо́жете де́лать на о́тдыхе в Росси́и, в Испа́нии, в Гре́ции, в А́фрике, в Кита́е, в Австра́лии?

Вы турагéнт. Вы продаёте тур и расска́зываете, что тури́ст мо́жет де́лать в э́той стране́ (где жить, что смотре́ть, где пла́вать и т.д.)

Задание 174

Где и как вы отдыха́ли?

Игра́ть в…, спать (мно́го / ма́ло), пла́вать (в мо́ре / в реке́), загора́ть, гуля́ть, ката́ться (на велосипе́де / на ло́дке / на лы́жах / на конька́х), рабо́тать / не рабо́тать, смотре́ть (фи́льмы / спекта́кли), обе́дать / у́жинать в рестора́не, снима́ть (ко́мнату / дом / кварти́ру), жить в гости́нице, (на мо́ре / на о́зере / на реке́), в дере́вне, на куро́рте, в гора́х…

Урок 16

> Я вижу картину. Я смотрю кино.
> Я слышу машину. Я слушаю музыку.
> Мы любим свой город.

Задание 175

слышать — слушать

**Я люблю музыку. Я слушаю музыку.
Мой сосед любит музыку. Я слышу музыку.**

1) Я люблю … оперу.
2) Что вы говорите? Я ничего не …!
3) Ты … последнюю новость?
4) Я … радио и не …, что вы сказали.
5) Алло! Говорите, я вас … !
6) Алло! Вы хорошо меня … ?
7) Учитель … все ошибки.
8) Профессор рассказывает, а студенты … .

смотреть — видеть

**Я смотрел телевизор. Очень хороший фильм!
Я видел телевизор. Очень хороший аппарат!**

1) Ты часто … телевизор?
2) Что вы … на картине?
3) Я … в окно и … улицу.
4) Что ты там … ?
5) Мы любим … футбол.
6) Вы уже … мою жену?
7) Вы уже … сегодня новости?
8) Я …, что вы хороший человек!

В театра́льной ка́ссе

Игорь: — Свен, ты лю́бишь бале́т?

Свен: — Я ещё не смотре́л бале́т в Росси́и, но мно́го слы́шал о ру́сском бале́те. Прекра́сная му́зыка, краси́вые костю́мы. И танцу́ют, я слы́шал, хорошо́. А что?

Игорь: — В пя́тницу в теа́тре «Лебеди́ное о́зеро». Ты мо́жешь?

Свен: — Да, спаси́бо, коне́чно. У́тром у меня́ встре́ча, а ве́чером я могу́.

Игорь: — Отли́чно. Извини́те, у вас есть биле́ты на «Лебеди́ное о́зеро», на пя́тницу? Два, в парте́ре, пожа́луйста.

Касси́р: — А на дра́му вы не хоти́те? Че́хов, «Дя́дя Ва́ня».

Свен: — Нет, потому́ что я пло́хо понима́ю по-ру́сски.

Касси́р: — А, тепе́рь я зна́ю, почему́ тури́сты всегда́ смо́трят «Лебеди́ное о́зеро».

Игорь: — А до́ма ты ча́сто смо́тришь бале́т?

Свен — Нет, почти́ никогда́. Но я люблю́ хоро́шую му́зыку. Я ча́сто слу́шаю класси́ческую му́зыку до́ма. И ру́сскую му́зыку я зна́ю непло́хо. Мои́ люби́мые компози́торы — Му́соргский, Скря́бин, Бороди́н... и, коне́чно, Чайко́вский.

Игорь: — А я бо́льше люблю́ о́перу. Ру́сскую и неме́цкую о́перу. А О́льга — италья́нскую.

Отвечáем на вопрóсы:

1) Вы лю́бите теáтр?
2) Что вы бóльше лю́бите: балéт, óперу и́ли дрáму?
3) Вы ужé бы́ли в теáтре в Росси́и? Что вы смотрéли?
4) Как вы ду́маете, почему́ тури́сты всегдá смóтрят «Лебеди́ное óзеро»?
5) Каку́ю му́зыку вы лю́бите?
6) Вы чáсто слу́шаете клáссику?
7) Кто вáши люби́мые компози́торы? / Каки́е вáши люби́мые гру́ппы?
8) Что вы лю́бите слу́шать дóма / на концéрте / в клу́бе / в маши́не?

В кни́жном магази́не

Свен: — Извини́те, у вас есть кни́ги о Санкт-Петербу́рге?

Продавéц: — Да, пожáлуйста: вот фотоальбóм, вот истори́ческие кни́ги, а вот телефóнная кни́га. Вас что интересу́ет?

Свен: — Фотоальбóмы.

И́горь: — Свен, а что ты сейчáс читáешь?

Свен: — Истóрию Росси́и. Я люблю́ читáть истори́ческие кни́ги, когдá путешéствую.

И́горь: — Я тóже сейчáс читáю истори́ческую кни́гу о Сéверной войнé. Ой, извини́…

Свен: — Ничегó.

И́горь: — А вот мой сын не óчень лю́бит читáть. Мы рáньше читáли мнóго, и поэ́тому мнóго знáем. Напримéр, я — биóлог, а моя́ женá — экономи́ст.

Свен: — А я слы́шал, что в Росси́и читáют мнóго. У вас прекрáсная литератýра: Толстóй, Достоéвский, Булгáков. Я читáл немнóго, в перевóде.

И́горь: — Да, это мы читáли ещё в шкóле: «Войнá и мир», «Преступлéние и наказáние». А потóм лю́ди не читáют. А почему́ они́ мáло читáют? Потому́ что мнóго смóтрят телеви́зор!

До́ма

Игорь: — Приве́т!

О́льга: — Приве́т! Где вы бы́ли?

Игорь: — Мы бы́ли в кни́жном магази́не. Свен покупа́л кни́ги, и мы говори́ли, почему́ лю́ди ма́ло чита́ют.

О́льга: — Да, наприме́р твой брат. Он лю́бит то́лько смотре́ть футбо́л.

Игорь: — Почему́ то́лько футбо́л? Он ещё лю́бит смотре́ть хокке́й… и бокс то́же. А ещё он игра́ет в ша́хматы.

Свен: — А я вообще́ почти́ не смотрю́ телеви́зор. То́лько но́вости.

Игорь: — И пра́вильно де́лаешь, потому́ что сейча́с пока́зывают то́лько телесериа́лы и рекла́му.

Свен: — И́горь говори́т, что лю́ди сейча́с ма́ло чита́ют, потому́ что они́ мно́го смо́трят телеви́зор.

О́льга: — Ну почему́ ма́ло? Лю́ди чита́ют газе́ты, журна́лы, смо́трят фи́льмы. Есть кино́, конце́рты, спорт.

Свен: — А тепе́рь ещё Интерне́т.

Игорь: — Ра́ньше лю́ди в дере́вне игра́ли и пе́ли, а тепе́рь слу́шают магнитофо́н. Это прогре́сс!

О́льга: — Но у нас есть и теа́тр, и литерату́ра, и музе́и. Оди́н бо́льше лю́бит теа́тр, а друго́й — дискоте́ку; оди́н — газе́ту, а друго́й — рома́н.

Игорь: — Ты зна́ешь, что молоды́е лю́бят клу́бы и дискоте́ки. Они́ там встреча́ются. А бога́тые лю́бят рестора́ны и казино́.

Свен: — Как всё про́сто!

Отвеча́ем на вопро́сы:

1) Как вы ду́маете, лю́ди сейча́с мно́го чита́ют? Почему́? Что говори́т И́горь?

2) Вы лю́бите смотре́ть телеви́зор? Вы мно́го смо́трите телеви́зор? Каки́е програ́ммы вы лю́бите смотре́ть?

3) Вы лю́бите чита́ть? Вы мно́го чита́ете? Что вы лю́бите чита́ть, когда́ путеше́ствуете? Что вы чита́ли о Росси́и?

4) Вы чита́ете газе́ты? А журна́лы? Каки́е?

5) Вы поёте? Что вы бо́льше лю́бите: слу́шать му́зыку и́ли игра́ть?

6) Что бо́льше лю́бят де́ти, литерату́ру и́ли спорт?

7) Что бо́льше лю́бят молоды́е: дискоте́ки, казино́, теа́тры и́ли футбо́л?

8) Что вы ду́маете об Интерне́те?

Му́зыка: поп, рок, джаз, кла́ссика (симфо́ния, о́пера, бале́т), рэп, те́хно, хард-рок, хэ́ви-ме́тал.

Фи́льмы: истори́ческие, детекти́вы, мелодра́мы, коме́дии, три́ллеры, фанта́стика, приключе́нческие, боевики́.

Телепрогра́ммы: но́вости, спорт, му́зыка, ток-шо́у, документа́льные фи́льмы, аналити́ческие програ́ммы, и́гры, сериа́лы и т.д.

Кни́ги: рома́н, поэ́зия (стихи́), истори́ческий рома́н, детекти́в, нау́чно-популя́рная литерату́ра, психологи́ческая, религио́зная, уче́бники.

Теа́тр: о́пера, бале́т, дра́ма, коме́дия, траге́дия, мю́зикл.

Зада́ние 176

Что чита́ют	де́ти шко́льники мужчи́ны	
Что смо́трят	же́нщины пенсионе́ры	**?**
Что слу́шают	в Росси́и в ва́шей стране́	

СВОЙ — СВОЯ — СВОЁ — СВОЙ

Accus.   СВОЙ — СВОЮ — СВОЁ
Prep.   (о) СВОЁМ — СВОЕЙ — СВОЁМ

Это мой город. Я люблю СВОЙ город. (мой, твой, наш, ваш = свой)
Это его деньги.
Он берёт СВОЙ деньги.
Он берёт ЕГО деньги.
(его, её, их ≠ свой)

Задание 177

Гид показывает свой город. Вы смотрите его город.

1) Это Антон. Это … картина. Он показывает … картину. Мы смотрим … картину.

2) Это писатель. Это … книга. Он долго писал … книгу. Я не хочу читать … книгу.

3) Дима любит … кошку. Вы не видели … ?

4) Он продаёт … дом. Она покупает … дом.

5) Писатель пишет … мемуары. Мы читаем … мемуары.

6) Это Анна. Это … сестра. Я не знаю … сестру. Она любит … сестру.

7) Пассажир показывает … билет. Контролёр смотрит … билет.

8) Турист показывает … сумку и … паспорт. Таможенник смотрит … сумку и … паспорт.

9) Это Ира. Это … портрет. Она показывает … портрет. Вас не интересует … портрет?

10) Это шпионы. Я знаю … секрет. Они говорили о … секрете.

11) Он любит … жену. Вы знаете … жену?

12) Они продают … машину? Кто покупает … машину?

Я не хочу́ чита́ть ва́шу статью́. Я не люблю́ статьи́ о поли́тике.	Я не хочу́ чита́ть ва́шу статью́, **потому́ что** я не люблю́ статьи́ о поли́тике. Я не люблю́ статьи́ о поли́тике, **поэ́тому** я не хочу́ чита́ть ва́шу статью́.

Зада́ние 178

Потому́ что и́ли поэ́тому?
1) Я бога́тый, ... мно́го рабо́таю.
2) Я мно́го рабо́таю, ... я о́чень устаю́.
3) Я живу́ в дере́вне, ... не люблю́ го́род.
4) Я мно́го зна́ю, ... мно́го чита́ю.
5) Я не люблю́ говори́ть о рабо́те, ... мы говори́м о футбо́ле.
6) О́льга лю́бит гото́вить, ... И́горь не лю́бит гото́вить.
7) Он вегетариа́нец, ... никогда́ не ест мя́со.
8) Я хорошо́ говорю́ по-ру́сски, ... я всё понима́ю.
9) Он пло́хо понима́ет по-ру́сски, ... не смо́трит дра́му.
10) Она́ лю́бит чита́ть, ... у неё больша́я библиоте́ка.
11) Он лю́бит свою́ жену́, ... она́ его́ лю́бит.
12) Меня́ интересу́ет исто́рия, ... я покупа́ю истори́ческие кни́ги.

Зада́ние 179

Телепрогра́мма

Как вы ду́маете, каки́е програ́ммы интере́сные / ску́чные?
Каки́е програ́ммы вы лю́бите / не лю́бите? Почему́? О чём э́ти програ́ммы?

Кана́л «Росси́я»

7.00 и 8.30 У́тренний экспре́сс.
7.30 «Пилигри́м»
8.00 Ве́сти.
9.00 Лотто́ «Миллио́н».
9.25 Дорога́я реда́кция...

9.55 «Са́нта-Ба́рбара».
11.00 Ве́сти.
11.20 «Са́нта-Ба́рбара».
12.15 В рабо́чий по́лдень.
12.40 Авто́граф.
12.55 В ка́дре — Ара́бские Эмира́ты.
13.15 Яку́тия: Вчера́ и сего́дня.
13.25 Делова́я Росси́я.
14.00 Ве́сти.
14.25 Ивано́в, Петро́в, Си́доров и други́е…
15.00 Двойно́й портре́т.
15.55 Но́вое «Пя́тое колесо́».
16.45 Там-там но́вости.
17.00 Ве́сти.
17.20 «Блок нот».
17.35 Ваш партнёр.
18.05 «Здоро́вье» (т.ж.) /тележурна́л/.
18.35 М. ф. /мультфи́льмы/.
18.45 Вертика́ль.
19.00 Боге́ма: Леони́д Фила́тов.
20.00 «Зе́ркало».
20.45 Пого́да на за́втра.
21.30 Раз в неде́лю.
22.05 Телелотере́я «На коне́».
23.05 «Эх, доро́ги…».
23.35 Репортёр.
00.00 Ве́сти.
00.35 Програ́мма «А».
1.25 Горя́чая деся́тка.

    Кана́л «НТВ» /Незави́симое Телеви́дение/

6.00 Сего́дня у́тром.
10.00 Фильм Саша́ Гитри́ «Наполео́н» (1) (Фра́нция).
12.00, 14.00 и 16.00 Сего́дня днём.
12.20 Кни́жные но́вости.
12.35 и 16.15 Де́ньги.
12.45 Компью́тер.
13.00 Росси́йские университе́ты.
15.30 Панора́ма.
16.30 Ре́тро-но́вости.
16.40 Сла́дкая жизнь.

17.00 Книжный магазин.
17.30 Детский сериал «Голубое дерево» (27).
18.30 Футбольный клуб.
19.00 и 22.00 Сегодня вечером.
19.30 Бернар Жиродо в фильме «Специалисты» (Франция).
21.40 Русский альбом: Группа «Чай-Ф».
22.35 Премия «Оскар»: Дастин Хоффман в фильме «Выпускник» (США).
00.00 Сегодня в полночь.
00.20 Шахматы: Супертурнир в Лас-Пальмасе.
00.25 Третий глаз.

11-й /одиннадцатый/ канал

8.20 Погода.
8.30 6 News.
8.45 Аптека.
9.10 Телеконкретно.
9.25 Ток-шоу «Моё кино».
10.20 «Вавилон -5» (33).
11.10 Аптека.
11.20 «Совершенно серьёзно» х.ф.
12.45 Канонъ.
13.15 Кинескоп.
14.15 «Пако Рабани в Москве» в.ф. /видеофильм/ (1).
15.00 Я сама: «И в радости, и в горе...».
16.00 Ток-шоу «Профессия»: «Таможенник».
16.40 «Иван Грозный» (х.ф.) (1).
17.10 Сериал «Готовы или нет?» (13).
17.40 Телемагазин.
18.00 Сериал «Соседи».
19.00 Досье: Универсальный консультант.
19.30 «Северо — Запад».
20.00 «Бриллиантовая рука» (х.ф.)
21.50 Домашний доктор.
22.05 Музыка кино.
22.25 «Синий торнадо» (х.ф.) (Италия).
00.00 Дорожный патруль.

Делаем своё телевидение!
Какие программы и когда вы хотите показывать? Почему?
(в рабочий день, в выходные, на Новый Год)

Урок 16

Урок 17

ПОВТОРЕ́НИЕ

Зада́ние 180

Что? Где? Когда́?

Где э́ти города́?
1) Арха́нгельск   на Кра́сном мо́ре
2) Со́чи   на Бе́лом мо́ре
3) Джи́дда   на Чёрном мо́ре

Где э́ти стра́ны?
1) Кана́да   в Центра́льной А́фрике
2) Камеру́н   в Ю́жной Аме́рике
3) Парагва́й   в Се́верной Аме́рике

Где э́ти острова́?
1) Кана́рские острова́   в Инди́йском океа́не
2) Мадагаска́р   в Ти́хом океа́не
3) Фи́джи   в Атланти́ческом океа́не

Где э́ти ре́ки?
1) Нил   в Се́верной И́ндии
2) Енисе́й   в Се́верной А́фрике
3) Ганг   в Центра́льной Сиби́ри

Когда́ они́ жи́ли?
1) Алекса́ндр Не́вский   в девятна́дцатом ве́ке
2) Фёдор Достое́вский   в семна́дцатом ве́ке
3) Пётр Пе́рвый   в трина́дцатом ве́ке

Где они́ жи́ли?
1) Ю́лий Це́зарь   в Ри́мской импе́рии
2) Екатери́на Втора́я   в Брита́нской импе́рии
3) короле́ва Викто́рия   в Росси́йской импе́рии

Задание 181

Где вы бы́ли? — В кафе́. — **Она́ говори́т, что была́ в кафе́.**

1) Где вы (покупа́ть) минера́льную во́ду? — В но́вом магази́не «Дие́та».
Они́ …

2) Где вы (обе́дать)? — В мексика́нском рестора́не на углу́.
Он …

3) Что вы ча́сто (чита́ть)? — Англи́йскую грамма́тику.
Она́ …

4) А где Ди́ма? — Он (игра́ть) в футбо́л в ста́ром па́рке на Зелёной у́лице.
Андре́й …

5) Где де́душка? — Он (смотре́ть) фильм о Петре́ Пе́рвом.
Внук …

6) О чём вы (спо́рить)? — Мы (спо́рить) о рома́не «Идио́т».
Они́…

7) Что ты (де́лать)? — Я (гото́вить) ры́бу и о́вощи.
Она́ …

8) Где вы (отдыха́ть)? — Обы́чно мы (отдыха́ть) на Чёрном мо́ре.
Они́…

9) Где вы (изуча́ть) психоло́гию? — В Моско́вском университе́те.
Он …

10) О чём вы (писа́ть) статью́? — О класси́ческой му́зыке.
Она́ …

11) Где вы (изуча́ть) ру́сский язы́к? — В хоро́шей шко́ле.
Они́ …

12) Где вы (слу́шать) ру́сскую о́перу? — В Большо́м теа́тре.
Он …

Задание 182

У вас но́вая кварти́ра. Все спра́шивают: Что у вас в спа́льне? А в гости́ной? А в ку́хне? Где у вас телеви́зор? Где вы у́жинаете? и т.д. Вы отвеча́ете.

Задание 183

Строим фразы:

Я иногда пою джаз в ночном клубе.

кто	когда	что делает	что	где
я	всегда	работать	телевизор	в ресторане
ты	часто	читать	музыку	на кухне
он	редко	писать	оперу	в гостиной
она	иногда	слушать	мюзикл	в спальне
мы	в субботу	смотреть	балет	в ванной
вы	каждый день	покупать	газету	на Садовой улице
они	в понедельник	продавать	роман	на Невском проспекте
Анна	утром	гулять	рок	в булочной
Антон	в пятницу	ужинать	джаз	в ночном клубе
друзья	ночью	отдыхать	мясо	в молочном отделе
туристы	днём	брать	рыбу	в оперном театре
студент	вечером	хотеть	яблоки	в Центральном парке
банкир	в четверг	жить	письмо	на Чёрном море
музыкант	в выходные	ночевать	деньги	в Русском музее
продавец	в среду	готовить	глупости	на рынке
женщины	весь день	просить	салат	в книжном магазине
мужчины	день и ночь	петь	пиццу	на работе
учителя	обычно	играть (в)	футбол	в большом городе

Задание 184

Играем: кто больше?

Что вы покупаете в овощном отделе? — Морковку. (+ 1) / Колбасу. (— 1)

1) Что вы покупаете в молочном отделе?
2) Что вы покупаете в мясном / рыбном отделе?

3) Что вы покупаете в овощном отделе?

4) Что вы покупаете в отделе «Фрукты»?

5) Что вы покупаете в булочной?

Задание 185

Это Свен. Он эколог. Это Владимир. Он капитан. Это поэт, это бухгалтер, это актриса, а это футболист. Вы их уже знаете. Сейчас они в универсаме. Как вы думаете, что они покупают?

Бухгалтер покупает _____

Поэт покупает _____

Капитан покупает _____

Эколог покупает _____

Актриса покупает _____

Футболист покупает _____

Задание 186

1) Что делают в музее? В театре? В кино? В клубе?
2) Что вы читали в прошлом году? В этом году? В школе?
3) Где и как вы отдыхали в прошлом году? В этом году?
4) Какую квартиру / какой дом вы хотите?
5) Какая ваша любимая комната? Что там есть? Что вы там делаете?
6) Где вы были в понедельник?
7) Где вы были в четверг?
8) Что вы делали в выходные?
9) Какой ваш любимый фильм? Это комедия? О чём он?
10) Какая ваша любимая книга? Это детектив? О чём?
11) Что вы сейчас читаете?
12) Вы читаете газеты? Какие?
13) Вы читаете стихи? Кто ваши любимые писатели и поэты?
14) Какую музыку вы любите? Где вы любите слушать музыку?
15) Где и как отдыхают в вашем городе?
16) Вы смотрите телевизор? Какие программы?
17) Что вы знаете о русской литературе?
18) Что вы знаете о русском театре?
19) Что вы знаете о русской музыке?
20) Какой ваш любимый музей?

Урок 17

Задание 187

Вы работаете в турагентстве и предлагаете отдыхать зимой в Швейцарии, летом в Испании и т. д. У вас есть конкуренты.
— Зимой в Швейцарии вы можете кататься на лыжах!
— Но летом в Испании вы можете плавать в море!
— Но не можете кататься на лыжах! А в Швейцарии зимой вы можете плавать в бассейне! ...

Задание 188

Вы отдыхали неделю. Это был прекрасный / ужасный отдых.
Где вы были и что вы делали в понедельник, во вторник, в среду, в четверг, в пятницу, в субботу и в воскресенье?
Вы можете брать роли: оптимист, пессимист, оригинал (любите экзотику) и т.п.

Задание 189

Вы открываете новый музей, свой музей. Что вы хотите там показывать? Какие картины, скульптуры, вещи? Что ещё?

Задание 190

Что вы хорошо умеете делать?
Что вы хотите делать, но не можете? / не умеете?
Что вы можете / умеете делать, но не хотите?

Урок 18

Куда́ ты идёшь?	Вы е́дете на мо́ре?
Мы ча́сто хо́дим в кино́.	Мы лю́бим е́здить на мо́ре.

ИДТИ́ ⇒		ХОДИ́ТЬ ⇔	
я иду́	мы идём	я хожу́	мы хо́дим
ты идёшь	вы идёте	ты хо́дишь	вы хо́дите
он/она́ идёт	они́ иду́т	он/она́ хо́дит	они́ хо́дят

Е́ХАТЬ ⇒		Е́ЗДИТЬ ⇔	
я е́ду	мы е́дем	я е́зжу	мы е́здим
ты е́дешь	вы е́дете	ты е́здишь	вы е́здите
он/она́ е́дет	они́ е́дут	он/она́ е́здит	они́ е́здят

Сейча́с я ИДУ́   Я ча́сто ХОЖУ́
Сего́дня я Е́ДУ   Я иногда́ Е́ЗЖУ

За́втра я ИДУ́   Вчера́ я ХОДИ́Л/А
За́втра я Е́ДУ   Вчера́ я Е́ЗДИЛ/А

идти́ / ходи́ть е́хать / е́здить	+ В/НА + Accus.

— Куда́ вы идёте?
— Мы идём в теа́тр на «Травиа́ту»!
— И ча́сто вы хо́дите в теа́тр?
— Да, на про́шлой неде́ле мы ходи́ли на бале́т «Лебеди́ное о́зеро».

— Куда́ вы е́дете отдыха́ть?
— В э́том году́ мы е́дем в Гре́цию. В про́шлом году́ мы е́здили в Со́чи.
— А мы обы́чно е́здим отдыха́ть в Крым, у нас там ро́дственники.

Задание 191

идти
Мы ... в кино́.
Он ... в шко́лу.
Ты ... домо́й.
Я ... на конце́рт.
Они́ ... в клуб.
Вы ... в ба́ню.

ходи́ть
Они́ ча́сто ... в теа́тр.
Я ре́дко ... в кино́.
Мы иногда́ ... в рестора́н.
Ты ка́ждый день ... на рабо́ту?
Вы ча́сто ... в бассе́йн?
Она́ обы́чно ... гуля́ть в Ле́тний сад.

е́хать
Я ... в Литву́.
Вы ... в Москву́.
Они́ ... в Новосиби́рск.
Ты не ... в А́фрику?
Она́ ... в Пари́ж.
Мы ... на мо́ре.

е́здить
Он ча́сто ... в Москву́.
Мы иногда́ ... в Ита́лию.
Я обы́чно ... в магази́н у́тром.
Вы ре́дко ... в наш го́род.
Они́ никогда́ не ... на мо́ре зимо́й.
Я ка́ждое ле́то ... в дере́вню.

Пешко́м ходи́ть — до́лго жить.

Задание 192

Куда́ вы сейча́с ... ? (го́сти)
Куда́ вы сейча́с идёте? — Мы сейча́с идём в го́сти.

1) Куда́ вы ...? (музе́й, вы́ставка) 2) Куда́ ты ... ? (дискоте́ка) 3) Куда́ он ... ? (вокза́л) 4) Куда́ ... Ни́на? (цирк) 5) Куда́ ... твои́ друзья́? (кафе́) 6) Куда́ мы ...? (рестора́н) 7) Куда́ ты ... ? (рабо́та) 8) Куда́ вы ...? (магази́н)

Задание 193

Куда́ вы ... ? (Москва́)
Куда́ вы е́дете? — Мы е́дем в Москву́.

1) Куда́ ты ... ? (центр) 2) Куда́ они́ ... ? (Арме́ния) 3) Куда́ вы ... ? (Япо́ния) 4) Куда́ ... Оле́г? (дере́вня) 5) Куда́ ты ... ? (юг) 6) Куда́ мы ... ? (се́вер) 7) Куда́ она́ ...? (Бе́льгия) 8) Куда́ вы ... ? (Швейца́рия)

Поехали!

> В го́роде:
> Сего́дня ве́чером мы ИДЁМ В ТЕА́ТР. Мы ЕДЕМ туда́ НА ТАКСИ́.

Уро́к 18

Зада́ние 194

Идти́ или е́хать?

1) Мы … в Ки́ев. 2) Вы … в кафе́? 3) Я … домо́й. 4) Они́ … в парк. 5) Когда́ ты … на мо́ре? 6) Куда́ мы … ве́чером? 7) Жира́р … в Пари́ж. 8) Бори́с … на конце́рт. 9) Кто … в Белору́ссию? 10) Я … в Да́нию. 11) Они́ … на вы́ставку. 12) Куда́ вы … у́жинать?

Зада́ние 195

Диало́ги:

— Я приглаша́ю вас в рестора́н сего́дня ве́чером. (Когда́? Куда́?)
 (день рожде́ния, прогу́лка, парк, кино́, бале́т, о́пера, клуб, вы́ставка)

— Извини́те, спаси́бо, но я не могу́. Я иду́ на конце́рт. (Почему́?)
 (футбо́л, экску́рсия, ле́кция, трениро́вка, ба́ня, вечери́нка, поликли́ника, це́рковь, го́сти)

Куда?	Где?
сюда	здесь
туда	там
домой	дома

Задание 196

Куда́ и́ли где? Домо́й и́ли до́ма? Сюда́ и́ли здесь? Туда́ и́ли там?

Её муж … . Она́ е́дет … . (домо́й / до́ма) — Её муж до́ма. Она́ е́дет домо́й.

1) … ты живёшь? … ты е́дешь? (куда́ / где)
2) Я живу́ … . Они́ иду́т … . (сюда́ / здесь)
3) И́горь е́дет … . О́льга уже́ … . (домо́й / до́ма)
4) Что ты … де́лаешь? Я не хочу́ … идти́. (туда́ / там)
5) Я иду́ … . Вчера́ я то́же был … . (домо́й / до́ма)
6) … он был? … он идёт? (куда́ / где)
7) Ра́ньше я жил … . Сейча́с я е́ду … . (туда́ / там)
8) Кто … идёт? Что ты хо́чешь … де́лать? (сюда́ / здесь)

 Задание 197

— Вы не зна́ете, где здесь ка́ссы?
— Иди́те вниз, на пе́рвый эта́ж, и напра́во.

Где зал ожида́ния? Где здесь продаю́т газе́ты? Где ка́мера хране́ния? Где тамо́жня? Где кафе́? Где здесь телефо́н?

Поехали!

Задание 198

Кто куда идёт?

Я хочу́ ко́фе.
Я иду́ в кафе́.

1) Я хочу́ есть.
2) Она́ хо́чет смотре́ть бале́т.
3) Мы хоти́м гуля́ть.
4) Он хо́чет игра́ть в футбо́л.
5) Они́ хотя́т смотре́ть фильм.
6) Ты хо́чешь игра́ть в ка́рты.
7) Я хочу́ танцева́ть.
8) Вы хоти́те смотре́ть карти́ны.

(рестора́н, теа́тр, стадио́н, казино́, дискоте́ка, парк, кино́, музе́й)

Кто куда́ е́дет?

Я хочу́ игра́ть в бейсбо́л.
Я е́ду в Аме́рику.

1) Вы хоти́те загора́ть.
2) Он хо́чет ката́ться на лы́жах.
3) Мы хоти́м ви́деть пирами́ды.
4) Она́ хо́чет танцева́ть на карнава́ле.
5) Они́ хотя́т жить в лесу́.
6) Ты хо́чешь слу́шать италья́нскую о́перу.
7) Я хочу́ смотре́ть карти́ны в Лу́вре.
8) Он хо́чет ви́деть кенгуру́.

(Еги́пет, Швейца́рия, Австра́лия, юг, Брази́лия, Ита́лия, Пари́ж, Сиби́рь)

Уро́к 18

Урок 19

> Куда́ вы ходи́ли вчера́?
> Куда́ вы е́здили ле́том?
> = Где вы бы́ли?

Зада́ние 199

— Я е́здил в Сиби́рь.
— **Куда́ вы е́здили?**
— Я был в Сиби́ри.
— **Где вы бы́ли?**

1) Я был в Аме́рике. 2) Она́ ходи́ла в музе́й. 3) Они́ е́здили на мо́ре. 4) Он был на рабо́те. 5) Мы обе́дали в рестора́не. 6) Мы ходи́ли в теа́тр. 7) Они́ е́здили в Берли́н. 8) Она́ была́ в Пра́ге. 9) Я ходи́л на ры́нок.

Зада́ние 200

Я ходи́л в музе́й. (Куда́?) — **Я был в музе́е. (Где?)**

1) Мы е́здили в Герма́нию. 2) Она́ ходи́ла на конце́рт. 3) Вы ходи́ли в ба́ню. 4) Мы ходи́ли на футбо́л. 5) Он е́здил в Индию. 6) Они́ ходи́ли на бале́т. 7) Мы е́здили в Рим. 8) Они́ е́здили на Байка́л. 9) Вы ходи́ли в теа́тр. 10) Она́ ходи́ла на экза́мен. 11) Он ходи́л на рабо́ту. 12) Мы е́здили в о́тпуск.

Зада́ние 201

Вы бы́ли в Сиби́ри. (Где?) — **Вы е́здили в Сиби́рь. (Куда́?)**

1) Мы бы́ли в Арха́нгельске. 2) Он был на бале́те. 3) Они́ бы́ли в ба́ре. 4) Она́ была́ в са́уне. 5) Вы бы́ли на экску́рсии. 6) Он был на стадио́не. 7) Мы бы́ли в клу́бе. 8) Она́ была́ в Да́нии. 9) Вы бы́ли на пара́де. 10) Мы бы́ли в Тибе́те. 11) Они́ бы́ли на Во́лге. 12) Он был в дере́вне.

Задание 202

1) Виктор Николаевич — профессор. Где он работает? Куда он идёт? (университет)
2) Людмила — оперная певица. Где она поёт? Куда она едет? (театр)
3) Вадим — врач. Где он работает? Куда он идёт? (поликлиника)
4) Ира — бухгалтер. Где она работает? Куда она идёт? (банк)
5) Семён — повар. Где он работает? Куда он идёт? (ресторан)
6) Дима — школьник. Где он учится? Куда он идёт? (школа)
7) Андрей — журналист. Где он работает? Куда он идёт? (газета)
8) Саша — фермер. Где он работает? Куда он едет? (ферма)
9) Юля — секретарь. Где она работает? Куда она идёт? (турагентство)
10) Анна — администратор. Где она работает? Куда она едет? (гостиница)

Урок 19

Задание 203

Где они были? Куда они ездили?
В Индии было жарко. — **Он был в Индии. Он ездил в Индию.**

1) Париж — прекрасный город.
2) Бразильский карнавал — это настоящий праздник.
3) Я видела мексиканские пирамиды!
4) Лондонская погода — это не подарок.
5) Санкт-Петербург — город-музей.
6) Теперь мой любимый город — Вена!
7) Камерун — это настоящая экзотика!
8) Непал — очень интересная страна!
9) Теперь я знаю китайскую кухню.
10) Да, я видел коала и кенгуру.

Задание 204

Где они́ бы́ли? Куда́ они́ ходи́ли?

1) Я слу́шал о́перу «Садко́» уже́ тре́тий раз!

2) Я не знал, что в Петербу́рге мо́гут жить слоны́, жира́фы, ти́гры и кенгуру́!

3) Я всегда́ говори́л, что са́уна — э́то о́чень хорошо́.

4) Э́то отли́чный рестора́н: и ку́хня хоро́шая, и интерье́р.

5) Сего́дня был о́чень тру́дный уро́к, учи́тель о́чень мно́го спра́шивал.

6) Тепе́рь у нас есть хлеб, сыр и колбаса́.

7) Мы танцева́ли всю ночь!

8) Ужа́сный фильм!

9) Прекра́сный музе́й, и экску́рсия была́ интере́сная.

10) Э́то был после́дний экза́мен, бо́льше я не хожу́ в университе́т, я отдыха́ю всё ле́то!

Задание 205

Спра́шиваем и отвеча́ем:

Куда́ вы е́дете отдыха́ть в э́том году́?

Куда́ вы е́здили отдыха́ть в про́шлом году́?

Куда́ вы идёте сего́дня ве́чером?

Куда́ вы ходи́ли вчера́?

Вы ча́сто хо́дите в го́сти? В кино́? В теа́тр? На рабо́ту? В магази́н?

Куда́ вы обы́чно хо́дите / е́здите отдыха́ть? (в о́тпуск, на кани́кулы, в выходны́е, в свобо́дное вре́мя)

 В гру́ппе: **Куда́ он / она́ ...?**

m.	n.	f.	pl.
-ОМ/-ЕМ -Е/-и	-ОМ/-ЕМ -Е/-и	-ОЙ/-ЕЙ -Е/-и	-ЫХ/-ИХ -АХ/-ЯХ

Больши́е города́ — в больш**и́х** город**а́х**
Ста́рые пи́сьма — в ста́р**ых** пи́сьм**ах**
Но́вые у́лицы — на но́в**ых** у́лиц**ах**

Урок 19

Задание 206

1) Я не люблю́ жить в (больши́е города́). 2) Тури́сты обе́дают в (экзоти́ческие рестора́ны). 3) Вы покупа́ете ве́щи в (дороги́е магази́ны). 4) Я хочу́ ката́ться на (го́рные лы́жи). 5) Они́ живу́т в (высо́кие го́ры). 6) Мы иногда́ встреча́емся на (симфони́ческие конце́рты). 7) Он игра́ет гла́вные ро́ли в (детекти́вные фи́льмы). 8) Что пи́шут в (моско́вские газе́ты)? 9) Эти пти́цы живу́т в (ю́жные стра́ны). 10) Что они́ де́лают на (ночны́е у́лицы)? 11) Я ча́сто ви́жу его́ на (футбо́льные ма́тчи). 12) Вы лю́бите жить в (дешёвые гости́ницы)? 13) Вы ве́рите в жизнь на (други́е плане́ты)? 14) Чей портре́т на (ста́рые де́ньги)?

| столи́ца | галере́я | пло́щадь | ико́на |
| це́рковь (f.) | собо́р | изве́стный | ужа́сно |

Здра́вствуй, дорога́я Хе́льга!

В свои́х про́шлых пи́сьмах я уже́ писа́л, где я был в Санкт-Петербу́рге, куда́ я ходи́л и что ви́дел. Неда́вно я е́здил в Москву́. Это не о́чень далеко́ — я е́хал 8 часо́в на по́езде. Москва́ — типи́чная столи́ца: больша́я, краси́вая и бога́тая. В моско́вских теа́трах иду́т прекра́сные спекта́кли. Я был в Большо́м теа́тре на о́пере «Бори́с Годуно́в». Ещё я ходи́л в Третьяко́вскую галере́ю, на Кра́сную пло́щадь, ви́дел Мавзоле́й, смотре́л ико́ны в церква́х и собо́рах. Я был в дома́х и кварти́рах, где жи́ли изве́стные писа́тели: Булга́ков, Че́хов. Там сейча́с музе́и. Ещё я ходи́л в Моско́вский университе́т и в библиоте́ку. Ве́чером мы у́жинали в моско́вских рестора́нах, хоро́ших, но ужа́сно дороги́х. В Москве́ хо́лодно, идёт снег, но я мно́го ходи́л пешко́м или е́здил на метро́. Метро́ о́чень краси́вое, осо́бенно на ста́рых ста́нциях в це́нтре.

Как дела́ до́ма? Что у вас но́вого? Что ты слы́шала о мои́х друзья́х?
Целу́ю, твой Свен.

1) О чём писал Свен в своих прошлых письмах?
2) Куда недавно ездил Свен?
3) Он ездил в Москву на машине?
4) Где он был в Москве и что он видел?
5) Где он ужинал в Москве? Что он говорит о ресторанах?
6) Он ездил в Москве на машине?
7) Что он пишет о московском метро?
8) О чём он спрашивает Хельгу?
9) Вы были в Москве?
10) Куда вы ходили в Москве, что вы там видели?
11) Что вы знаете о Москве?
12) В каких русских городах вы были?

Задание 207

1) Один студент говорит, что берёт в дорогу, а другой думает, куда он едет:

— Я беру лыжи.
— Ты едешь в Швейцарию.

2) Один студент говорит, какие сувениры у него есть, а другой думает, где он был / куда он ездил:

— У меня есть матрёшка.
— Ты был в России. / Ты ездил в Россию.

Урок 20

> Я люблю́ ходи́ть пешко́м.
> Мы ча́сто е́здим на по́езде.

Зада́ние 208

Идти́ или **ходи́ть**?

1) — Приве́т! Куда́ ты … ?
   — Я … в бассе́йн. Я ка́ждую суббо́ту … в бассе́йн.
   — Я то́же хочу́ … в бассе́йн!

2) — Здра́вствуйте, Серге́й Никола́евич! Куда́ вы … ?
   — Я … в магази́н. А вы?
   — Я то́же … в магази́н. А в како́й магази́н вы обы́чно … ?
   — В тот, в но́вый.
   — А я люблю́ … в э́тот, в ста́рый, на углу́.

3) — Здра́вствуй, Аня! Куда́ ты …?
   — Я … в клуб.
   — А я ду́мала, что ты вчера́ … в клуб!
   — Да, и вчера́ … . Я … в клуб ка́ждый ве́чер.

4) — Приве́т! Я … на но́вую вы́ставку. Ты уже́ … ?
   — Нет, не … . Я не … на вы́ставки, я люблю́ … на футбо́л.
   — Я вчера́ … на футбо́л, а тебя́ не ви́дел.
   — Я то́же вчера́ … , а тебя́ не ви́дел!

Зада́ние 209

Éхать или **éздить**?

1) — Здра́вствуйте, О́льга Петро́вна!
   — Здра́вствуйте!
   — Куда́ вы ле́том … отдыха́ть?
   — В э́том году́ мы … в Испа́нию.
   — Пра́вда?! Как интере́сно! А куда́ вы … в про́шлом году́?
   — Мы … в Ита́лию, в Рим.
   — А мы ка́ждый год … на Чёрное мо́ре.

2) — Приве́т! Куда́ ты …?
— Я … в центр, на конце́рт. А ты?
— Я то́же … на о́зеро. Я ка́ждую неде́лю … на о́зеро.
— А я ка́ждую неде́лю … на конце́рты.

3) — Извини́те, куда́ мы сейча́с …?
— Как куда́? Мы … в рестора́н!
— Не хочу́ в рестора́н! Мы вчера́ … в рестора́н, позавчера́ … в рестора́н!
— Хорошо́, тогда́ мы … в лес!
— Мы ка́ждое воскресе́нье … в лес!
— Да, потому́ что я люблю́ … в лес.
— А я не люблю́ … в лес!

е́хать / е́здить на тра́нспорте

е́хать / е́здить НА машине / автобусе / поезде   идти́ / ходи́ть пешко́м

Зада́ние 210

Идти́, ходи́ть, е́хать или **е́здить**?

1) Мы ре́дко … на маши́не. 2) Сего́дня я … в го́сти. 3) В про́шлом году́ я … в Швейца́рию. 4) Вы лю́бите … в кино́? 5) Ди́ма вчера́ … на футбо́л. 6) На́ши го́сти уже́ … в Но́вгород. 7) Они́ не лю́бят … пешко́м. 8) Когда́ мы … в цирк? 9) Он ка́ждый день … на мотоци́кле. 10) Уже́ во́семь? Я … на рабо́ту! 11) Вы уже́ … в Эрмита́ж? 12) Ра́ньше я ча́сто … на велосипе́де. 13) Ты ре́дко … на метро́? 14) Вы обы́чно … в Эсто́нию на маши́не? 15) Они́ никогда́ не … на такси́.

Я е́ду на рабо́ту

Как я е́ду на рабо́ту? Снача́ла я е́ду на трамва́е, но, когда́ у меня́ есть вре́мя и я не спешу́, я иду́ пешко́м. У́тром на остано́вке всегда́ толпа́, и в трамва́е то́же! Пото́м я е́ду на метро́, на ста́нции «Садо́вая» де́лаю переса́дку и е́ду на ста́нцию «Ли́говский проспе́кт».

 Отвеча́ем на вопро́сы:
А как вы е́дете на рабо́ту? (в шко́лу, на ку́рсы, в университе́т)

Зада́ние 211

Ты, идти́, рабо́та. — **Ты идёшь на рабо́ту.**

1) Мы, е́хать, Но́вгород, по́езд. 2) Вы, е́хать, домо́й, метро́. 3) Она́, е́хать, сюда́, такси́. 4) Зимо́й, они́, не, е́здить, маши́на. 5) Они́, хоте́ть, е́хать, авто́бус. 6) Ле́том, я, о́чень, люби́ть, е́здить, велосипе́д. 7) Мы, е́хать, туда́, трамва́й, а вы, мочь, идти́, пешко́м. 8) Они́, говори́ть, что, е́хать, Петерго́ф, электри́чка.

Зада́ние 212

Идти́, ходи́ть, е́хать и́ли **е́здить**?

1) А куда́ мы … ве́чером? 2) Кто … в кафе́? 3) В Петербу́рге ча́сто … дожди́. 4) Что … в Марии́нском теа́тре? 5) Мы … на мо́ре, а они́ … отдыха́ть в дере́вню. 6) Она́ не лю́бит … на по́езде. 7) На у́лице … дождь, а у нас … конце́рт. 8) Когда́ вы … в Пу́шкин? 9) Я ре́дко … в библиоте́ку. 10) Ты не лю́бишь … на такси́?

Игорь расска́зывает

Не зна́ю, как вы, а я не люблю́ е́здить на по́езде. В про́шлом году́ мы е́здили на юг, и я о́чень уста́л, потому́ что два дня сиде́л в купе́. И сосе́ди бы́ли не о́чень прия́тные: снача́ла до́лго у́жинали, пото́м пе́ли пе́сни и гро́мко смея́лись. Вот на маши́не е́здить хорошо́: бы́стро и удо́бно. На самолёте то́же хорошо́, но моя́ жена́ не лю́бит лета́ть на самолёте. Её люби́мый тра́нспорт — велосипе́д и́ли такси́. Ди́ма то́же лю́бит е́здить на маши́не. А вот мой друг Свен говори́т, что лю́бит ходи́ть пешко́м. Я ду́маю, до́ма он сли́шком мно́го е́здит на маши́не, и здесь отдыха́ет!

Отвеча́ем на вопро́сы:

Како́й тра́нспорт лю́бят И́горь, О́льга, Ди́ма и Свен? Как вы ду́маете, почему́? Како́й тра́нспорт бо́льше лю́бите вы?

Вы лю́бите ходи́ть пешко́м? Вы лю́бите е́здить на по́езде? А на метро́? А на маши́не? Како́й тра́нспорт хо́дит в ва́шем го́роде? Вы ча́сто е́здите на такси́?
(когда́ у меня́ есть вре́мя / когда́ я спешу́, бы́стро / ме́дленно, удо́бно / неудо́бно, до́рого / дёшево, поле́зно)

ло́шадь	бензи́н	экологи́чный
бы́стрый	мо́дно	инде́йцы
далёкий се́вер	европе́ец	колесо́

Пешком ходить — долго жить

Было время, когда люди только ходили пешком, потом — долго ездили на лошадях. Лошади очень красивые и не едят дорогой бензин. Лошадь — очень экологичный транспорт. На лошади вы можете ехать, куда хотите, даже в лес. И в наше время люди на далёком севере ездят на собаках, и в северных странах, например, в Канаде, это новый популярный спорт. Собаки — хорошие друзья и дешёвый транспорт, только не очень быстрый. Во многих странах модно ездить на велосипеде. Это хорошо в городах, где есть специальные велосипедные дороги. В Америке индейцы, в принципе, знали колесо, играли в «футбол», но никогда не ездили. В последнее время люди, особенно в богатых странах, больше и больше ездят на машинах: на работу, на отдых, в гости и даже в соседний магазин. Во многих странах хорошая машина — это престиж. Сколько же ходит пешком современный человек? Вот что говорят об этом английские специалисты: средний европеец за свою жизнь ходит пешком 80 500 (восемьдесят тысяч пятьсот) километров. Кажется, немало. Но, если он живёт 70 лет, то ходит 3 километра в день. А в России говорят: «Пешком ходить — долго жить!»

Отвечаем на вопросы:

1) А как вы думаете, хорошо ходить пешком?
2) Вы ездили на лошади верхом?
3) Вы ездили на собаках? А хотите?
4) Как вы думаете, хорошо, что люди много ездят на машинах?
5) Вы много ходите пешком или мало?
6) В каких странах люди больше ездят на машинах?

Задание 213

Выберите, что вы больше любите:

1) ездить на лошадях; 2) ездить на собаках; 3) ходить пешком; 4) ездить на машине; 5) ездить на мотоцикле.

Аргументируйте, почему! Например:
Если вы ездите на собаках, то сигнализация — не проблема!
Если вы ездите на мотоцикле, вы — настоящий мужчина! Мотоцикл символизирует риск и молодость.

Урок 21

> У дру́га А́нны нет ви́зы.
> Э́то чай без са́хара для Анто́на.

GEN. Кого́? Чего́?

m.	n.	f.
-А / -Я	-А / -Я	-Ы / -И

! мать — ма́тери, дочь — до́чери, вре́мя — вре́мени, де́ньги — де́нег

1) Чей, чьё, чья, чьи?
   Э́то Анто́н, а э́то сестра́ Анто́на.

2) У кого́?
   У Анто́на есть маши́на.

3) Кого́ / чего́ нет?
   У сестры́ Анто́на нет маши́ны.

4) Стака́н воды́, килогра́мм сы́ра, буты́лка молока́.

Хоро́шее нача́ло — полови́на де́ла.

Чего́ нет в Росси́и, есть в Москве́,
Нет в Петербу́рге, есть в Неве́?

(бу́ква В)

Задание 214

Чей это чемода́н? (Ива́н) — **Э́то чемода́н Ива́на.**

1) Чей э́то самолёт? (президе́нт); 2) Чья э́то компете́нция? (мини́стр); 3) Чьи э́то кни́ги? (Ди́ма); 4) Чья э́то му́зыка? (Бетхо́вен); 5) Чей э́то вопро́с? (журнали́ст); 6) Чьё э́то письмо́? (анони́м); 7) Чей э́то ана́лиз? (экспе́рт); 8) Чей э́то прогно́з? (астро́лог)

Задание 215

Э́то И́горь. А э́то его́ дом. ... — **Э́то дом И́горя.**

1) Э́то А́нна. А э́то её брат. ... 2) Э́то Андре́й. А э́то его́ соба́ка. ... 3) Э́то дире́ктор. А э́то его́ кабине́т. ... 4) Э́то фи́рма «Плюс». А вот её дире́ктор. ... 5) Э́то О́льга. А э́то её семья́. ... 6) Э́то секрета́рь. Э́то его́ стол. ... 7) Вот Пётр. А э́то его́ го́род. ... 8) Вот Петербу́рг. А э́то центр. ... 9) Э́то И́ра. А э́то её друг. ... 10) Э́то кора́бль. А э́то капита́н. ... 11) Э́то Ка́тя. А э́то дом её дом. ...

> **Нет челове́ка — нет пробле́мы.**
> **И. Джугашви́ли (Ста́лин)**

Задание 216

У вас есть отве́т? — **У меня́ нет отве́та.**

1) У него́ есть ви́за? 2) У неё есть соба́ка? 3) У вас есть вре́мя? 4) У ма́льчика есть па́спорт? 5) У него́ есть де́ньги? 6) У вас есть ко́шка? 7) У вас есть я́хта? 8) У вас есть сад? 9) У вас есть ико́на? 10) На э́той у́лице есть рестора́н? 11) В э́том го́роде есть о́пера? 12) Здесь есть телефо́н? 13) В э́том до́ме есть лифт? 14) Здесь есть апте́ка? 15) У вас есть биле́т? 16) У них есть сын? 17) А дочь?

> **Хорошо́ там, где нас нет.**

Задание 217

А. У кого чего нет?

Марина — сестра — **У Марины нет сестры.**

1) Директор — время; 2) журналист — журнал; 3) кошка — аппетит; 4) командир — план; 5) турист — карта; 6) актриса — талант; 7) попугай — словарь; 8) покупатель — деньги; 9) фотограф — фотография.

Б. Ночью в комнате были воры… Чего здесь теперь нет?

Картина, ваза, гитара, компьютер «ноутбук», видеомагнитофон, сумка, видеокамера.

У меня БЫЛ чемода́н	У тебя́ НЕ́ БЫ́ЛО чемода́на
У меня́ БЫ́ЛО вре́мя	У тебя́ НЕ́ БЫ́ЛО вре́мени
У меня́ БЫЛА́ програ́мма	У тебя́ НЕ́ БЫ́ЛО програ́ммы

Задание 218

— ПОЧЕМУ́ ты не писа́л? — … /бума́га/
— Я не писа́л, ПОТОМУ́ ЧТО у меня́ НЕ́ БЫ́ЛО бума́ги.

1) Почему́ ты не звони́л? — … /телефо́н/
2) Почему́ ты не игра́л в те́ннис? — … /вре́мя/
3) Почему́ вы не чита́ли текст? — … /слова́рь/
4) Почему́ вы не ходи́ли на бале́т? — … /биле́т/
5) Почему́ вы не е́здили в Африку? — … /де́ньги/
6) Почему́ вы не открыва́ли сейф? — … /ключ/
7) Почему́ вы не пе́ли? — … /гита́ра/
8) Почему́ вы не изуча́ли туре́цкий язы́к? — … /интере́с/
9) Почему́ вы не реша́ли пробле́му? — … /пробле́ма/
10) Почему́ вы не ходи́ли гуля́ть? — … /шу́ба/
11) Почему́ вы не отвеча́ли? — … /отве́т/
12) Почему́ вы не были в Ира́не? — …/ви́за/

GEN.+ БЕЗ, ДЛЯ, ОТ, ДО, КРО́МЕ, ПО́СЛЕ

Задание 219

Это стол для (компью́тер). — Это стол для компью́тера.

1) Пожа́луйста, ко́фе без (са́хар). /котле́ты — со́ус, чай — лимо́н, бифште́кс — сала́т, соси́ски — ке́тчуп/
2) У вас есть бума́га для (факс). /батаре́йки — фотоаппара́т, консе́рвы — ко́шка, ме́бель — о́фис/

3) Извини́те, далеко́ от (дом) до (парк)? /университе́т — библиоте́ка, вокза́л — остано́вка, Москва́ — Ту́ла/

4) Все уже́ здесь, кро́ме (де́душка). /Андре́й, капита́н, Людми́ла Петро́вна, Ива́н Степа́нович, Ле́на/

5) Мы встреча́емся у меня́ до́ма по́сле (уро́к). /рабо́та, экза́мен, обе́д, матч, экску́рсия, семина́р/

6) До (экза́мен) ещё неде́ля. /нача́ло конце́рта — 20 мину́т, уро́к — 10 мину́т, у́жин — 2 часа́, по́езд — 25 мину́т/

Зада́ние 220

Без, для, от, до, кро́ме, по́сле

1) Я всегда́ ем суп … хле́ба. 2) Куда́ мы идём … уро́ка? 3) Э́то су́мка … видеока́меры. 4) Он ест всё, … мя́са. 5) … метро́ … теа́тра пешко́м идти́ мину́т де́сять. 6) На встре́че бы́ли все, … Алекса́ндра Васи́льевича. 7) … рабо́ты мы у́жинали и отдыха́ли. 8) Ско́лько е́хать … Му́рманска … Орла́? 9) Мы не мо́жем идти́ на день рожде́ния … пода́рка. 10) … меня́ э́то большо́й сюрпри́з!

Зада́ние 221

Спра́шиваем и отвеча́ем:

1) Я не могу́ жить без му́зыки. А без чего́ вы не мо́жете жить?

2) Он де́лает всё для семьи́. А для кого́ / чего́ вы всё де́лаете?

3) Она́ е́дет от до́ма до рабо́ты 35 мину́т, а вы?

4) Я пью всё, кро́ме во́дки, а вы?

5) Я люблю́ гуля́ть по́сле рабо́ты, а что вы лю́бите де́лать?

— Доктор, какую диету вы рекомендуете?
— Кусок хлеба без масла, яблоки и чай без сахара.
— Доктор, а это до обеда или после обеда?

Сидят на Эвересте два альпиниста, отдыхают. Один спрашивает:
— Ну что, ты покупаешь новую квартиру?
— Нет, что ты, третий этаж без лифта…

Пациент лежит в больнице. У него был аппендицит. Он спрашивает:
— Доктор, а после операции я могу играть на скрипке?
— Конечно, можете! — отвечает доктор.
— Как хорошо! А раньше не играл…

— Мой муж получает анонимные письма!
— Какой ужас! А от кого?

2, 3, 4 + GEN.
Два часа́, два́дцать четы́ре мину́ты, три́дцать три го́да...

Задание 222

1) У них оди́н (мотоци́кл), две (маши́на) и три (велосипе́д).

2) В ко́мнате два (стол), два (кре́сло), три (стул) и сто два́дцать четы́ре (кни́га).

3) Я смотрю́ в окно́ и ви́жу два (автобу́с), три (трамва́й) и четы́ре (соба́ка).

4) У нас в райо́не четы́ре (магази́н), три (бар) и две (дискоте́ка), но нет (музе́й).

5) Э́ти три (биле́т) стоя́т сто два́дцать три (рубль).

6) В па́рке гуля́ют три (де́вочка), два (ма́льчик) и четы́ре (ба́бушка).

7) На столе́ три (буты́лка), два (стака́н), две (таре́лка), два (нож) и две (ви́лка).

8) У меня́ в карма́не три (ключ), две (ру́чка), четы́ре (конфе́та) и два (я́блоко).

По́сле катастро́фы на мо́ре ста́рый лорд два го́да жил оди́н на о́строве. И вот — но́вый кора́бль берёт его́ на борт. Капита́н ви́дит на о́строве три до́ма и спра́шивает:

— Почему́ вы на о́строве оди́н, и у вас три до́ма?

Лорд отвеча́ет:

— Э́то мой дом. Э́то клуб, куда́ я хожу́. А э́то клуб, куда́ я не хожу́: я его́ игнори́рую.

M. ACCUS.: INANIM = NOM. / ANIM. = GEN.

> Что?   Кого?
> Я вижу дом. / Я вижу ИванА.

Задание 223

Мы слушаем (опера, концерт, артист, репортаж, репортёр, музыка, пианист, певица, лектор).

Вчера я видел (профессор, Сергей, Вера Павловна, Андрей Николаевич, генерал, бабушка, волк).

Мальчик читает (роман, книга, Пушкин, письмо, статья, Гоголь, журнал, Тургенев, Бунин).

Задание 224

Кто кого куда приглашает?
Андрей — Наташа — ресторан
Андрей приглашает Наташу в ресторан.

1) Друзья — Виктор — сауна. 2) Ира — друг — день рождения. 3) Фирма — работа — бухгалтер и водитель. 4) Секретарь — клиент — кабинет директора. 5) Вадим — Алёна, Олег и Маша — концерт. 6) Люба и Саша — Михаил и Ольга — пляж. 7) Папа — сын — стадион. 8) Университет — профессор Краснов — конференция.

Как готовить блины?

Берём четыре стакана муки, четыре стакана молока или, если мало молока, два стакана молока и два стакана воды, немного масла, три яйца, одну ложку сахара и немного соли. Смешиваем молоко, муку и яйца и готовим блины на масле на горячей сковороде. После этого берём все продукты, какие у вас есть, кроме кетчупа: икру, джем, ягоды, фрукты, рыбу, грибы, масло, много сметаны и ставим на стол. Потом приглашаем друга или подругу и едим вкусные горячие блины. Приятного аппетита!

Урок 22

> Мы лети́м из Ве́ны в Петербу́рг.
> Мы плывём из Австра́лии в Япо́нию.

КУДА́?	ГДЕ?	ОТКУ́ДА?
В / НА + ACCUS.	В / НА + PREP.	ИЗ / С + GEN.
в Петербу́рг	в Петербу́рге	из Петербу́рга
на рабо́ту	на рабо́те	с рабо́ты
в Росси́ю	в Росси́и	из Росси́и

Зада́ние 225

Куда́ вы е́здили? Где вы бы́ли? Отку́да вы е́дете?

Мила́н — о́пера; Мадри́д — корри́да; Пари́ж — вы́ставка; Аргенти́на — футбо́л; Брази́лия — карнава́л; Голливу́д — премье́ра; Герма́ния — фестива́ль; Ватика́н — экску́рсия; Австра́лия — о́тдых.

лете́ть ⇒		лета́ть ⇔	
(+ на самолёте)			
я лечу́	мы лети́м	я лета́ю	мы лета́ем
ты лети́шь	вы лети́те	ты лета́ешь	вы лета́ете
он/она́ лети́т	они́ летя́т	он/она́ лета́ет	они́ лета́ют

плыть ⇒		пла́вать ⇔	
(+ на корабле́)			
я плыву́	мы плывём	я пла́ваю	мы пла́ваем
ты плывёшь	вы плывёте	ты пла́ваешь	вы пла́ваете
он/она́ плывёт	они́ плыву́т	он/она́ пла́вает	они́ пла́вают

бежать ⇒		бегать ⇔	
я беГу́	мы бежи́м	я бе́гаю	мы бе́гаем
ты бежи́шь	вы бежи́те	ты бе́гаешь	вы бе́гаете
он/она́ бежи́т	они́ беГу́т	он/она́ бе́гает	они́ бе́гают

Задание 226

Лете́ть

Я ... в Амстерда́м.
Ты ... в И́ндию.
Она́ ... в Ме́ксику.
Мы ... домо́й.
Вы ... в Узбекиста́н.
Пти́цы ... на юг.

Лета́ть

Я ча́сто ... на самолёте.
Ты ча́сто ... в Сиби́рь?
Он иногда́ ... в Литву́.
Мы все ... во сне.
Вы ре́дко ... на се́вер.
Пингви́ны не ... .

Плыть

Я ... на о́стров.
Ты ... в Австра́лию.
Она́ ... в А́нглию.
Мы ... на по́люс.
Вы ... на Цейло́н.
Они́ ... в Брази́лию.

Пла́вать

Я хорошо́ ... .
Ты ча́сто ... в Петерго́ф.
Он ... на корабле́.
Мы ... в реке́.
Вы ... в бассе́йне.
Тури́сты ча́сто ... на Валаа́м.

Бежа́ть

Я ... на рабо́ту.
Ты ... домо́й.
Он ... в парк.
Мы ... на конце́рт.
Вы ... на авто́бус.
Все ... на уро́к.

Бе́гать

Я бы́стро ... .
Ты ... ме́дленно.
Она́ ... в па́рке.
Мы ... на стадио́не.
Вы ... ка́ждое у́тро?
Спортсме́ны ... хорошо́.

Уро́к 22

> Вре́мя идёт / бежи́т / лети́т! Го́ды иду́т / бегу́т / летя́т...
> Как бы́стро идёт / бежи́т / лети́т вре́мя!

Задание 227

Что они́ де́лают?
Попуга́и ... — **Попуга́и лета́ют.**

Ры́бы ...; маши́ны ...; пти́цы ...; мину́ты ...; самолёты ...; дожди́ ...; корабли́ ...; лю́ди ... ; я́хты ...; раке́ты ...; мотоци́клы ...; му́хи ...; футболи́сты ...; пассажи́ры ...; космона́вты ... .

Задание 228

Отку́да, куда́ и на чём вы е́дете / лети́те / плывёте?
Кора́бль Петербу́рг — Стокго́льм.
Я плыву́ на корабле́ из Петербу́рга в Стокго́льм.

Самолёт Москва́ — Жене́ва, по́езд Вологда́ — Санкт-Петербу́рг, авто́бус Но́вгород — Псков, по́езд Ки́ев — Москва́, электри́чка Санкт-Петербу́рг — Па́вловск, кора́бль Оде́сса — Стамбу́л, самолёт Рим — Лха́са, по́езд Я́лта — Минск, кора́бль Та́ллин — Ри́га.

Задание 229

Спрашиваем и отвечаем:

1) Вы любите плавать? Вы хорошо плаваете? Вы плаваете в реке / в море / в озере / в бассейне?

2) Вы любите бегать? Вы быстро бегаете? Вы бегаете утром? На улице / в парке / в лесу / на стадионе?

3) Вы любите летать на самолёте? Вы часто летаете на самолёте? Куда вы летали последний раз?

Задание 230

Я думаю, этот мальчик бежит на стадион. Я думаю, он бегает часто, может быть, каждое утро.

1) Куда он … ? — Не знаю, он каждое утро тут … . (бежать / бегать)

2) Вы … на концерт? — Да, мы каждую неделю … на концерты. (идти / ходить)

3) Ты … в Москву на самолёте? Мы очень редко … на самолёте. (лететь / летать)

4) Мы … завтра на дачу? — Да, мы каждые выходные … на дачу. (ехать / ездить)

5) Они … на Кипр? — Они всегда летом … на Кипр. (плыть / плавать)

6) Когда вы … в Ирландию? — А мы туда уже … . (лететь / летать)

7) Мы … в Данию на корабле. — А мы в прошлом году … в Норвегию. (плыть / плавать)

8) Они … на выставку? — Они уже … неделю назад. (идти / ходить)

9) Ты сейчас … в парк? — Нет, я сегодня уже … . (бежать / бегать)

10) Она … сегодня в Мурманск? — Не знаю, она уже … в Мурманск летом. (ехать / ездить)

Гостиница

— Здравствуйте!
— Добрый день!
— У вас есть свободные номера?
— Да, есть. Вас интересуют одноместные или двухместные? На сколько дней?
— Двухместный. На три дня.
— Да, пожалуйста. В номере есть душ и телефон.
— А телевизор?
— Телевизора нет, но там прекрасный вид из окна: на реку и центр города.
— Сколько это стоит?
— Четыреста рублей в сутки. Ваш паспорт, пожалуйста.
— Пожалуйста, вот он.
— Вот бланк, здесь вы пишете фамилию, тут — ваш домашний адрес, а там — дату.
— Так... Готово!
— Вот ваши ключи от номера. Ваш номер 325 (триста двадцать пять), на третьем этаже. Лифт здесь, справа. Завтрак с семи до десяти в кафе на первом этаже.

— Здравствуйте! Я Андрей Платонов.
— Добрый день! Вы заказывали номер?
— Да, на прошлой неделе, одноместный.
— Одну минуточку... Да, ваш номер 28, на втором этаже.
— Там есть душ?
— Да, там есть всё: душ, телефон, телевизор и даже холодильник. Пожалуйста, ваш ключ.

Горничная:
— Вот ваш номер. Здесь шкаф, там кровать, на кровати одеяло и подушка, телефон на столе у окна, а это душ и туалет.
— Спасибо. А где у вас ресторан?
— На последнем этаже, работает до двенадцати.
— До скольки? Только до двенадцати? Спасибо.

Отвечаем на вопросы:

Вы любите путешествовать?

Где вы обычно живёте: в гостинице? у друзей? Снимаете комнату?

Какие гостиницы вы больше любите: дорогие или дешёвые, большие или маленькие, новые или старые, стандартные или в местном стиле?

Когда вы жили в гостинице в последний раз? Где это было?

Какой у вас был номер? Что там было и чего не было?

Какой был вид из окна?

Что значит для вас «хорошая» гостиница? А что значит «плохая»?

Задание 231

> **Добро́ пожа́ловать в гости́ницу «Русь»!**
>
> Истори́ческий и делово́й центр Петербу́рга
> Одно-, двух-, трёхме́стные номера́
> Телефо́н Телеви́зор Душ
> Кафе́ Ба́ры За́лы на 150 мест
> Магази́ны Сувени́ры
> Газе́тный кио́ск Апте́чный кио́ск
> Са́уна Бассе́йн Парикма́херская
> Ка́мера хране́ния
> Обме́н валю́ты
> ст. м. «Чернышёвская» и «Маяко́вская»
> тел. 314-29-17

Вы рабо́таете в турбюро́ и расска́зываете, что гости́ница о́чень хоро́шая, а ваш клие́нт не ве́рит.

Напиши́те рекла́му ва́шей гости́ницы!

Урок 23

У нас нет до́лларов, но мно́го рубле́й.

m.	n.	f.
-А / -Я	-А / -Я	-Ы / -И
-ОГО / -ЕГО	-ОГО / -ЕГО	-ОЙ / -ЕЙ

Э́то Пётр Пе́рвый. А э́то ле́тний дворе́ц Петра́ Пе́рвого.
Э́то Екатери́на Втора́я. А э́то дворе́ц Екатери́ны Второ́й.

Зада́ние 232

У вас есть чёрная ко́шка? — У меня́ нет чёрной ко́шки.

1) У вас есть росси́йский па́спорт? 2) У вас есть ста́рая ико́на? 3) У вас есть минера́льная вода́? 4) У вас есть тома́тный сок? 5) У вас есть косми́ческий кора́бль? 6) У вас есть ру́сская во́дка? 7) У вас есть золота́я меда́ль? 8) У вас есть кра́сный флаг? 9) У вас есть чёрная ма́ска? 10) В газе́те есть ваш портре́т? 11) У вас есть грузи́нское вино́? 12) В Москве́ есть Не́вский проспе́кт?

— Я слы́шал, вы и́щете но́вого касси́ра?
— Да, и́щем, и но́вого, и ста́рого ...

100	сто		
200	две́сти		
300	три́ста	400	четы́реста
500	пятьсо́т	600	шестьсо́т
700	семьсо́т	800	восемьсо́т	900	девятьсо́т
1000	ты́сяча	1 000 000	миллио́н

Задание 233

— Когда́ роди́лся Пу́шкин? (06.06.1799)
— **Шесто́го ию́ня ты́сяча семьсо́т девяно́сто девя́того го́да.**

Когда́ роди́лись?

Иога́нн Себастья́н Бах (31.03.1685); Екатери́на Втора́я (21.04.1729); Чайко́вский (07.05.1840); Наполео́н (15.08.1769); Мэрили́н Монро́ (01.07.1926); Достое́вский (30.10.1821); Нострада́мус (14.12.1503).

А когда́ роди́лись вы?

GENITIV PLURAL

-ОВ дом — домо́в	-∅ сло́во — слов	-∅ кни́га — книг неде́ля — неде́ль
оте́ц — отцо́в не́мец — не́мцев	+О / Е окно́ — о́кон письмо́ — пи́сем	+О / Е су́мка — су́мок ча́шка — ча́шек
-ЕВ музе́й — музе́ев бра́тья — бра́тьев	-ИЙ упражне́ние — упражне́ний	-ИЙ симфо́ния — симфо́ний
ь; ж, ш, ч, щ -ЕЙ царь — царе́й врач — враче́й	-ЕЙ мо́ре — море́й	-ЕЙ ночь — ноче́й
! бра́тья — бра́тьев друзья́ — друзе́й		

m.	-ОВ	час — часОВ
m., n., f.	-ЕЙ	рубль — рублЕЙ море — морЕЙ ночь — ночЕЙ
		плащ — плащЕЙ (Ж, Ш, Щ, Ч)
n., f.	-∅	книга — книг
	+ О / + Е	вилка — вилОк чашка — чашЕк окно — окОн
-ие, -ия	-ИЙ	симфония — симфонИЙ
-й	-ЕВ	музей — музеЕВ братья [-йа] — братьЕВ
-ц	-ОВ / ЕВ	отец — отцОВ немец — немцЕВ

! друзья — друзей; сыновья — сыновей

! год — лет; раз — раз; человек — человек

Adj. -ЫХ / -ИХ:

новЫХ домов новЫХ слов новЫХ книг
большИХ большИХ большИХ

Волков бояться — в лес не ходить!

— Сколько человек работает в вашей фирме?
— Думаю, процентов сорок!

Задание 234

У вас есть вопросы? — У меня нет вопросов.

1) У него есть друзья?
2) У вас есть проблемы?
3) У них есть принципы?
4) У вас есть трудности?
5) У тебя есть документы?
6) У них есть таланты?
7) У вас есть планы?
8) У вас есть конкуренты?
9) У вас есть ответы?
10) У вас дома есть кошки?
11) У вас есть часы?
12) У вас есть сигареты?

Ско́лько, мно́го, ма́ло, не́сколько, 5, 6, 7, 8 ... + GEN. PL.

Зада́ние 235

Ско́лько здесь (газе́та)? — 7   — **Здесь 7 газе́т.**

1) Ско́лько у вас (чемода́н)? — мно́го
2) Ско́лько в го́роде (жи́тель)? — 5 миллио́нов
3) Ско́лько (эта́ж) в ва́шем до́ме? — 9
4) Ско́лько (остано́вка) от до́ма до це́нтра? — 5
5) Ско́лько в ко́мнате (гость)? — 6
6) Ско́лько на столе́ (таре́лка)? — 6
7) Ско́лько на столе́ (ви́лка)? — 6
8) Ско́лько на столе́ (ло́жка)? — 6
9) Ско́лько на столе́ (нож)? — 6
10) Ско́лько на столе́ (ча́шка)? — 6
11) Ско́лько (язы́к) вы зна́ете? — 8
12) Ско́лько (маши́на) на у́лице? — мно́го

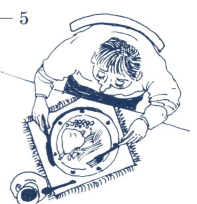

Зада́ние 236

Ску́чно жить без ....
Невозмо́жно жить без ....
Тру́дно жить без ....
Легко́ жить без ....

Зада́ние 237

1	франк	рубль	кро́на	ма́рка	до́ллар
4	фра́нка	_____	_____	_____	_____
12	фра́нков	_____	_____	_____	_____
23	фра́нка	_____	_____	_____	_____
48	фра́нков	_____	_____	_____	_____
681	франк	_____	_____	_____	_____
1322	фра́нка	_____	_____	_____	_____
4878	фра́нков	_____	_____	_____	_____

Задание 238

Отвечáем: мнóго, мáло, нéсколько, 5 и т.д.

1) Скóлько (рýсские словá) вы знáете?
2) Скóлько в мúре (талáнтливые писáтели)?
3) Скóлько у вас (интерéсные кнúги)?
4) Скóлько в гóроде (хорóшие ресторáны)?
5) Скóлько в мúре (чúстые рéки)?
6) Скóлько (тропúческие стрáны) вы вúдели?
7) Скóлько (скýчные фúльмы) вы смотрéли?
8) Скóлько (телефóнные номерá) вы пóмните?

Задание 239

Вáши пожелáния:

Пусть бýдет мнóго / бóльше: хорóшей мýзыки, интерéсных книг…
Пусть бýдет мáло / мéньше: трýдной граммáтики, телевúзоров…

Урок 23

ВРÉМЯ

	1		2, 3, 4	5, 6, 7, 8…
f.	(однá) секýнда	f.	(две) секýнды	секýнд
	минýта		минýты	минýт
	недéля		недéли	недéль
m.	(одúн) час	m.	(два) часá	часóв
	день		дня	дней
	мéсяц		мéсяца	мéсяцев
	год		гóда	лет
	век		вéка	векóв

Спрáшиваем и отвечáем:

Скóлько мéсяцев в годý? Скóлько секýнд в минýте? Скóлько минýт в часé? Скóлько часóв в сýтках? Скóлько дней в недéле? Скóлько в годý недéль? Скóлько в годý дней? Скóлько в вéке лет? Скóлько в вéке мéсяцев?

Задание 240

В Санкт-Петербу́рге мно́го (кана́л, мост), прекра́сных ста́рых (дворе́ц), (парк) и истори́ческих (па́мятник). А ещё в го́роде мно́го (музе́й), в кото́рых вас ждут прекра́сные колле́кции (карти́на) ру́сских и иностра́нных (худо́жник). Есть и музе́и—кварти́ры (писа́тель) и (поэ́т): Пу́шкина, Достое́вского, Бло́ка... В це́нтре го́рода, на Не́вском проспе́кте нахо́дится Росси́йская национа́льная библиоте́ка, одна́ из пяти́ са́мых больши́х в ми́ре (библиоте́ка). В ней бо́лее тридцати́ (миллио́н) (кни́га), (журна́л), (ру́копись).

Задание 241

1) Длина́ Невы́ 74 (киломе́тр). 2) Её глубина́ 8 (метр), а ширина́ 600 (метр). 3) В Петербу́рге 86 (река́ и кана́л). 4) В го́роде 42 (о́стров) и 300 (мост). 5) В Петербу́рге 2500 больши́х и ма́леньких (библиоте́ка). 6) В го́роде 5 (миллио́н) (жи́тель). 7) В Петербу́рге 143 (стадио́н), 350 (футбо́льное по́ле), 111 (те́ннисный корт). 8) В Эрмита́же 15 000 (карти́на) и 12 000 (скульпту́ра). 9) В го́роде приме́рно 1800 (у́лица) и (проспе́кт), 835 (парк) и (сад).

Рестора́н «Афроди́та»

Атмосфе́ра пра́здника
Фантасти́ческие ощуще́ния
Романти́ческая атмосфе́ра
Откры́т с 12.00 до 01.00
Делика́тное обслу́живание
Идеа́льное ме́сто для встре́чи
Тради́ции вку́са

А вы уже́ бы́ли у нас?

Вы любите ходить в ресторан?

Вы часто ходите в ресторан?

Какие рестораны вы больше любите: японские, итальянские, французские...?

Вы любите пробовать новые экзотические блюда?

У вас есть любимое блюдо? Какое?

ждать	
я жду	мы ждём
ты ждёшь	вы ждёте
он/она ждёт	они ждут

1) Антон ... Анну. 2) Вчера она ... Антона. 3) Вы нас ... . 4) Дети ... папу. 4) Я ... вас. 5) Ты меня ... ? 6) Мы тебя помним и ... . 6) Кто вчера меня ... ? 7) Вы вчера ... меня час? 8) Я их не ... . 9) Гид ... туристов. 10) Таксисты ... пассажиров.

Урок 23

Ресторан

Игорь: — Я приглашаю вас в ресторан.

Свен: — Спасибо. А когда?

Игорь: — Сегодня вечером. Вы можете?

Свен: — Да, спасибо! А в какой?

Игорь: — Тут недалеко есть неплохой ресторан. Там хороший интерьер и русская кухня.

Свен: — Отлично, меня интересует русская кухня.

Игорь: — Значит, я жду тебя в 7 часов в ресторане.

В ресторане

Игорь: — Добрый вечер.
Официант: — Здравствуйте.
Игорь: — У вас есть свободные столики?
Официант: — Да, пожалуйста. Здесь, у окна. Вот меню.
Игорь: — Спасибо. Ну, сначала салат. Какой салат вы выбираете?
Свен: — Может быть, из огурцов и помидоров. Свежие овощи — это очень полезно для здоровья. А что такое «винегрет»?
Игорь: — Ну, в общем… это такой салат из свёклы, морковки, картошки… там ещё солёные огурцы.
Свен: — Тогда вот этот, из огурцов, помидоров и сыра.
Игорь: — А я хочу «Столичный». Вы будете суп? Может быть, борщ?
Свен: — Спасибо, думаю, нет. Я не очень люблю суп.
Игорь: — А что вы хотите на второе?
Свен: — Сейчас … Что такое шашлык из осетра?
Игорь: — Это интересно. Шашлык — самое известное блюдо кавказской кухни. Но на Кавказе шашлык готовят из баранины, а у нас в России — из свинины или иногда из осетра.
Свен: — Отлично! Я хочу шашлык из осетра. А вы?
Игорь: — Я буду котлету по-киевски. Вот идёт наш официант.
Официант: — Вы готовы?
Игорь: — Да, пожалуйста, салат из огурцов, помидоров и сыра, один «Столичный», шашлык из осетра и котлету по-киевски.
Официант: — Хорошо. А что из напитков? Вино, коньяк, шампанское, пиво?
Свен: — Я думаю, я буду пиво. Обычно я пью тёмное пиво, но сейчас хочу светлое. У вас есть русское пиво?
Официант: — Да, «Двойное золотое».
Игорь: — А я буду красное вино, например, «Божоле», и минеральную воду.
Официант: — Хорошо, одну минутку.

Поехали! 189

Отвечаем на вопросы:
Кто кого приглашает в ресторан?
Почему они идут в этот ресторан?
Почему Свен любит свежие овощи?
Что ещё полезно для здоровья? А что — вредно?
Что такое «винегрет»?
Какие салаты они заказывают?
Из чего делают шашлык?
Какое пиво обычно пьёт Свен?
Что пьёт его друг?

Урок 23

Это звонил мой друг. Он работает в зоопарке.
Это звонил мой друг, который работает в зоопарке.
Это мой друг. Ты видел его на конференции.
Это мой друг, которого ты видел на конференции.
Это моя новая книга. Она рассказывает о природе Севера.
Это моя новая книга, которая рассказывает о природе Севера.
Это моя новая книга. Я писал её три года.
Это моя новая книга, которую я писал три года.
Это артист. Я рассказывал о нём.
Это артист, о котором я рассказывал.
Я приглашаю в ресторан друга. Ресторан называется «Кукарача».
!!! Я приглашаю друга в ресторан, который называется «Кукарача».
!? Я приглашаю в ресторан друга, который называется «Кукарача».

Задание 242

1) Это девушка. Она любит Игоря.
2) Это девушка. Её любит Игорь.
3) Это журналист. Он искал нас.
4) Это журналист. Мы его искали.
5) Вот корабль. Он плывёт в Исландию.
6) Вот корабль. Мы видели его в порту.
7) Начинается фестиваль. Ты спрашивал о нём.
8) Я был на выставке. Вы говорили о ней.
9) Я уже слышал эту историю. Вы снова рассказываете эту историю.
10) Ты не помнишь телефон? Я давал тебе этот телефон.
11) Я люблю эту песню. Вы не любите эту песню.
12) Мы покупаем картину. Вы продаёте её.
13) Это специалист. Без него мы не можем работать.
14) Вот моя подруга. Я не могу жить без неё.

Режиссёр оперы слушает новую певицу. Он спрашивает дирижёра:
— Вы не знаете, какая это мелодия?
— Мелодия, которую играет оркестр, или мелодия, которую поёт эта дама?

праздник	пост	разрешать	дохристианский
праздновать	церковь	угощать	серебро
рецепт	квас	блюдо	секрет

Из истории русской кухни

Что вы знаете о русской кухне? Конечно, все знают русские блины, икру, водку, щи, борщ... Блины, например, едят целую неделю во время древнего, ещё дохристианского, праздника Масленицы, который празднуют, когда встречают весну. Блины — символ солнца. Икра, и правда, традиционный русский продукт, и не только известная в мире чёрная, но и красная, и другие более дешёвые сорта. Рыба тоже играла в русской кухне большую роль, потому что рыбу всегда любили

и ещё потому́, что це́рковь не разреша́ла есть мя́со в пост, а э́то бо́льше чем 200 дней в году́. Борщ — одно́ из люби́мых блюд почти́ в ка́ждой ру́сской семье́, а вот во́дка… В Дре́вней Руси́ пи́ли квас, пи́во, мёд, а во́дки не зна́ли. На ру́сском се́вере во́дки не́ было до конца́ пе́рвой мирово́й войны́, и вообще́, пи́ли в Росси́и в 1913 году́… то́лько 3 ли́тра алкого́ля в год на челове́ка.

Традицио́нно в Росси́и, кро́ме ю́жных райо́нов, чёрный хлеб люби́ли бо́льше, чем бе́лый. У ру́сских всегда́ был настоя́щий культ хле́ба. Там, где бы́ло ма́ло хле́ба, наприме́р, в Сиби́ри в нача́ле колониза́ции и в Петербу́рге в нача́ле 18 (восемна́дцатого) ве́ка лю́ди получа́ли хлеб беспла́тно.

Для встре́чи госте́й в ру́сском до́ме хлеб и соль ка́ждый день бы́ли на столе́ с утра́ до ве́чера. Италья́нский путеше́ственник в середи́не 18 ве́ка писа́л, что Москва́ — еди́нственный в ми́ре го́род, где у бога́тых люде́й действи́тельно «откры́тый стол», то есть госте́й угоща́ют в любо́е вре́мя дня, и е́сли хозя́ин уже́ обе́дал, то для го́стя де́лали но́вый обе́д.

В обы́чные дни е́ли немно́го, наприме́р, на за́втрак (а за́втракали ра́но, в 4—6 часо́в), е́ли хлеб и пи́ли квас, молоко́ и́ли чай. Обе́дали обы́чно в по́лдень, но обе́д то́же был не тако́й, как сейча́с. Царь Алексе́й Миха́йлович, оте́ц Петра́ Пе́рвого, на обе́д ел хлеб и пил немно́го пи́ва. Но в пра́здники на столе́ да́же у небога́тых люде́й бы́ло 15—20 блюд из мя́са, ры́бы, овоще́й и грибо́в, в бога́тых дома́х — от пяти́десяти до ста блюд. А у ру́сского царя́ могли́ обе́дать 1000 госте́й, а блюд иногда́ бы́ло полты́сячи. Бори́с Годуно́в одна́жды 6 неде́ль угоща́л 10 000 челове́к в день, и все е́ли на серебре́...

Двадца́тый век — век стандартиза́ции, но и сейча́с в ка́ждой ру́сской семье́ есть традицио́нные реце́пты и секре́ты люби́мых блюд.

Отвеча́ем на вопро́сы:

Каки́е блю́да ру́сской ку́хни вы зна́ете? Каки́е блю́да лю́бите?

Каки́е традицио́нные блю́да есть в ва́шей национа́льной ку́хне?

Что вы зна́ете об исто́рии ва́шей национа́льной ку́хни?

Что вы ра́ньше зна́ли (слы́шали, чита́ли) о ру́сской ку́хне и её исто́рии?

А что ду́маете тепе́рь?

Урок 24

ПОВТОРЕ́НИЕ

Зада́ние 243

идти́ — ходи́ть

1) Куда́ ты … ? — Я … домо́й.
2) Вы … в кафе́? — Нет, мы уже́ … в кафе́.
3) Кто … на конце́рт? — Я не люблю́ … на конце́рты.
4) Мы … домо́й, а куда́ вы … ? — Нет, мы … в кино́.
5) Ты ча́сто … на ры́нок? — Нет, я не люблю́ … на ры́нок.
6) Она́ сейча́с … в бассе́йн? — Да, она́ ка́ждую пя́тницу … в бассе́йн.
7) Вы лю́бите … в го́сти? — Да, я люблю́ … в го́сти. Но сейча́с я … домо́й.
8) Ваш сын уже́ уме́ет … ? — Да, сейча́с он … сюда́.

Зада́ние 244

е́хать — е́здить

1) Вы сейча́с … на маши́не? — Да, мы всегда́ … на маши́не.
2) Куда́ вы … в про́шлом году́? — Мы … на Кипр.
3) Кто сего́дня … на маши́не? — Они́ … на по́езде, а мы … на маши́не.
4) Он лю́бит … на мотоци́кле. Вчера́ он … на о́зеро, а сего́дня … в Па́вловск.
5) Куда́ вы … в э́том году́? — Мы … на мо́ре. Мы ка́ждое ле́то … на мо́ре.
6) Я люблю́ … на велосипе́де, но сейча́с я спешу́ и … на маши́не.
7) Где ты был вчера́? — Я … в Петерго́ф.
8) Ты за́втра … в Ки́ев? — Да, я ча́сто … в Ки́ев.

Задание 245

1) … вы ходи́ли в пя́тницу? … вы бы́ли в пя́тницу? (где / куда́)
2) Ты идёшь … ? Я уже́ … !   (здесь / сюда́)
3) У́тром я был … . Когда́ мы е́дем … ? (до́ма / домо́й)
4) Что вы … ви́дели? Почему́ вы … е́дете? (там / туда́)
5) Что вы … и́щете? Он идёт … .   (здесь / сюда́)
6) … вы рабо́таете? … вы е́дете?   (где / куда́)
7) … вы е́дете отдыха́ть? … вы живёте?   (где / куда́)
8) Я сего́дня … . Я иду́ … .   (до́ма / домо́й)
9) Вы … живёте? Когда́ вы … е́дете?   (там / туда́)
10) Ты не е́дешь … ? Кто … ?   (здесь / сюда́)

Задание 246

кого́ / что?

1) Мы слу́шаем (журнали́ст). Мы чита́ем (газе́та).
2) Мы слу́шаем (преподава́тель). Мы изуча́ем (язы́к).
3) Вы зна́ете (актри́са). Вы смо́трите (фи́льм). Вы зна́ете (актёры).
4) Я чита́ю (кни́га). Я понима́ю (писа́тель).
5) Ты лю́бишь (Мо́царт)? Ты слу́шаешь (му́зыка)?
6) Студе́нт слу́шает (профе́ссор). Профе́ссор спра́шивает (студе́нты).
7) Президе́нт контроли́рует (ситуа́ция). Вы зна́ете (президе́нт)?
8) Вы лю́бите (ти́гры)? А ти́гры лю́бят (вы)?
9) Роди́тели не понима́ют (де́ти). Де́ти не слу́шают (роди́тели).
10) Они́ приглаша́ют (подру́ги). Он приглаша́ет (подру́га).

Задание 247

1) Тру́дно жить без …
2) Ску́чно жить без …
3) Я не могу́ рабо́тать без …
4) Я люблю́ всё, кро́ме …
5) Далеко́ от … до …
6) Я де́лаю всё для …
7) Что вы де́лаете по́сле … ?
8) Хорошо́, когда́ нет …
9) Пло́хо, когда́ нет …

Задание 248

идти́ / ходи́ть; е́хать / е́здить; бежа́ть / бе́гать; лете́ть / лета́ть; плыть / пла́вать

1) Футболи́сты хорошо́ … .
2) Мы не … на трамва́е.
3) Ры́бы … в реке́.
4) Я … на бе́рег!
5) Мы спеши́м! Мы … на уро́к.
6) Мы хоти́м у́жинать. Мы … на ку́хню.
7) Вы ча́сто … на бале́т?
8) Э́тот самолёт сейча́с … в И́ндию.
9) Зимо́й му́хи не … .
10) Я сего́дня … в Мадри́д.

Задание 249

Отку́да? — из / с

1) Студе́нты иду́т из университе́та, с ле́кции (клуб, конце́рт, теа́тр, о́пера, бале́т, рестора́н, музе́й, экску́рсия, экза́мен, бар).
2) Тури́сты е́дут (А́нглия, мо́ре, вокза́л, Берли́н, за́пад, го́род, Восто́к, гости́ница).
3) Пти́цы летя́т (А́фрика, юг, о́зеро, парк, се́вер, река́, о́стров).

Задание 250

Ско́лько?

Вы — цари́ (президе́нты, генера́льные секретари́). Вы расска́зываете, кого́ / чего́ в ва́ших стра́нах мно́го, кого́ / чего́ ма́ло, нет или ско́лько: жи́тели, па́ртии, мужчи́ны, же́нщины, маши́ны, магази́ны, ре́ки, озёра, шко́лы, университе́ты, рестора́ны, тури́сты, го́ры, леса́ и т.д.

Я — президе́нт Финля́ндии. В Финля́ндии мно́го фи́ннов — 5 миллио́нов жи́телей, мно́го лесо́в, рек и озёр. Но у нас ма́ло больши́х городо́в, гор и нет жира́фов.

Задание 251

Какой транспорт любите вы, любят люди в вашей стране, люди в России и почему?

Задание 252

Вы приглашаете туристов в новую гостиницу и рассказываете, какая она. Туристы спрашивают, что там есть и чего нет и т.д. Можно использовать карточки : душ +, телевизор — и т.д.

Задание 253

Диалоги

Клиент: Вы едете работать далеко (в Арктику, в Сибирь, в Африку) на три года и последний раз идёте в хороший ресторан. Что вы заказываете?

Официант: В ресторане есть не все блюда, например: «Извините, чёрного хлеба нет, но есть чёрная икра.»

Задание 254

который

Я рассказываю историю, котор... рассказывал мне мой друг Свен, о котор... вы уже много знаете. Он начинал работать в Болгарии, в стране, в котор... я никогда не был. Он ехал на старой машине, котор... купил в Болгарии, и не мог доехать до города, до котор... хотел. Он ехал медленно, потому что машина, на котор... он ехал, была старая и потому что он плохо знал города и деревни, в котор... никогда не был. Поздно вечером он снова был в том городе, из котор... он начинал своё путешествие утром. Свен тогда уже немного знал русский язык, на котор... он сейчас говорит хорошо. В Болгарии тоже все понимали русский язык, котор... они изучали в школе. Но когда он спрашивал местных жителей, котор... встречал в дороге, правильно он едет или нет, он не понимал, что они отвечали. Он не знал, что когда в Болгарии делают жест, котор... у нас значит «нет», то он значит «да». А жест, котор... у нас значит «да», у них значит «нет». После этой истории, котор... он часто рассказывает, Свен всегда изучает традиции страны, в котор... едет.

Урок 25

> Я люблю́ расска́зывать исто́рии.
> Вчера́ я рассказа́л интере́сную исто́рию.
> За́втра я расскажу́ ещё одну́.

IMPERF. ПРОЦЕ́СС (норма́льный)	PERF. РЕЗУЛЬТА́Т (специа́льный)
Ле́том я мно́го рисова́л. Я вообще́ люблю́ рисова́ть.	Я нарисова́л пять карти́н. Я хочу́ нарисова́ть ваш портре́т.
... _____ ... проце́сс Мы вчера́ до́лго гуля́ли. ||| ... ча́сто, ре́дко, иногда́ Я ре́дко пишу́ пи́сьма. Да — Нет — Вы чита́ли «А́нну Каре́нину»? — Да, чита́л. ═══════ паралле́льно Игра́ла му́зыка, го́сти танцева́ли.	1 раз (конкре́тно) Мы вчера́ хорошо́ погуля́ли. нача́ло коне́ц Вчера́ я написа́л письмо́. Я прочита́л письмо́ и написа́л отве́т.
писа́ть -ЫВА-(-ИВА-) подпи́сЫВАть	написа́ть ПОДписа́ть
-ДА- -ЗНА- -ВА- -СТА- даВА́ть узнаВА́ть встаВА́ть я даю́ я узнаю́ я встаю́	дать узна́ть встать
-ЫВА- -ВА- -А- реша́ть !!! ПОкупа́ть	-И- реши́ть купи́ть

	читáть	прочитáть
Вчерá	читáл, -а, -и	прочитáл, -а, -и
Сейчáс	я читáЮ ты читáЕШЬ они́ читáЮТ	✗
Зáвтра	я бýду мы бýдем ты бýдешь вы бýдете + INF. читáть он/онá бýдет они́ бýдут	я прочитáЮ ты прочитáЕШЬ они́ прочитáЮТ

Задание 255

получáть
расскáзывать
смотрéть
выключáть
продавáть
стрóить
кончáть
уставáть
обéдать
отвечáть
перепи́сывать
изучáть
танцевáть
вы́игрывать

переписáть
пообéдать
устáть
вы́играть
рассказáть
изучи́ть
получи́ть
посмотрéть
отвéтить
потанцевáть
кóнчить
вы́ключить
продáть
постро́ить

Не говори́, что де́лал, а говори́, что сде́лал!

Зада́ние 256

Что ты де́лал вчера́ ве́чером? — Я ... энциклопе́дию. Я ... мно́го интере́сного. (чита́ть — прочита́ть)

Что ты де́лал вчера́ ве́чером? — Я чита́л энциклопе́дию. Я прочита́л мно́го интере́сного.

1) Что вы де́лали вчера́ ве́чером? — Я ... пи́сьма. Я ... три письма́. (писа́ть — написа́ть)

2) Что вы де́лали в дере́вне? — Я ... пейза́жи. Я ... 7 пейза́жей. (рисова́ть — нарисова́ть)

3) Что вы де́лали вчера́ у Бори́са? — Говори́ли, ...блины́. Я ... о́чень мно́го блино́в. (есть — съесть)

4) Что вы де́лали вчера́ на экску́рсии? — Ходи́ли в музе́й, смотре́ли карти́ны. Мы посмотре́ли все карти́ны. (смотре́ть — посмотре́ть)

5) Что вы де́лали вчера́ у Ка́ти? — Смотре́ли альбо́мы, ... чай. Я ... 4 ча́шки. (пить — вы́пить)

6) Что ты де́лал по́сле рабо́ты? — ... проду́кты. Я ... карто́шку, помидо́ры, мя́со и сала́т. (покупа́ть — купи́ть)

7) Что вы де́лали на интервью́? — ... на вопро́сы. И на все вопро́сы ... прекра́сно. (отвеча́ть — отве́тить)

8) Что де́лал вчера́ ваш муж? — Весь ве́чер ... у́жин. Он ... мя́со, сала́т и десе́рт. (гото́вить — пригото́вить)

9) Что вы де́лали в япо́нском рестора́не? — Мы ... ра́зные экзоти́ческие блю́да. Я ... мно́го интере́сных блюд. (про́бовать — попро́бовать)

10) А что говори́л И́горь, когда́ вы обе́дали? — Ничего́, про́сто ... анекдо́ты. Пра́вда, он ... не́сколько но́вых анекдо́тов. (расска́зывать — рассказа́ть)

Уро́к 25

— Ма́льчик, что ты рису́ешь?
— Я рису́ю Бо́га.
— Но никто́ не зна́ет, како́й он!
— Вот я нарису́ю, и все узна́ют.

Задание 257

1) Вы уже́ обе́дали? — Нет, спаси́бо, я ... пото́м, до́ма. (пообе́дать)
2) Вы ещё не получа́ли де́ньги? — Нет, ... в понеде́льник. (получи́ть)
3) Ты уже́ звони́л в Москву́? — Нет, ... ве́чером. (позвони́ть)
4) Вы уже́ говори́ли о пое́здке? — Нет, за́втра ... . (поговори́ть)
5) Вы уже́ чита́ли мою́ статью́? — Нет, но обяза́тельно ... . (прочита́ть)
6) Вы смотре́ли сего́дня «Но́вости»? — Нет, ... ве́чером. (посмотре́ть)
7) Они́ уже́ слу́шали э́ту о́перу? — Нет, но обяза́тельно ... . (послу́шать)
8) Ты уже́ игра́л в э́ту игру́? — Нет, но обяза́тельно ... . (сыгра́ть)
9) Она́ уже́ про́бовала э́то блю́до? — Нет, но обяза́тельно ... . (попро́бовать; -ова- / -у-)
10) Вы уже́ спра́шивали их, как дела́? — Ещё нет, но сейча́с ... . (спроси́ть; с / ш)
11) Вы ещё не отвеча́ли на её письмо́? — Нет, но обяза́тельно ... . (отве́тить; т / ч)
12) Вы расска́зывали исто́рию э́того до́ма? — Нст ещё, сейча́с ... . (рассказа́ть; з / ж)
13) Ва́ша газе́та ещё не писа́ла обо мне? — Нет, но мы обяза́тельно ... . (написа́ть; с / ш)
14) Вы ра́ньше никогда́ не покупа́ли э́тот журна́л? — Нет, но э́тот но́мер я обяза́тельно ... . (купи́ть; п + л)
15) Вы ещё не фотографи́ровали э́тот дом? — Нет, но обяза́тельно ... . (сфотографи́ровать; ова / у)

Задание 258

Вы (рабо́тать) в суббо́ту и в воскресе́нье? — Нет, ...
Вы бу́дете рабо́тать в суббо́ту и в воскресе́нье? — Нет, не бу́ду.

1) Ты (смотре́ть) но́вости? — Нет, ...
2) Она́ (ходи́ть) зимо́й на лы́жах? — Да, ...
3) Ди́ма ле́том (пла́вать) в реке́? — Коне́чно, ...
4) Вы (изуча́ть) ру́сский язы́к в бу́дущем году́? — Да, ...

5) Ты (есть) суп? — Нет, ...
6) Они (работать) хорошо? — Я думаю, нет, ...
7) Мы (танцевать)? — Конечно, ...
8) Вы (отвечать) на вопросы? — Нет, ...

Задание 259

Спрашиваем и отвечаем:

1) Вы будете ходить на лыжах?
2) Вы будете плавать зимой?
3) Вы будете хорошо говорить по-русски?
4) Вы будете пить водку?
5) Вы будете изучать японский язык?
6) Вы будете играть в казино?
7) Вы будете делать ошибки?

Задание 260

(звонить — позвонить)

1) Каждые выходные я ... в Таллин, где живёт моя сестра.
2) Но вчера я ... в полночь, и она уже спала.
3) Завтра я обязательно ... ещё раз.

(делать — сделать)

1) Ты всегда ... из мухи слона!
2) Сейчас я понимаю, что вчера ... большую ошибку.
3) На день рождения я обязательно ... хороший подарок.

(писа́ть — написа́ть)

1) Ко́стя — гениа́льный компози́тор, и всегда́ ... 3—4 пе́сни в день.
2) Вчера́ он ... 8 пе́сен.
3) Я ду́маю, за́втра он ничего́ не ... .

(стро́ить — постро́ить)

1) Он всегда́ ... больши́е пла́ны.
2) Бо́льше он ещё ничего́ не ... .
3) Он ду́мает, что ско́ро ... Рай на Земле́.

(спра́шивать — спроси́ть)

1) Де́ти всё вре́мя ... : «Почему́?», «Почему́?», «Почему́?»
2) Вчера́ ве́чером мой сын ... , почему́ я говорю́, что на ю́ге жа́рко, е́сли в Антаркти́де хо́лодно.
3) Я не зна́ю, о чём он ... за́втра.

(встреча́ть — встре́тить)

1) Я ча́сто ... Джо́на в клу́бе.
2) Вчера́ я ходи́л в клуб, но его́ не ... .
3) Мо́жет быть, я ... его́ за́втра.

Задание 261

зака́нчивать — зако́нчить	рабо́тать — порабо́тать
боле́ть — заболе́ть	спра́шивать — спроси́ть
чита́ть — прочита́ть	печа́тать — напеча́тать
писа́ть — написа́ть	отвеча́ть — отве́тить
приглаша́ть — пригласи́ть	гото́вить — пригото́вить
ду́мать — поду́мать	звони́ть — позвони́ть
говори́ть — сказа́ть	встава́ть — встать
объясня́ть — объясни́ть	опа́здывать — опозда́ть
брать — взять	реша́ть — реши́ть
проси́ть — попроси́ть	исправля́ть — испра́вить
про́бовать — попро́бовать	забыва́ть — забы́ть
начина́ть — нача́ть	понима́ть — поня́ть

Привет! Вы меня уже знаете. Я поэт. У меня, конечно, есть подруга. Её зовут Маша. У Маши сейчас новая работа — она секретарь в большой фирме. Каждый день она начинает работать в 9 часов и заканчивает в 6. Но позавчера она заболела и попросила меня поработать вместо неё. Я долго думал и спросил её:

— Ты много работаешь? Что ты делаешь на работе?

— Работа у меня простая. Я работаю на компьютере, печатаю документы, читаю и пишу письма, отвечаю на телефонные звонки, приглашаю клиентов в кабинет… Ну, и ещё готовлю кофе. Ты умеешь готовить кофе?

— Да, конечно.

— Ты можешь приготовить вкусный кофе?

— Да.

— Ну, тогда всё в порядке.

Мы ещё немного подумали и решили, что Маша позвонит на работу и скажет, что она заболела и не может работать, а вместо неё поработает её друг, который хорошо пишет.

Вы уже знаете, что обычно я встаю в полдень. Но в этот день я встал рано, и в 9 часов 40 минут я был уже на работе.

Шеф спросил меня:

— А вы что здесь делаете?

И я полчаса объяснял, кто я и почему я сегодня работаю вместо Маши. Она забыла позвонить и сказать, что заболела. Когда она не болеет, она ничего не забывает. Когда я всё объяснил, шеф спросил:

— Почему вы опоздали? Она обычно не опаздывала!

Так я начал работать. На столе были письма. Я взял и прочитал первое письмо. Пока я решал, что ответить, позвонили из другой компании. Незнакомый голос попросил позвать шефа. Я забыл спросить, кто это, и шеф не хотел отвечать и сказал, что его нет. Ещё он сказал, что он думает, что это я заболел, а не Маша. Потом шеф попросил приготовить кофе. Я подумал, что сейчас могу исправить ошибку, и приготовил кофе, который я люблю. Шеф попробовал и вместо «спасибо» сказал:

— Маша всегда готовила кофе без сахара! Она забыла сказать?!

Я не знал, что делать. В это время снова позвонили. Я решил, что знаю, что делать, и ответил, что шефа сейчас нет. И снова забыл спросить, кто это!

Шеф решил закончить этот театр абсурда. Он сказал:

— Ты не умеешь готовить кофе, ты не умеешь отвечать на телефонные звонки, ты не можешь ответить на письмо. Это я уже понял. Я не понимаю, что ты вообще умеешь делать?

— Я умею писать. Я поэт. Ещё я люблю думать, мечтать.

— Хорошо! Прекрасно! У меня есть дело для тебя! …

Как вы думаете, что было дальше? Напишите конец этой истории.

Урок 25

Задание 262

1. Вы долго … «Áнну Карéнину»? — Нет, … за недéлю. (читáть — прочитáть)
2. Вы долго … этот торт? — Нет, … за полторá часá. (готóвить — приготóвить)
3. Он долго … домáшнюю рабóту? — Нет, … за полчасá. (дéлать — сдéлать)
4. Онá долго … этот портрéт? — Нет, … за один вéчер. (рисовáть — нарисовáть)
5. Ты долго … книгу «Фатáльная истóрия»? — Нет, что вы, я … её за мéсяц. (писáть — написáть)
6. Ты долго … свою биогрáфию? — Нет, всё … за пять минýт. (расскáзывать — рассказáть)
7. Вы долго … выставку минималистов? — Нет, онá óчень мáленькая. Мы всё … за час. (смотрéть — посмотрéть)
8. Вы не знáете, долго … этот дворéц? — Нет, его … за три гóда. (стрóить — пострóить)

Я взял книгу на недéлю. (срок) На скóлько? Accus.
Я читáл эту книгу недéлю. (процéсс) Скóлько? Accus.
Я прочитáл эту книгу за недéлю. (результáт) За скóлько? Accus.

Задание 263

1) Мы жили в этом дóме (10 лет).
2) Друзья дáли нам видеокáмеру (недéля).
3) В воскресéнье мы (полдня) гуляли в лесу.
4) (2 гóда) он написáл нóвый ромáн.
5) Вы пострóили этот дом (3 гóда)?
6) Вы мóжете (полчасá) перевести эти бумáги?
7) Мы (вся ночь) спáли и ничегó не видели.
8) Вы éдете в Швéцию (мéсяц)?
9) Я могý выучить все эти словá (один день).
10) Я не могý (вся недéля) рабóтать день и ночь!
11) Здесь жáрко, я хочý (минýтка) открыть окнó.

> Я бу́ду здесь ещё полчаса́. Че́рез полчаса́ я е́ду домо́й.
> Че́рез + Accus.
> Его́ здесь уже́ нет? Я ви́дел его́ мину́ту наза́д.
> Accus. + наза́д.

Зада́ние 264

1) Где же па́мятник? (неде́ля) он был здесь!
2) (ме́сяц) мы бу́дем на мо́ре, и ты не бу́дешь ду́мать о рабо́те.
3) Когда́ вы ходи́ли на вы́ставку? — (неде́ля), в про́шлую пя́тницу.
4) Когда́ вы на́чали изуча́ть язы́к? — (2 ме́сяца).
5) Когда́ вы реши́те, где вы хоти́те рабо́тать? — (неде́ля).
6) Вы наконе́ц ска́жете, что вы реши́ли? — Сейча́с, (мину́та) скажу́.
7) Вы не по́мните, когда́ жил Ива́н Гро́зный? — Ка́жется, … .
8) Э́тот го́род постро́или (4 ты́сячи лет). — Не мо́жет быть, сейча́с ещё ты́сяча девятьсо́т девяно́сто восьмо́й год!
9) Снача́ла вы бу́дете зараба́тывать полторы́ ты́сячи, а (полго́да) четы́ре ты́сячи. — Хорошо́, я бу́ду рабо́тать (полго́да).
10) Е́сли я бу́ду эконо́мить 10 рубле́й ка́ждый ме́сяц, (50 лет) у меня́ бу́дет 6000 рубле́й.
11) Е́сли ка́ждый день учи́ть одно́ иностра́нное сло́во, то (5 лет) вы бу́дете знать 1826 иностра́нных слов.
12) (100 лет) в Петербу́рге бы́ло 2000 па́рков и садо́в. Как вы ду́маете, ско́лько па́рков бу́дет (100 лет)?

де́вушка	реда́ктор	оптими́ст	предлага́ть — предложи́ть
блонди́нка	реда́кция	пессими́зм	приглаша́ть — пригласи́ть
брюне́тка	а́втор	пожило́й	повторя́ть — повтори́ть
сосе́дка	гру́стно	то́лстый	теря́ть — потеря́ть

Писа́тельница
(Из мемуа́ров реда́ктора)

Секрета́рь: — Вас хо́чет ви́деть госпожа́ Мау́рина.
Реда́ктор: — Я сейча́с… Одну́ секу́нду…

И вдруг я уви́дел пожилу́ю, то́лстую, бе́дно оде́тую же́нщину.

Реда́ктор: — Извини́те, вы, я ду́маю, мать А́нны Никола́евны?

Она́ гру́стно улыбну́лась.

Маури́на: — Нет, э́то меня́ зову́т А́нна Никола́евна Маури́на. Я а́втор расска́зов, кото́рые вы печа́тали.

Реда́ктор: — Но... Как же так? Я зна́ю А́нну Никола́евну...

Маури́на: — Ту брюне́тку? Э́то не А́нна Никола́евна. Э́то была́ непра́вда. Я сейча́с всё расскажу́. Де́ло в том, что расска́зы писа́ла я. И я о́чень хоте́ла их напеча́тать. Нет, не для де́нег. Я ду́мала, что у меня́ есть что сказа́ть. Я хоте́ла писа́ть. Я написа́ла три расска́за и предложи́ла их в реда́кции. Мо́жет быть, э́то бы́ли хоро́шие расска́зы, а мо́жет быть, плохи́е. Но реда́кторы их не чита́ли. Оди́н из расска́зов был и у вас. Я спра́шивала не́сколько раз, и ка́ждый раз вы отвеча́ли: «Че́рез неде́лю!» Наконе́ц, вы отве́тили «нет». Извини́те, но вы его́ не чита́ли, мой расска́з!

Реда́ктор: — Нет, почему́...

Маури́на: — Потому́ что пото́м вы его́ напеча́тали! И тогда́ я поду́мала... Мо́жет быть, э́то была́ не о́чень хоро́шая иде́я... У меня́ была́ сосе́дка, молода́я де́вушка без рабо́ты, о́чень краси́вая. Э́то её вы ви́дели, и... э́то её тала́нт вас так интересова́л. У неё то́же не́ было де́нег, и мы реши́ли: я бу́ду писа́ть, а она́ — предлага́ть мои́ расска́зы от своего́ и́мени. Вы зна́ете, портре́т а́втора всегда́ интересу́ет пу́блику. Осо́бенно тако́й портре́т! И коне́чно, вас интересова́ла её психоло́гия! Когда́ она́ предложи́ла мои́ расска́зы, вы отве́тили че́рез три дня! И напеча́тали расска́зы! Коне́чно: молода́я краси́вая же́нщина пи́шет, и вас интересу́ет, о чём она́ ду́мает. Она́ всегда́ расска́зывала все дета́ли визи́тов. Вы говори́ли: «Вы така́я молода́я, — отку́да вы всё э́то зна́ете? Отку́да у вас така́я филосо́фия?» Извини́те, э́то ва́ши слова́. Вы зна́ете, я давно́ не оптими́стка, а она́ молода́я краси́вая же́нщина, и от моего́ пессими́зма «её» расска́зы бы́ли ещё интере́снее. Всё бы́ло хорошо́, мы зараба́тывали 200 рубле́й в ме́сяц, я брала́ сто. Но на про́шлой неде́ле её пригласи́ли рабо́тать в кабаре́, там ве́село и мно́го пла́тят. А я уже́ написа́ла расска́з и хочу́ его́ напеча́тать. Что де́лать? Я не могу́ взять другу́ю де́вушку... И сейча́с, извини́те, когда́ вы прочита́ли расска́зы, я ду́маю, я могу́

	сказа́ть, что я их написа́ла. Ещё раз извини́те... Вы мо́жете прочита́ть э́ту вещь? Мо́жет быть, че́рез неде́лю?
Реда́ктор:	— Почему́ че́рез неде́лю? Я прочита́ю за три дня!
Мау́рина:	— Мо́жет быть, лу́чше че́рез неде́лю...
Реда́ктор:	— Нет, повторя́ю: я прочита́ю за три дня.

Че́рез три дня она́ написа́ла: «Я говори́ла, что лу́чше че́рез неде́лю. Мау́рина». Да, я забы́л прочита́ть её расска́з! Пото́м... не по́мню: газе́тная рабо́та, поли́тика, не́ было вре́мени... Пото́м я потеря́л расска́з.

Неда́вно я прочита́л её расска́з в но́вом журна́ле. Вчера́ я встре́тил реда́ктора.

Реда́ктор:	— Как пи́шет Мау́рина?
2-й реда́ктор:	— Я ду́маю, прекра́сно! Вы её не ви́дели? Кака́я краси́вая блонди́нка!
Реда́ктор:	— Блонди́нка? Нет, ещё не ви́дел.

(По В. Дороше́вичу)

Отвеча́ем на вопро́сы:

1) Почему́ реда́ктор не узна́л Мау́рину?
2) Кто на са́мом де́ле писа́л расска́зы?
3) Почему́ реда́ктор ду́мал, что а́втор расска́зов — краси́вая брюне́тка?
4) Как вы ду́маете, план Мау́риной — э́то была́ хоро́шая иде́я?
5) Почему́ расска́зы «Мау́риной» интересова́ли реда́кторов?
6) Почему́ реда́ктор не прочита́л но́вый расска́з Мау́риной?
7) Где реда́ктор сно́ва уви́дел и́мя Мау́риной?
8) Что рассказа́л реда́ктор друго́го журна́ла?

Урок 26

Кому́ вы звони́ли? — Я звони́л дру́гу.
К кому́ вы ходи́ли? — Я ходи́ла к подру́ге.
Ско́лько вам лет?
Мне не хо́лодно.

Кому́? Чему́?

писа́ть — написа́ть
пока́зывать — показа́ть
посыла́ть — посла́ть
говори́ть — сказа́ть
расска́зывать — рассказа́ть
дава́ть — дать
дари́ть — подари́ть
отвеча́ть — отве́тить
ве́рить — пове́рить

продава́ть — прода́ть
сове́товать — посове́товать
помога́ть — помо́чь
меша́ть — помеша́ть
звони́ть — позвони́ть
обеща́ть — пообеща́ть
разреша́ть — разреши́ть
объясня́ть — объясни́ть

m.	n.	f.	pl.
-ому/-ему -у/-ю	-ому/-ему -у/-ю	-ой/-ей -е/-и	-ым/-им -ам/-ям

но́вому дру́гу   но́вому письму́   но́вой подру́ге   но́вым друзья́м
                                                   но́вым подру́гам

Задание 265

2) Антон рассказал (брат), как он ходил в горы.
3) Я помогу (Татьяна) написать письмо.
4) Ты советуешь (Виктор) изучать санскрит?
5) Я не хочу мешать (Олег) играть.
6) Он дал (мама) слово, что больше не будет так делать.
7) Мы подарим (Игорь) собаку.
8) Я позвоню (Ира) завтра.
9) Андрей сказал (Наташа), что любит её.
10) Мы обещали (преподаватель) говорить по-русски.
11) Мы разрешаем (сын) гулять, где он хочет.
12) Я хочу показать (инспектор), что они сделали.

Задание 266

1) Они продают эти машины (клиенты).
2) Сейчас я покажу (гости) фотографии из Индии.
3) Мне надо послать факс (партнёры).
4) Я дал фотоаппарат (друзья).
5) Ты хочешь позвонить (родители)?
6) Мы купили эти игрушки (дети).
7) Почему они разрешают (собаки) бегать здесь?
8) Преподаватель рассказал (студенты) трагикомическую историю.

Задание 267

1) Кому вы звонили вечером? (подруга)
2) Кому ты уже рассказал новости? (родители)
3) Кому Антон подарил цветы? (Анна)
4) Кому Ира обещала написать? (друзья)
5) Кому фирма продаёт дома? (клиенты)
6) Кому вы говорите «Доброе утро»? (коллеги)
7) Кому родители разрешили гулять? (сын)
8) Кому друзья не дарят книги? (писатель)

мне	нам
тебе́	вам
ему́	им
ей	

Задание 268

1) Тебе́ звони́ла А́нна. А ты звони́л … ? 2) Ты меня́ понима́ешь? Это всё, что я могу́ … сказа́ть! 3) Я понима́ю всё, что ты … объясня́ешь. 4) Почему́ вы не ве́рите? Мы обеща́ем … , что всё сде́лаем. 5) Мы вас слу́шаем. Что вы хоте́ли … показа́ть? 6) У меня́ был день рожде́ния, и … подари́ли велосипе́д. 7) Он не зна́ет, что де́лать. Что ты … посове́туешь?

	дать
я дам	мы дади́м
ты дашь	вы дади́те
он/она́ даст	они́ даду́т

Задание 269

1) Ты … мне ру́ку? 2) Я не ду́маю, что он … вам креди́т. 3) Когда́ вы … нам отве́т? 4) Что нам … э́тот контра́кт? 5) Е́сли я … тебе́ сло́во, ты мне пове́ришь? 6) Мы не … вам гара́нтию, потому́ что не мо́жем её дать. 7) Е́сли вы … нам информа́цию, мы мо́жем … вам прогно́з.

Задание 270

1) Како́му худо́жнику вы пока́зывали карти́ны? (изве́стный)

2) Како́й де́вушке Андре́й подари́л цветы́? (симпати́чная)

3) Каки́м друзья́м вы показа́ли ле́тние фотогра́фии? (но́вые)

4) Како́му дру́гу вы написа́ли письмо́? (неме́цкий)

5) Како́й подру́ге вы посове́товали прочита́ть рома́н «А́нна Каре́нина»? (но́вая)

6) Каки́м студе́нтам про́дали биле́ты на «Лебеди́ное о́зеро»? (иностра́нные)

7) Каки́м колле́гам вы обеща́ли помо́чь? (ста́рые)

8) Како́й подру́ге вы прочита́ли соне́ты Шекспи́ра? (англи́йская)

9) Како́му компаньо́ну вы посла́ли контра́кт? (шве́дский)

10) Како́му бра́ту вы помога́ете написа́ть расска́з? (мла́дший)

11) Како́й сестре́ вы написа́ли откры́тку? (ста́ршая)

Зада́ние 271

Мы, купи́ть, Ви́ктор, биле́т. — Мы купи́ли Ви́ктору биле́т.

1) Ты, купи́ть, Ле́на, краси́вые цветы́.
2) Я, подари́ть, больша́я соба́ка, ма́ленький ма́льчик.
3) Мы, дать, ко́шка, вку́сная ры́ба.
4) Я, подари́ть, сестра́, но́вый компью́тер.
5) Ты, показа́л, друг, но́вая подру́га.
6) Психо́лог, объясни́ть, пацие́нт, пробле́ма.
7) Она́, подари́ть, попуга́й, ма́ма.
8) Жена́, обеща́ть, муж, сын.

Dat. + ... -о

Мне	хо́лодно	
Тебе́	жа́рко	
Ему́	хорошо́	
Ей	пло́хо	
Нам	интере́сно	+ inf.
Вам	ску́чно	
Им	легко́	
Анто́ну	тру́дно	
А́нне	ве́село	
Колле́гам	гру́стно	+ когда́ ... (ухо́дят го́сти)
Друзья́м	(не)удо́бно	

Задание 272

1) (Я) интере́сно знать, что вы ду́маете.
2) (Вы) здесь удо́бно?
3) (Она́) ску́чно нас слу́шать?
4) (Они́) тру́дно говори́ть по-ру́сски.
5) (Ты) сего́дня гру́стно?
6) (Он) там бы́ло пло́хо?
7) (Мы) в э́том клу́бе ве́село.
8) (Ива́н) легко́ э́то сде́лать.
9) (Тури́сты) в декабре́ бы́ло хо́лодно.
10) (О́льга) жа́рко в э́той ко́мнате.

Задание 273

Нам хо́лодно. — **Нам бу́дет хо́лодно. Нам бы́ло хо́лодно.**

1) Мне неприя́тно говори́ть об э́том. 2) Я ду́маю, вам интере́сно. 3) Ей ску́чно вас слу́шать. 4) Тебе́ здесь удо́бно? 5) Им тру́дно рабо́тать вме́сте? 6) Серге́ю гру́стно. 7) Ему́ на экза́мене тру́дно. 8) И́ре в гостя́х ве́село. 9) Нам в ба́не жа́рко. 10) Профессиона́лам легко́ э́то сде́лать.

Задание 274

Ско́лько вам лет? — Мне 24 го́да.

1) Ско́лько лет (Ка́тя)? — (Ка́тя) 28 лет. 2) Ско́лько лет (О́льга)? — (О́льга) 32 го́да. 3) Ско́лько лет (Свен)? — (Он) 36 лет. 4) Ско́лько лет (ваш де́душка)? — (Мой де́душка) 90 лет. 5) Ско́лько лет (твой сын)? — (Ди́ма) 12 лет. 6) Ско́лько лет (твоя́ жена́)? — Я не зна́ю, ско́лько (она́) лет. 7) Ско́лько лет (его́ мла́дший брат)? — (Его́ мла́дший брат) 38 лет. 8) Ско́лько лет (Влади́мир)? — (Он) 42 го́да.

 В гру́ппе: Ско́лько вам / ему́ / ей лет?

Поехали! 213

> Мне ПОНРА́ВИЛСЯ э́тот фильм.
> Мне НРА́ВИТСЯ э́тот фильм.
> Мне ПОНРА́ВИТСЯ э́тот фильм.

Зада́ние 275

Она́ лю́бит гуля́ть здесь. — **Ей нра́вится гуля́ть здесь.**

1) Вы лю́бите Петербу́рг.
2) Сла́ва о́чень лю́бит слу́шать о́перу «Па́рсифаль».
3) Я ду́маю, вам бу́дет интере́сно чита́ть э́ту кни́гу.
4) А́лла не лю́бит жить в большо́м го́роде.
5) Людми́ла говори́т, что э́то прекра́сный спекта́кль.
6) Мы ходи́ли на вы́ставку. Вы́ставка о́чень интере́сная.
7) Я ду́маю, что изуча́ть ру́сскую грамма́тику о́чень интере́сно.
8) За́втра они́ иду́т в ба́ню. Мне ка́жется, там им бу́дет о́чень хорошо́.
9) Я не понима́ю, почему́ ты лю́бишь смотре́ть телеви́зор.
10) Я про́бовал э́то блю́до. Оно́ о́чень вку́сное.

Уро́к 26

> Dat. + на́до / ну́жно / мо́жно / нельзя́ + inf.

За́втра у нас экза́мен. Нам на́до всё вы́учить.
Я о́чень хочу́ есть. Мне ну́жно пообе́дать.
Мо́жно мне позвони́ть? Где у вас телефо́н?
Он спортсме́н. Ему́ нельзя́ кури́ть.

	Процесс	Результат
На́до Ну́жно Хочу́	писа́ть +	написа́ть +
Не на́до Не ну́жно Не хочу́	писа́ть —	— —

«Е́сли я не хочу́, я не хочу́ да́же начина́ть проце́сс».

Задание 276

На́до откры́ть окно́. — **Не на́до открыва́ть окно́.**

1) На́до написа́ть письмо́. 2) На́до закры́ть дверь. 3) Ну́жно позвони́ть Ната́ше. 4) Я о́чень хочу́ посмотре́ть э́тот фильм. 5) На́до прода́ть ме́бель. 6) Ну́жно прочита́ть э́ту кни́гу. 7) На́до купи́ть телеви́зор. 8) На́до сказа́ть пра́вду. 9) Я хочу́ дать им де́ньги. 10) Ну́жно объясни́ть, что мы де́лаем. 11) Я хочу́ вы́ключить свет. 12) На́до рассказа́ть э́ту исто́рию. 13) За́втра на́до встать в 6 часо́в. 14) Нам на́до встре́титься.

> Мне ну́жен телефо́н.
> Мне нужна́ маши́на.
> Мне ну́жно пиани́но.
> Мне нужны́ де́ньги.

Задание 277

Он хо́чет рабо́тать. У него́ нет рабо́ты. — **Ему́ нужна́ рабо́та.**

1) Я хочу́ позвони́ть. У меня́ нет телефо́на.
2) Ты хо́чешь игра́ть. У тебя́ нет пиани́но.

3) Он хо́чет пить чай. У него́ нет ча́шки.

4) Она́ хо́чет откры́ть дверь. У неё нет ключа́.

5) Мы хоти́м е́хать на мо́ре. У нас нет маши́ны.

6) Вы хоти́те е́хать на по́езде. У вас нет биле́та.

7) Они́ хотя́т купи́ть дом. У них нет де́нег.

8) Анто́н хо́чет знать вре́мя. У него́ нет часо́в.

9) А́нна хо́чет гуля́ть зимо́й. У неё нет шу́бы.

10) Писа́тель хо́чет писа́ть. У него́ нет ру́чки.

11) Я хочу́ есть. У меня́ нет ви́лки.

12) Они́ хотя́т посмотре́ть но́вости. У них нет телеви́зора.

Куда́?	Где?	Отку́да?
В / НА + Accus.	В / НА + Prep.	ИЗ / С + Gen.
К кому́?	У кого́?	От кого́?
К + Dat.	У + Gen.	От + Gen.

Куда́? К кому́?	Где? У кого́?	Отку́да? От кого́?
в Жене́ву	в Жене́ве	из Жене́вы
к дру́гу	у дру́га	от дру́га

Зада́ние 278

Куда́ и к кому́ вы е́здили? Где и у кого́ вы бы́ли? Отку́да и от кого́ вы е́дете?

Столи́ца, шеф; Му́рманск, сестра́; Во́логда, брат; Вашингто́н, президе́нт; Рим, па́па; Цю́рих, врач; Ло́ндон, короле́ва; Москва́, подру́га; Стокго́льм, дире́ктор; Герма́ния, фило́соф; Тибе́т, ла́ма; Антаркти́да, пингви́н.

День рождения

Игорь: — Приве́т! Дорога́я, что ты де́лаешь в суббо́ту ве́чером?
О́льга: — Ты что, не по́мнишь? Мы идём на день рожде́ния к твоему́ ста́ршему бра́ту.
Игорь: — И́менно э́то я и хоте́л тебе́ сказа́ть. Да, к ста́ршему… Во́ве бу́дет уже́ 42 го́да! То́лько нам ещё на́до купи́ть пода́рок.
О́льга: — А ему́ нра́вится класси́ческая му́зыка? Я вчера́ ви́дела прекра́сные ди́ски.
Игорь: — Не ду́маю. Мне ка́жется, он никогда́ не слу́шал кла́ссику.
О́льга: — А мо́жет, подари́ть ему́ краси́вую руба́шку?
Игорь: — Мы уже́ дари́ли ему́ руба́шку. Э́то бу́дет ску́чно.
О́льга: — Ну, тогда́ соба́ку. Ему́ бу́дет ве́село.
Игорь: — А ей бу́дет гру́стно. Он же всё вре́мя е́здит из го́рода в го́род.
О́льга: — Тогда́ пода́рим ему́ фотоаппара́т. И́ли кни́гу…
Игорь: — Нет, кни́га у него́ уже́ есть.
О́льга: — Я зна́ю! Пода́рим ему́ краси́вые ша́хматы! Как тебе́ нра́вится така́я иде́я?
Игорь: — Отли́чно! Краси́вые ша́хматы из натура́льного ка́мня!

В суббо́ту
Игорь: — Идём? Нас уже́ ждут. Нам ещё на́до купи́ть цветы́ его́ жене́.
О́льга: — Сейча́с, мину́тку.
Игорь: — Тогда́ я позвоню́ им и скажу́, что мы опа́здываем.
О́льга: — Всё, я иду́.

На у́лице

О́льга: — Куда́ нам тепе́рь идти́? Я уже́ давно́ к ним не ходи́ла.
И́горь: — Сейча́с нам напра́во, а пото́м че́рез парк пря́мо к их до́му.
О́льга: — Ну вот, мы на ме́сте.

У Влади́мира

И́горь: — Здра́вствуй! По-здрав-ля-ем! Мы жела́ем тебе́ мно́го ра́дости, здоро́вья, успе́хов! А э́то наш скро́мный пода́рок.
Влади́мир: — Спаси́бо! Но сего́дня нам игра́ть нельзя́: мне нельзя́ выи́грывать, потому́ что ты гость, а тебе́ — потому́ что у меня́ день рожде́ния! Прошу́ к столу́!

Отвеча́ем на вопро́сы:

1) К кому́ иду́т в суббо́ту И́горь и О́льга?

2) Ско́лько Влади́миру лет?

3) Ему́ нра́вится класси́ческая му́зыка?

4) Почему́ И́горь не хо́чет дари́ть руба́шку?

5) Почему́ они́ не да́рят Влади́миру соба́ку?

6) Что они́ ему́ да́рят?

7) Почему́ Влади́миру и И́горю сего́дня нельзя́ игра́ть в ша́хматы?

Каки́е пода́рки вы де́лаете друзья́м? Каки́е пода́рки да́рят у вас в семье́? Каки́е пода́рки вам бо́льше нра́вятся: поле́зные и́ли интере́сные? Что вам обы́чно да́рят друзья́ и родны́е? Како́й пода́рок вам осо́бенно понра́вился / не понра́вился?

Урок 27

> Скажи́те, что вы де́лаете?!
> Ой, не спра́шивайте!
> Я хочу́, что́бы вы говори́ли по-ру́сски.
> Дава́йте потанцу́ем!
> Пусть они́ рабо́тают!

ИМПЕРАТИ́В:

Рабо́тать — я рабо́та-ю — рабо́та+й — рабо́тай!, -те!
Говори́ть — я говор-ю́ — говор+и́ — говори́!, -те!
Встать — я вста́н-у — вста́н+ь — вста́нь!, -те!

Ме́ньше говори́, бо́льше де́лай!

Спроси́ть		**Сказа́ть**	
я спрошу́	мы спро́сим	я скажу́	мы ска́жем
ты спро́сишь	вы спро́сите	ты ска́жешь	вы ска́жете
он/она́ спро́сит	они́ спро́сят	он/она́ ска́жет	они́ ска́жут

Спроси́!; Спроси́те!   **Скажи́!; Скажи́те!**

! Дава́ть — (я даю́) — Дава́й!; Дава́йте!;
! Встава́ть — (я встаю́) — Встава́й!; Встава́йте!
! Дать — (я дам) — Дай!; Да́йте!

Скажи́ мне, кто твой друг, и я скажу́ тебе́, кто ты!

Задание 279

Попроси́те Са́шу позвони́ть. — Са́ша, позвони́!

1) Попроси́те Анто́на показа́ть вам го́род.
2) Попроси́те Алекса́ндра Петро́вича не расска́зывать э́ту исто́рию.
3) Попроси́те Аню говори́ть по-ру́сски.
4) Попроси́те Ди́му подожда́ть.
5) Посове́туйте Ни́не Алекса́ндровне прочита́ть статью́.
6) Попроси́те О́лю не открыва́ть дверь.
7) Посове́туйте Андре́ю и Ю́ле погуля́ть в па́рке.
8) Попроси́те Ната́шу сыгра́ть на пиани́но.
9) Попроси́те Никола́я Алекса́ндровича подписа́ть бума́ги.
10) Попроси́те Оле́га купи́ть биле́ты.
11) Посове́туйте И́горю пригласи́ть Ка́тю.
12) Попроси́те Са́шу переда́ть приве́т жене́.

Задание 280

Помоги́ ему́! — **Не помога́й ему́!**

1) Включи́те свет!
2) Закро́йте дверь!
3) Напиши́те ей письмо́!
4) Позвони́те за́втра!
5) Расскажи́те всю пра́вду!
6) Посмотри́те э́тот фильм!
7) Пригласи́те госте́й!
8) Отве́тьте на вопро́с!
9) Покажи́те фотогра́фию!
10) Купи́те биле́ты!
11) Откро́йте окно́!
12) Да́йте ему́ ключ!
13) Спроси́те её, что она́ ду́мает!
14) Возьми́те де́ньги!

Уро́к 27

Свен и́щет свой па́спорт

Свен: — Алло́! До́брый день, э́то Свен. Влади́мира мо́жно?
Ка́тя: — Его́ нет до́ма. Что ему́ переда́ть?
Свен: — Переда́йте, что звони́л Свен и что я ищу́ свой па́спорт. Я не мог оста́вить его́ у вас?
Ка́тя: — Я могу́ посмотре́ть. Куда́ вам позвони́ть?
Свен: — Вы не мо́жете мне позвони́ть. Я в аэропорту́. До свида́ния.

Свен: — Алло́, здра́вствуйте, позови́те, пожа́луйста, И́горя Петро́вича!
Секрета́рь: — Он в о́тпуске. Позвони́те че́рез ме́сяц.
Свен: — Спаси́бо, извини́те. До свида́ния.

Свен: — Алло́, э́то О́льга? Э́то Свен. Как хорошо́, что ты до́ма. А И́горь до́ма? Нет?! Я уже́ звони́л ему́ на рабо́ту, я забы́л, что он в о́тпуске.
О́льга: — Что ему́ переда́ть?
Свен: — Скажи́, что мне де́лать? Я не зна́ю, где мой па́спорт. Мо́жет быть, он у вас?
О́льга: — Ты не звони́л в мили́цию?
Свен: — Звони́л. Они́ говоря́т, что бу́дут иска́ть, а я пока́ бу́ду жить в Росси́и.
О́льга: — Так ты всю жизнь бу́дешь жить в Росси́и. И́горь бу́дет до́ма че́рез полчаса́ и пои́щет.
Свен: — Да, пожа́луйста, пусть пои́щет! Я перезвоню́ че́рез час.

Игорь: — Алло! Привет, Оля!
Ольга: — Привет, ты где? Тебя ищет Свен, он в аэропорту без паспорта. Боится, что всю жизнь будет жить здесь.
Игорь: — Всё в порядке, я тоже в аэропорту, Свен сейчас летит домой и передаёт тебе большой привет. Я дал ему паспорт.
Ольга: — Как это? Какой паспорт? Свой?!
Игорь: — Почему свой? Его паспорт. Он был у меня в шубе, в кармане. Помнишь, он надевал шубу, когда мы ходили в баню. А я сегодня смотрю: что это у меня в кармане? Ну, я еду в аэропорт, вижу — дело плохо: сидит наш друг на чемодане, грустный. Вокруг милиционеры ходят, спрашивают. Ну, я бегу к нему, говорю: «Это не вы в русской бане шведский паспорт забыли?» Милиционеры смотрят на меня, как на идиота, а Свен глазам своим не верит. В общем, всё хорошо, пусть летит в Стокгольм, а я еду домой. Жди!

Отвечаем на вопросы:

1) Почему Свен не может лететь домой? 2) Кому он звонит? 3) Как вы думаете, что ещё он может сделать в этой ситуации? 4) Игорь на работе? 5) Чего боится Свен? А чего боитесь вы? 6) Где паспорт Свена? 7) Почему его паспорт там? 8) Что делает Игорь? 9) Вы часто забываете или теряете вещи? 10) Как вы думаете, почему люди теряют вещи?

Задание 281

Советы иностранцам в России

1) Не свистите в доме: русские считают, что если свистеть, то в доме не будет денег!

2) Не меняйте деньги на улице: у вас не будет денег, и это уже не мистика!

3) Не покупайте на улице «антиквариат»!

4) Снимайте уличную обувь в доме!

5) Не говорите много о погоде: русские считают, что это глупо.

6) Не дарите ножи и платки, а если хотите подарить, то возьмите за них маленькую символическую плату.

7) Если вы хотите подарить цветы, не дарите 2, 4, 6, … штук, подарите лучше 1, 3, 5, … , потому что 2, 4 и т.д. приносят на кладбище.

8) Если хотите сказать тост, то говорите «За здоровье!», а не «На здоровье!» — это не по-русски.

9) Не пейте пиво после водки: будет болеть голова.

10) Не оставляйте пустые бутылки на столе: стол будет пустой.

11) Не пейте воду из крана!

12) Не ешьте хот-доги, лучше попробуйте русскую кухню.

13) Не ешьте мороженое на улице зимой, вы не русские.

14) Не курите в транспорте!

15) Не опаздывайте в театр: вас не пустят на ваши места.

16) Не играйте в «русскую рулетку»!

А какие советы вы можете дать иностранцам в России и туристам в вашей стране (в других странах)?

Поехали!

Дава́й, -те + учи́ть грамма́тику! Imperf. inf.
поговори́м о любви́! Perf. 1st pers. pl. («мы»)

Зада́ние 282

Я предлага́ю вы́пить ко́фе. — **Дава́йте вы́пьем ко́фе!**

1) Я предлага́ю потанцева́ть. 2) Я предлага́ю сего́дня отдыха́ть. 3) Я предлага́ю сде́лать переры́в. 4) Я предла́гаю пригото́вить шашлы́к. 5) Я предлага́ю гуля́ть в лесу́. 6) Я предлага́ю показа́ть на́ши фотогра́фии. 7) Я предлага́ю рассказа́ть, где мы бы́ли. 8) Я предлага́ю посмотре́ть, что они́ де́лают. 9) Я предлага́ю бе́гать в па́рке. 10) Я предлага́ю изуча́ть инди́йские та́нцы. 11) Я предлага́ю заказа́ть моро́женое. 12) Я предлага́ю поигра́ть в футбо́л. 13) Я предлага́ю расска́зывать анекдо́ты. 14) Я предлага́ю говори́ть по-ру́сски.

Зада́ние 283

Оле́г хо́чет игра́ть. — **Пусть (он) игра́ет!**

1) Она́ хо́чет позвони́ть тебе́ сего́дня ве́чером. 2) Они́ хотя́т рассказа́ть всю пра́вду. 3) Серге́й хо́чет дать интервью́. 4) А́ня хо́чет купи́ть соба́ку. 5) Он хо́чет организова́ть встре́чу. 6) Дире́ктор хо́чет пригласи́ть вас. 7) Ва́ся хо́чет показа́ть вам прое́кт. 8) Ваш партнёр хо́чет всегда́ выи́грывать. 9) Ка́тя хо́чет помога́ть вам в рабо́те. 10) Он не хо́чет продава́ть карти́ну. 11) Они́ хотя́т дать вам шанс. 12) Кри́тик хо́чет послу́шать ва́шу му́зыку.

Уро́к 27

Я хочу́ говори́ть по-ру́сски. — Я то́же хочу́, чтобы вы говори́ли по-ру́сски.
Он говори́т, что вы взя́ли де́ньги. ≠ Он говори́т, чтобы вы взя́ли де́ньги.
(= уже́ взя́ли, де́нег бо́льше нет)   (= ещё на́до взять)

Задание 284

Он хо́чет мно́го рабо́тать. — **Я то́же хочу́, что́бы он мно́го рабо́тал.**

1) Они́ хотя́т дать нам сове́т. 2) Он хо́чет посмотре́ть наш прое́кт. 3) Татья́на хо́чет написа́ть письмо́. 4) Они́ хотя́т показа́ть нам го́род. 5) Я хочу́ рассказа́ть пра́вду. 4) Он хо́чет вам помога́ть. 5) Она́ хо́чет танцева́ть. 6) Я хочу́ игра́ть на пиани́но. 7) Он хо́чет отве́тить на вопро́с. 8) Они́ хотя́т пригласи́ть нас в го́сти. 9) Она́ хо́чет пригото́вить торт. 10) Они́ хотя́т купи́ть биле́ты. 11) Он хо́чет нарисова́ть ваш портре́т. 12) Они́ хотя́т позвони́ть за́втра.

Задание 285

Пётр Вели́кий сказа́л: «Стро́йте го́род здесь!»
Пётр Вели́кий сказа́л, что́бы го́род стро́или здесь.

1) Друг сказа́л Исаа́ку Ньюто́ну: «Дай мне я́блоко!»

2) Ива́н Гро́зный сказа́л го́стю: «Будь как до́ма!»

3) Акаде́мик Па́влов сказа́л соба́кам: «Смотри́те внима́тельно на ла́мпу!»

4) Толсто́й говори́л нам: «Чита́йте мои́ кни́ги!»

5) Сокра́т попроси́л жену́: «Не меша́й мне ду́мать!»

6) Христо́с сказа́л: «Ве́рьте мне!»

7) Зарату́стра сказа́л лю́дям: «Люби́те жизнь!»

8) Марк Авре́лий говори́л: «Челове́к, смотри́ в себя́!»

9) Поэ́т сказа́л: «Люби́те любо́вь!»

10) Пётр Пе́рвый сказа́л: «Го́род стро́йте здесь!»

Век живи́, век учи́сь!

Урок 28

> Кем вы хотéли стать, когдá бы́ли ребёнком?
> Мы занимáемся спóртом с мои́ми друзья́ми.

КЕМ? ЧЕМ?

m.	n.	f.	pl.
-ЫМ / -ИМ -ОМ / -ЕМ	-ЫМ / -ИМ -ОМ / -ЕМ	-ОЙ / -ЕЙ -ОЙ / -ЕЙ (Ь → ЬЮ)	-ЫМИ / -ИМИ -АМИ / -ЯМИ
нóвым дрýгом	нóвым слóвом	нóвой подрýгой (жи́знью)	нóвыми друзья́ми подрýгами

Я пишý рýчкой.

С + кем? чем?   Он гуля́ет с подрýгой.

(ýтром, вéчером, нóчью, веснóй, лéтом, пешкóм)

(Он смотрéл на меня́ вóлком = «как волк»)

Быть, рабóтать, станови́ться — стать + кем? чем?:

Онá стáла балери́ной, а он хóчет быть космонáвтом.

Пасси́в: Дирéктор решáет проблéму → Проблéма решáется дирéктором.

Интересовáться, увлекáться, занимáться + кем? чем?:

Онá увлекáется балéтом. Он интересýется поли́тикой и занимáется спóртом.

Задание 286

1) С кем вы встречали Новый Год? (мама, папа, брат и сестра)
2) Чем увлекается ваша дочь? (музыка и литература)
3) Кем хочет стать ваш сын? (режиссёр)
4) Чем занимаются в вашем институте? (экономика)
5) Чем интересуется Борис? (политика)
6) Чем мечтали стать, когда были ребёнком? (космонавтом)
7) Чем увлекается ваш брат? (футбол)
8) С кем он не хочет встречаться? (журналисты)

Задание 287

1) Чем он сейчас интересуется? (античное искусство)
2) Кем стал ваш школьный друг? (финансовый директор)
3) С кем обедает режиссёр? (молодая актриса)
4) С чем вы меня поздравляете? (Новый Год)
5) С кем встречается директор? (важный клиент)
6) Чем увлекается твой друг? (классическая музыка)
7) Кем работает его мама? (главный бухгалтер)
8) С кем вы ходили в музей? (наши немецкие гости)
9) С кем вы хотите поговорить? (ваш новый работник)
10) С кем ты встретился на опере? (твой любимый актёр)
11) Чем ты занимался в субботу? (моя старая машина)
12) С кем вы говорили в парке? (наши соседи)

мной	нами
тобой	вами
(н)им	(н)ими
(н)ей	

Задание 288

1) Это Борис. Мы с ... вместе работаем. 2) Я вас жду. Я хочу поговорить с ... . 3) Они идут сюда! Я не хочу встречаться с ... . 4) Моя младшая сестра тоже хочет идти танцевать. Что мне с ... делать? 5) Мы идём на пляж. Вы идёте с ... ? 6) Я люблю тебя. Я хочу всегда быть с ... . 7) Ты мне друг или нет? Почему ты не хочешь играть со ... ? 8) Что с ... ? Вы не хотите говорить об этом? 9) Ты не хочешь нам помогать? Ну, Бог с ... !

> **Под, над, перед, за, рядом (с), между + Instrum.**

Задание 289

Мы живём на втором этаже, над книжным магазином. Рядом с нашим домом есть небольшой парк с озером, а за парком — новый район с большими домами и широкими улицами. Хорошо, что между нашим домом и этим новым районом есть парк! Под нашими окнами — тихая улица, за этой тихой улицей — озеро между деревьями, где мы любим гулять с детьми перед вечерним чаем.

1) Самолёт летит ... Атлантическим океаном.
2) Наша машина стоит в гараже ... домом.
3) Я вижу ... столом большую собаку.
4) Мы живём ... Москвой и Петербургом.
5) ... нашими окнами всю ночь кричали кошки.
6) Как ты думаешь, кто стоит ... дверью?
7) Вы любите стоять ... зеркалом?
8) Надо мыть руки ... обедом.
9) Магазин недалеко, ... с нашим домом.
10) Вы не спали ночь ... экзаменом?
11) У нас есть крыша ... головой.
12) Он ищет место ... солнцем.

Встреча одноклассников

Таня: — Привет, Слава!
Слава: — Это ты, Таня? Сколько лет, сколько зим!
Таня: — Как ты живёшь, чем занимаешься?
Слава: — Я пишу книги для детей.
Таня: — Да что ты! Ты всегда был большим оригиналом.
Слава: — Почему оригиналом? Это логично: Булгаков был врачом и писал о докторах; Лермонтов был офицером и писал о героях, а я был ребёнком и теперь пишу книги о детях и для детей. Всегда хорошо, когда пишет специалист. А кем ты работаешь? Я помню, ты всегда интересовалась историей. Но, кажется, ты хотела стать врачом?
Таня: — Я стала психологом. Ты знаешь, мне очень нравится моя работа. Я часто встречаюсь с интересными людьми...
Слава: — Ты замужем?
Таня: — Да, за прекрасным человеком. Он поэт.
Слава: — Ну и как, не трудно жить с поэтом?
Таня: — Очень интересно, только спит он очень долго, а ночью сидит пишет. А ты женат?
Слава: — Да, и у меня два сына. А моя жена тоже ночью не спит: на небо смотрит. Она увлекается астрологией.
Таня: — Правда? А чем вы ещё занимаетесь?
Слава: — Спортом. Зимой — горными лыжами, а летом — альпинизмом. А что с другими нашими одноклассниками?
Таня: — Я иногда встречаюсь с Игорем. Он стал биологом и работает в зоопарке.
Слава: — А кем стала Аня Покровская? Она, кажется, хотела стать балериной?
Таня: — Она работает стюардессой. Летает в разные страны, я думаю, ей очень нравится. Ещё я встречалась с Романом. Он стал литературным критиком.
Слава: — Да, он ещё в школе не любил литературу! А я виделся с Антоном. Он работает фотографом в спортивном журнале. Ты помнишь, в школе он занимался сначала футболом, потом боксом.
Таня: — Да, мы все думали, что он будет спортсменом. Ой, извини, мне пора идти, надо заниматься делами.
Слава: — Мне тоже пора, я иду в магазин за хлебом. Я живу сейчас здесь недалеко, вот за этим домом. Звони, можем встретиться, например, в субботу вечером.
Таня: — Пока!

Отвеча́ем на вопро́сы:

1) Где познако́мились Та́ня и Сла́ва? 2) Кем стал Сла́ва? Как он э́то объясня́ет? 3) Кем хоте́ла стать Та́ня? Чем она́ интересова́лась? 4) Кем она́ ста́ла? Чем ей нра́вится рабо́та? 5) Чем увлека́ется жена́ Сла́вы? Они́ занима́ются спо́ртом? 6) Кем хоте́ла стать А́ня и кем она́ рабо́тает? 7) Чем занима́лся Анто́н? Кем он стал? 8) Кем вы хоте́ли стать в де́тстве? 9) Вы занима́лись спо́ртом? 10) Чем вы интересу́етесь? Чем увлека́ются ва́ши друзья́?

Михаи́л Васи́льевич Ломоно́сов

Уро́к 28

Михаи́л Васи́льевич Ломоно́сов был удиви́тельным челове́ком: сын рыбака́, он стал пе́рвым ру́сским акаде́миком, занима́лся нау́кой и литерату́рой, исто́рией и иску́сством.

Ломоно́сов роди́лся 19 (девятна́дцатого) ноября́ 1711 (ты́сяча семьсо́т оди́ннадцатого) го́да на се́вере Росси́и, у берего́в Бе́лого мо́ря. Его́ оте́ц был рыбако́м, и уже́ в де́вять лет ма́льчик ходи́л с ним в мо́ре. Но Михаи́л хоте́л учи́ться, а де́нег в семье́ не́ было, и он реши́л идти́ в Москву́ пешко́м; в доро́гу взял 2 кни́ги и 3 рубля́. В Москве́ он учи́лся

в Славя́но-гре́ко-лати́нской акаде́мии, где занима́лся древнеру́сской и анти́чной культу́рой, лати́нским и древнегре́ческим языка́ми. Ломоно́сову бы́ло уже́ 19 лет, а учи́лся он вме́сте с ма́ленькими ма́льчиками, кото́рые смея́лись над ним.

В январе́ 1736 (ты́сяча семьсо́т три́дцать шесто́го) го́да Ломоно́сов стал студе́нтом Санкт-Петербу́ргской акаде́мии. Из Петербу́рга он и ещё два студе́нта е́дут учи́ться в Герма́нию, в Ма́рбург. Там ру́сские студе́нты снача́ла занима́ются неме́цким языко́м и матема́тикой, пото́м — меха́никой, теорети́ческой и эксперимента́льной фи́зикой, метафи́зикой (филосо́фией), ло́гикой и да́же та́нцами и рисова́нием. В Герма́нии Ломоно́сов интересова́лся не то́лько нау́ками: там он встре́тился с Елизаве́той-Кристи́ной Цильх, кото́рая ста́ла его́ жено́й. Там он стал поэ́том: написа́л пе́рвую «О́ду на побе́ду над ту́рками и тата́рами...», на́чал рабо́тать над стилисти́ческой тео́рией. По́зже литерату́рные кри́тики называ́ли Ломоно́сова «Петро́м Вели́ким ру́сской литерату́ры».

В 1741 (ты́сяча семьсо́т со́рок пе́рвом) году́ Ломоно́сов верну́лся в Петербу́рг и на́чал рабо́тать в Акаде́мии, а уже́ в 1745 (ты́сяча семьсо́т со́рок пя́том) стал профе́ссором. Он интересу́ется фи́зикой, астроно́мией и хи́мией, исто́рией и геоло́гией. Он занима́ется экспериме́нтами с атмосфе́рным электри́чеством вме́сте с акаде́миком Ри́хманом и продолжа́ет рабо́ту да́же по́сле того́, как Ри́хман был уби́т мо́лнией в хо́де эксперим́ентов. Он увлека́ется моза́икой: прово́дит 4000 экспериме́нтов в хими́ческой лаборато́рии, а пото́м рабо́тает над моза́ичными карти́нами.

В 1755 (ты́сяча семьсо́т пятьдеся́т пя́том) году́ Ломоно́сов публику́ет «Грамма́тику», зака́нчивает рабо́ту над «Исто́рией» и занима́ется организа́цией Моско́вского университе́та. Он интересу́ется не то́лько ле́кциями и програ́ммами, но да́же обе́дами для студе́нтов.

С пе́рвым ру́сским энциклопеди́стом случа́лись удиви́тельные ве́щи. Наприме́р, оди́н раз он уви́дел во сне своего́ отца́, кото́рый лежа́л мёртвым на ма́леньком о́строве в Бе́лом мо́ре. У Ломоно́сова бы́ло мно́го рабо́ты, и он написа́л письмо́ бра́ту на се́вер и рассказа́л в письме́, что он ви́дел и где э́тот о́стров. И те́ло отца́ бы́ло на э́том о́строве!

Мо́жно ещё мно́го расска́зывать об э́том необы́чном челове́ке, но мы хоти́м зако́нчить расска́з слова́ми Пу́шкина, кото́рый назва́л Ломоно́сова «пе́рвым на́шим университе́том».

Отвеча́ем на вопро́сы:

1) Где и когда́ роди́лся Михаи́л Ломоно́сов?

2) Кем был его́ оте́ц?

3) Чем занима́лся Ломоно́сов в Москве́?

4) Где он учи́лся пото́м?

5) Чем занима́лись ру́сские студе́нты в Герма́нии?

6) Что вы зна́ете о жи́зни Ломоно́сова в Герма́нии? Чем он интересова́лся?

7) Когда́ он стал профе́ссором?

8) Что вы зна́ете о нау́чных интере́сах Ломоно́сова?

9) Чем занима́лся Ломоно́сов в 1755 году́?

10) Почему́ мы говори́м, что Ломоно́сов был удиви́тельным челове́ком?

Урок 29

> Я зна́ю бо́льше, чем вы.
> Вы зна́ете ме́ньше меня́.

Comparativ

Э́то краси́вый дом.

Э́тот дом бо́лее краси́вый, чем тот.　　Э́тот дом краси́вее, чем тот.

БО́ЛЕЕ + краси́вый, -ая, -ое, -ые　　краси́в- + -ЕЕ
БО́ЛЕЕ + краси́во　　(-ый, -ая, -ое, -ые; -о)

Э́тот дом бо́лее краси́вый /
краси́вее, чем тот дом.　　Э́тот дом краси́вее того́ до́ма.
Compar. + ЧЕМ + NOM.　　Compar. + GEN.

Петербу́рг краси́вее, чем Москва́. = Петербу́рг краси́вее Москвы́.

Задание 290

1) Это холодная комната, а эта ещё … .
2) Это вкусные яблоки, а эти ещё … .
3) Ольга поёт красиво, а Татьяна ещё … .
4) Этот мотоцикл едет быстро, а эта машина ещё … .
5) Это трудный вопрос, а следующий будет ещё … .
6) Это важное дело, но моё дело ещё … .
7) У вас симпатичная учительница, но у нас ещё … .
8) Толстой написал длинный роман, а я напишу ещё … .
9) У вас мудрый президент, а у нас ещё … .
10) Да, мы работаем медленно, но вы работаете ещё … .

дорогой — дороже (г / ж)
дешёвый — дешевле (в+л)
жарко — жарче (к / ч)
лёгкий — легче (г / ч)
молодой — моложе (д / ж)
толстый — толще (ст / щ)
часто — чаще (ст / щ)
чистый — чище (ст /щ)
громко — громче (к / ч)
тихо — тише (х / ш)

близко — ближе
большой / много — больше
далеко — дальше
высокий — выше
низкий — ниже
маленький / мало — меньше
хороший — лучше
плохой — хуже
рано — раньше
поздно — позже
старый — старше
короткий — короче
тонкий — тоньше
редко — реже
широкий — шире
узкий — уже

В гостях хорошо, а дома лучше!

Лучше поздно, чем никогда!

Договор дороже денег!

Задание 291

Москва́ бо́льше, чем Петербу́рг. А Петербу́рг?
Петербу́рг ме́ньше, чем Москва́.

1) Росси́я … , чем Австра́лия. А Австра́лия? (большо́й / ма́ленький)

2) Москва́ … Петербу́рга на 556 лет. А Петербу́рг? (молодо́й / ста́рый)

3) Говори́ть по-ру́сски … , чем молча́ть. А молча́ть? (легко́ / тру́дно)

4) Килогра́мм бриллиа́нтов … , чем килогра́мм шокола́да. А килогра́мм шокола́да? (дорого́й / дешёвый)

5) Хаба́ровск … от Москвы́, чем Ду́блин. А Ду́блин? (далеко́ / бли́зко)

6) Ле́том на Чёрном мо́ре … , чем на Бе́лом мо́ре. А на Бе́лом мо́ре? (жа́рко / хо́лодно)

7) Я хожу́ на рабо́ту … , чем в теа́тр. А в теа́тр? (ча́сто / ре́дко)

8) Енисе́й … , чем Нева́. А Нева́? (дли́нный / коро́ткий)

9) Ле́том мы встаём … , чем со́лнце. А зимо́й? (ра́но / по́здно)

11) О́перный певе́ц поёт … , чем мой сосе́д. А сосе́д? (хорошо́ / пло́хо)

11) На́ша у́лица … , чем наш коридо́р. А коридо́р? (у́зкий / широ́кий)

12) Наш ребёнок игра́ет … , чем орке́стр. А орке́стр? (гро́мко / ти́хо)

Поехали!

> **Росси́я — са́мая больша́я страна́.**

Зада́ние 292

1) Верхоя́нск — ... холо́дный го́род Сиби́ри. 2) Что вы зна́ете о Толсто́м, о ... изве́стном ру́сском писа́теле? 3) Э́то ры́ба из Байка́ла, ... глубо́кого в ми́ре о́зера. 4) Будди́йский храм в Петербу́рге — ... се́верный в ми́ре и ... большо́й в Евро́пе. 5) Я могу́ отве́тить на ... сло́жный вопро́с. 6) Ка́жется, мы купи́ли ... дорогу́ю маши́ну! 7) Ты рассказа́л ... интере́сную исто́рию. 8) Я говори́л с ... больши́м специали́стом. 9) Она́ бу́дет ... изве́стной балери́ной. 10) Ты говори́шь с ... у́мным челове́ком!

Кто са́мый изве́стный актёр? Како́й фильм са́мый популя́рный? Како́й о́тдых са́мый лу́чший? Како́й го́род са́мый краси́вый? Кто са́мый лу́чший писа́тель?

Царь и руба́шка

Оди́н царь заболе́л. Ка́ждый день ему́ бы́ло всё ху́же и ху́же, и он сказа́л:
— Са́мый дорого́й пода́рок дам тому́, кто мне помо́жет!

До́лго все са́мые лу́чшие врачи́ ду́мали, что де́лать. Са́мый ста́рый врач сказа́л:
— На́до взять руба́шку са́мого счастли́вого челове́ка и дать царю́ — э́то ему́ помо́жет.

До́лго иска́ли са́мого счастли́вого челове́ка и нигде́ его́ не могли́ найти́. Оди́н бога́че всех, но боле́ет. Друго́й здоро́вее всех, но бе́дный. У одного́ дом лу́чше всех, — но говори́т, что ста́рый. Друго́й моло́же — но дом ему́ не нра́вится. Нет ничего́ трудне́е, чем иска́ть счастли́вого челове́ка!

Но оди́н раз сы́ну царя́ сказа́ли, что есть оди́н челове́к, кото́рый ка́ждый ве́чер говори́т: «Сего́дня порабо́тал, поу́жинал — бу́ду спать. Что мне ещё ну́жно? Счастли́вый я челове́к!»

Сказа́л сын царя́, что на́до идти́ к э́тому челове́ку, дать ему́ са́мый дорого́й пода́рок и взять его́ руба́шку для царя́, — она́ царю́ помо́жет. Хоте́ли они́ так сде́лать, но не могли́: са́мый счастли́вый челове́к был тако́й бе́дный, что у него́ не́ было руба́шки. Так он не получи́л от царя́ са́мый дорого́й пода́рок — да он ему́ и не ну́жен...

По Л. Толсто́му

Уро́к 29

Разговóр в шкóле

Мóжно сказáть, что в э́тот день в клáссе бы́ло две áрмии. Нет, э́то бы́ли не враги́. Прóсто они́ не понимáли друг дрýга. В однóй áрмии былá высóкая и блéдная учи́тельница «шкóлы для дéвочек и мáльчиков». Другáя áрмия былá бóльше. В другóй áрмии бы́ло óколо двадцати́ голóв э́тих мáльчиков и дéвочек. Они́ сидéли и писáли. А на ýлице был жáркий день, свети́ло сóлнце, в рекé плáвали дéти, и шкóльники слы́шали, как они́ вéсело кричáли. Как там бы́ло хорошó!

Как они́ хотéли бежáть на ýлицу, кричáть, игрáть, плáвать в рекé! Но нельзя́. Нáдо учи́ться. В клáссе ти́хо. И вдруг Крýгликов спрáшивает:

— А для чегó мы ýчимся? — и смóтрит на учи́тельницу, и глазá у негó крýглые от стрáха.

— Стрáнный ты человéк! — отвечáет учи́тельница. — Éсли не учи́ться, не бýдет культýры…

— Э́то какóй культýры?

— Ну, э́то так трýдно сказáть … Напримéр, кто из вас был в Нью-Йóрке?

— Я былá, — говори́т однá дéвочка. Навéрное, в кáждой шкóле живёт чёртик, котóрый «помогáет» так отвечáть.

— Сты́дно лгать, Натáша Пашкóва… Когдá же ты былá в Нью-Йóрке?

— Былá… Позавчерá!

Все знáли, что э́то ложь, что позавчерá онá былá, как и сегóдня, в шкóле, и до Нью-Йóрка éхать три недéли.

— Так вот, дéти, в Нью-Йóрке больши́е-больши́е многоэтáжные домá, трамвáи, электри́чество, маши́ны, — и всё э́то культýра. Потомý что лю́ди учи́лись! А вы знáете, что э́то молодóй гóрод: 100 — 150 лет?

— А что там бы́ло рáньше?

— Рáньше? Рáньше был тёмный лес, в лесý жи́ли ди́кие звéри: пантéры, вóлки … Олéни, бизóны, ди́кие лóшади …. А ещё там жи́ли индéйцы, — они́ убивáли друг дрýга и бéлых. Что же лýчше: ди́кие поля́ и лесá, где гуля́ют звéри и индéйцы и нет домóв и электри́чества, и́ли широ́кие ýлицы, где есть трамвáи и электри́чество и нет ди́ких индéйцев? Вот ви́дите, что лýчше — культýра и́ли такáя ди́кая жизнь?

— Тогда́ бы́ло лу́чше.

— Что!? Ты смотри́, чуда́к: ра́ньше бы́ло пло́хо, не́ было электри́чества, везде́ бы́ли ди́кие зве́ри и инде́йцы, а тепе́рь дома́, трамва́и, маши́ны… Когда́ же лу́чше: тогда́ или сейча́с?

— Тогда́.

— Ах ты, Го́споди! Ну вот ты, Полтора́цкий, говори́ ты, — когда́ бы́ло лу́чше: тогда́ или сейча́с?

А Полтора́цкий смо́трит на учи́тельницу и уве́ренно говори́т:

— Ра́ньше лу́чше бы́ло.

— О, Бог мой!!! Слизняко́в, Гаврии́л!

— Лу́чше бы́ло. Ра́ньшее.

— Не ра́ньшее, а ра́ньше! Да что вы, господа́, — чёрт зна́ет, что у вас в голове́… Сейча́с и дома́, и электри́чество…

— А для чего́ дома́? — цини́чно спра́шивает то́лстый Фитюко́в.

— Как для чего́? А где же спать?

— А о́коло огня́? Тепло́ — спи ско́лько хо́чешь! И для чего́ э́ти дома́!

И он смо́трит на учи́тельницу как победи́тель.

— Но электри́чества нет, темно́, стра́шно…

Семён Заволда́ев спра́шивает:

— Темно́? А ого́нь для чего́? А днём всегда́ светло́.

— А е́сли зве́ри?

— А е́сли у меня́ есть пистоле́т?!

— А е́сли инде́йцы?

— А мы мо́жем дружи́ть. Есть хоро́шие инде́йцы. Наприме́р, делава́ры, я чита́л, бе́лых лю́бят.

— А ещё есть муста́нги, они́ бы́стро бе́гают.

И уже́ все ма́льчики и де́вочки говори́ли:

— А у вас в го́роде одного́ челове́ка в ли́фте уби́ло!

— А ещё одного́ неде́лю наза́д трамва́й!

— Про́сто в го́роде у вас ску́чно — вот и всё!

— Ужа́сные вы де́ти — про́сто вы никогда́ не́ были в лесу́, где ди́кие зве́ри — вот и всё.

— А я была́, — говори́т Ната́лья Пашко́ва, кото́рой «помога́ет» шко́льный чёртик.

— Врёт она́, — говори́ли вокру́г. — Что ты всё вре́мя врёшь и врёшь?!

— Я ви́жу, что вы меня́ не понима́ете. Как вы мо́жете говори́ть, что ра́ньше бы́ло лу́чше, е́сли сейча́с есть и са́хар, и хлеб, и ма́сло, и пиро́жное, а ра́ньше ничего́ э́того не́ было.

— Пиро́жное!!!

Это был о́чень си́льный уда́р, но у Капито́на Кру́гликова был отве́т:

— А бы́ли ра́зные фру́кты: анана́сы, бана́ны — вы их не счита́ете? Их да́же не покупа́ли, а е́ли, ско́лько хоте́ли. А ещё бы́ли бизо́ны, их то́же е́ли.

— А ещё ре́ки бы́ли, и там ры́бы — ско́лько хо́чешь!

Учи́тельница бе́гала, крича́ла, опи́сывала комфо́рт безопа́сной городско́й жи́зни, но де́ти не слу́шали её. Э́ти две а́рмии абсолю́тно не понима́ли друг дру́га. Культу́ру атакова́ли инде́йцы, панте́ры и баоба́бы…

— Про́сто все плохи́е ма́льчики, — говори́ла бе́дная учи́тельница, — лю́бят ди́кие и́гры, вот и всё. А сейча́с я спра́шиваю де́вочек… Кла́вдия Ко́шкина, как ты ду́маешь, когда́ бы́ло лу́чше — тогда́ и́ли сейча́с?

Отве́т звучи́т, как уда́р гро́ма.

— Тогда́, — отвеча́ет бле́дная Ко́шкина.

— Ну, почему́? Говори́ — почему́, почему́?...

— Трава́ тогда́ была́... Я люблю́ траву́... Цветы́ бы́ли.

— Да, — э́то Кру́гликов говори́т, как специали́ст, — цвето́в бы́ло, ско́лько хо́чешь, и огро́мные, тропи́ческие.

— А в го́роде цвето́в нет. Са́мая плоха́я ро́за рубль сто́ит.

— Ну, Ка́тя, а как ты ду́маешь, когда́ бы́ло лу́чше?

— Тогда́.

— Почему́?!!

— Бизо́нчики бы́ли, — ти́хо говори́т ма́ленькая де́вочка.

— Каки́е бизо́нчики?... Ты их ви́дела?

— «Ви́дела!» — помога́ют Пашко́ва и её чёртик.

— Я их не ви́дела, — про́сто говори́т Ка́тя Иване́нко. — А они́, я ду́маю, хоро́шенькие... Я их люблю́...

Специали́ст Кру́гликов дипломати́чно ничего́ не говори́т о мечте́ сентимента́льной Иване́нко, а учи́тельница отвеча́ет:

— Ну, хорошо́! Если вы таки́е — не хочу́ бо́льше разгова́ривать. Вы сейча́с реша́ете зада́чу.

И все сиде́ли и реша́ли, а ма́ленькая Ка́тя Иване́нко всё вре́мя ду́мала о бизо́не и поэ́тому реша́ла до ве́чера.

(По А. Аве́рченко)

А как вы ду́маете, тогда́ бы́ло лу́чше и́ли сейча́с? Почему́?

Что есть сейча́с и чего́ не́ было тогда́? Что бы́ло тогда́ и чего́ нет сейча́с?

12 плю́сов и ми́нусов:

Урок 30

Куда́ она́ пошла́?
Отку́да вы прие́хали?
Куда́ он улете́л?

Идти́ — пойти́ (пошёл, пошла́, пошло́, пошли́)
Е́хать — пое́хать (пое́хал, пое́хала, пое́хало, пое́хали)

Зада́ние 293

Андре́й до́ма? — Нет, он пошёл на конце́рт.

1) Вы не зна́ете, где О́ля? (вы́ставка) 2) Ди́ма до́ма? (шко́ла) 3) Где сейча́с Бори́с? (Москва́) 4) Ната́ша здесь? (бассе́йн) 5) Алло́! Позови́те, пожа́луйста, Алекса́ндра! (рабо́та) 6) Вы не зна́ете, А́ня сего́дня до́ма? (Но́вгород) 7) Где сего́дня Ива́н? (университе́т) 8) Где ва́ши друзья́? (бале́т) 9) Вы не зна́ете, где на́ши де́ти? (сад) 10) А где ва́ши сосе́ди? (Аме́рика) 12) Где на́ша пти́чка? (лес) 13) Где кора́бль? (Австра́лия) 14) И́горь и О́ля до́ма? (дере́вня)

PERF. →	← ! → IMPERF. ⇆
при + йти́ (← идти́)	при + ходи́ть
Когда́ ты придёшь?	Я всегда́ прихожу́ в 7.
при + е́хать	при + езжа́ть (← е́здить)
Кто вчера́ прие́хал?	Мой брат. Он приезжа́ет ка́ждое воскресе́нье.
при + плыть	при + плыва́ть (← пла́вать)
Вчера́ приплы́л большо́й кора́бль.	Они́ приплыва́ют ча́сто.
К нам пришёл Дед Моро́з.	Он прихо́дит ка́ждый год.

Поехали!

ПРИ — Каждый год на день рождения ко мне **при**хóдят гóсти.

У — Мы **ушли** из дóма и забыли взять зóнтик.

В(о) — **Входи́те**, мы давнó вас ждём!

ВЫ — Вы **вы**хóдите на слéдующей останóвке?

ПЕРЕ — Здесь мóжно **перейти** ýлицу?

ПРО — Мы **про**бежáли 5 киломéтров и óчень устáли.

Мы **про**шли́ ми́мо ры́нка и поверну́ли напрáво.

Урóк 30

Задание 294

Глаго́лы с пре́фиксом **при-**

Мы вчера́ ... домо́й в 8 часо́в.
Мы вчера́ пришли́ домо́й в 8 часо́в.

1) Моя́ сестра́ живёт недалеко́ от го́рода и ка́ждую суббо́ту ... к нам. 2) Я обы́чно ... на рабо́ту в 9 часо́в. 3) Андре́й хорошо́ бе́гает и всегда́ ... пе́рвым. 4) Я жду самолёт из Ки́ева. Когда́ он ... ? 5) Это Ди́тер. Он вчера́ ... к нам из Герма́нии. 6) Она́ прекра́сно пла́вает! Вчера́ она́ то́же ... пе́рвой. 7) Я жду тебя́ за́втра ве́чером. Ты ... ? 8) Тури́сты обы́чно ... в Петербу́рг на «бе́лые но́чи».

Задание 295

Глаго́лы с пре́фиксом **у-**

Вчера́ я ... с рабо́ты по́здно.
Вчера́ я ушёл с рабо́ты по́здно.

1) Вчера́ у нас бы́ли го́сти. Они́ ... в по́лночь. 2) Ива́на Серге́евича на рабо́те нет. Он ... домо́й. 3) На́ши сосе́ди на неде́лю ... из го́рода. 4) О́сенью пти́цы ... на юг. 5) Я не могу́ быть здесь. Я ... . 6) Почему́ ты ... ? Я хочу́ поговори́ть с тобо́й. 7) Ты хорошо́ бе́гаешь, но ты не мо́жешь ... от меня́! 8) Где маши́на? — Анто́н ... на маши́не.

Задание 296

Глаго́лы с пре́фиксом **в-**

Я откры́л дверь и ... в ко́мнату.
Я откры́л дверь и вошёл в ко́мнату.

1) Я ... в кварти́ру и включи́л свет. 2) Го́сти ... в ко́мнату и сказа́ли «До́брый день!» 3) Пти́ца ... в окно́ и не мо́жет вы́лететь. 4) Анто́н ... в кафе́ и уви́дел А́нну. 5) Я ви́дел, как маши́на ... в гара́ж. 6) Мы не могли́ ... в авто́бус. 7) Ты всегда́ ... так ти́хо? 8) Я о́чень спеши́л и не ..., а ... в кабине́т.

Поехали! 243

Задание 297

Глаго́лы с пре́фиксом **вы-**

Вы сейча́с ... ?
Вы сейча́с выхо́дите?

1) Кто ... на э́той остано́вке? 2) Тури́сты сейча́с ... из самолёта. 3) Я не могу́ ... из до́ма. 4) Маши́на ... из гаража́ че́рез 10 мину́т. 5) Ди́ма ... из ко́мнаты и побежа́л на у́лицу. 6) Когда́ вы обы́чно ... из до́ма? 7) Мы хоти́м ... из по́езда! 8) Вчера́ вы ... из до́ма по́здно.

Задание 298

Глаго́лы с пре́фиксом **пере-**

Где мо́жно ... у́лицу?
Где мо́жно перейти́ у́лицу?

1) Здесь мо́жно ... Не́вский проспе́кт? 2) Здесь нельзя́ ... у́лицу! 3) Э́то пра́вда, что ты мо́жешь ... Во́лгу? 4) Мои́ друзья́ ... в друго́й го́род. 5) Пти́цы ... с де́рева на де́рево. 6) Ты о́чень бы́стро ... доро́гу! 7) Я обы́чно ... доро́гу здесь. 8) В како́й го́род ... ваш брат?

Задание 299

Глаго́лы с пре́фиксом **про-**

Мы ... ми́мо магази́на и вошли́ в кафе́.
Мы прошли́ ми́мо магази́на и вошли́ в кафе́.

1) Я бы́стро ... 3 киломе́тра и уста́л. 2) Я ка́ждый день ... ми́мо э́того магази́на. 3) Маши́на ... ми́мо нас и пое́хала нале́во. 4) Самолёт ... над дере́вней и ле́сом. 5) Я сего́дня ... 500 киломе́тров. 6) Мы лю́бим бе́гать. Ка́ждое у́тро мы ... 5 киломе́тров. 7) Вы хорошо́ пла́ваете? Вы мо́жете ... 4 киломе́тра? 8) Почему́ он ... ми́мо и не посмотре́л на нас?

Уро́к 30

Задание 300

Оле́г вбежа́л в ко́мнату. — **Оле́г вы́бежал из ко́мнаты.**

1) Мы вы́шли из ле́са. 2) Мы прие́хали в Ки́ев. 3) Вы приплы́ли на о́стров. 4) Он не вы́йдет из до́ма. 5) Мы уе́хали на Ура́л. 6) Колу́мб приплы́л в Аме́рику. 7) Гага́рин улете́л в ко́смос. 8) Волк прибежа́л в дере́вню. 9) Го́сти пришли́ ве́чером. 10) Я прибежа́л на конце́рт. 11) Ты приплы́л из А́рктики. 12) Пти́цы улете́ли из са́да.

Задание 301

1) Мы … на сле́дующей остано́вке. 2) 10 (Деся́того) января́ мы … из Москвы́, а 15 (пятна́дцатого) … в Ирку́тск. 3) Мы хоти́м … в Петербу́рг. 4) Спортсме́ны … 5 киломе́тров и уста́ли. 5) Э́то пра́вда, что ты … Байка́л? 6) Вы не зна́ете, где здесь мо́жно … у́лицу? 7) Почему́ вы так ра́но … с рабо́ты? 8) Не …, я хочу́ ещё поговори́ть с тобо́й! 9) Когда́ мы … на о́стров, мы уви́дели, что там никого́ нет. 10) Куда́ … наш попуга́й? 11) С ю́га … пти́цы, — зна́чит, … весна́. 12) Ка́ждое у́тро я … из до́ма и смотрю́ на не́бо. 13) … о́сень, и пти́цы … . 14) Мы … в бассе́йн в 6 часо́в. 15) Они́ … из И́ндии и рассказа́ли мно́го интере́сного. 16) Мы … четы́ре кварта́ла и … в большо́й ста́рый дом. 17) В э́то вре́мя мно́гие ру́сские писа́тели … из Росси́и. 18) Она́ … из маши́ны и … на другу́ю сто́рону у́лицы. 19) Открыва́йте дверь, го́сти …!

Задание 302

Вы в па́рке.
— **Как пройти́ в теа́тр?**
— **Выходи́те из па́рка и иди́те напра́во… Пото́м сно́ва напра́во. Пото́м пройди́те ми́мо ба́ра, перейди́те у́лицу, и там уви́дите теа́тр.**

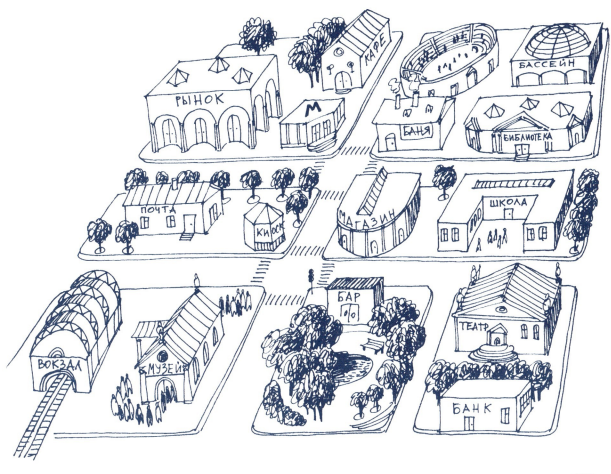

Задание 303

Поста́вьте ча́сти ру́сской ска́зки в пра́вильном поря́дке.

Ма́шенька* и Медве́дь

А А дом у медве́дя был большо́й: больши́е о́кна, больши́е столы́, больши́е сту́лья. Что де́лать! Жила́ Ма́ша у медве́дя, обе́д ему́ гото́вила, ко́мнаты убира́ла, во́ду носи́ла, стира́ла, а ве́чером ска́зки расска́зывала. А домо́й уйти́ не могла́!

Б До́лго Ма́ша ходи́ла в лесу́, пла́кала, крича́ла… Уже́ ве́чер, стра́шно Ма́ше в лесу́. И вдруг ви́дит она́ — идёт медве́дь. Говори́т медве́дь: «Вот кто бу́дет мне до́ма помога́ть!» И пришли́ они́ к медве́дю в дом.

---
* Ма́шенька = Ма́ша, Мари́я

В Давны́м-давно́* в одно́й дере́вне жи́ли-бы́ли де́душка и ба́бушка. И была́ у них вну́чка Ма́ша — у́мная и хоро́шая, и все сосе́ди её люби́ли.

Г Пришёл медве́дь в дере́вню. Вдруг прибежа́ли соба́ки. Медве́дь их уви́дел, испуга́лся и убежа́л в лес! А корзи́ну с Ма́шей и пирожка́ми оста́вил. Прибежа́ла Ма́ша домо́й, встре́тилась с ба́бушкой и де́душкой и рассказа́ла им э́ту исто́рию.

Д Идёт он по ле́су и не зна́ет, что несёт не то́лько пирожки́. Ма́ша то́же в корзи́не спря́талась! Обошёл он вокру́г о́зера. Хо́чет он останови́ться и попро́бовать пирожо́к, а Ма́ша ему́ кричи́т: «Не ешь пирожо́к, я всё ви́жу!» Перешёл он че́рез ре́ку. Хо́чет он останови́ться и попро́бовать пирожо́к, а Ма́ша ему́ кричи́т: «Не ешь пирожо́к, я всё ви́жу!» Прошёл он че́рез лес, вы́шел из ле́са. Хо́чет он останови́ться и попро́бовать пирожо́к, а Ма́ша ему́ кричи́т: «Не ешь пирожо́к, я всё ви́жу!»

Е Хорошо́ медве́дю, а Ма́ша домо́й уйти́ хо́чет, но медве́дь ей не разреша́ет. Нра́вится ему́ Ма́ша! Ка́ждый день медве́дь ухо́дит в лес, а Ма́ша до́ма ждёт. Ве́чером прихо́дит медве́дь — а Ма́ша уже́ у́жин пригото́вила.

Ё Одна́жды сосе́дские де́вушки пригласи́ли Ма́шу в лес. Пошла́ она́ в лес, ходи́ла она́, ходи́ла, смо́трит — а де́вушек нет. Перешла́ она́ че́рез ре́ку, обошла́ вокру́г о́зера — нет. Звала́ она́ де́вушек, звала́ — никто́ не отвеча́ет. Потеря́ла она́ доро́гу домо́й и не мо́жет вы́йти из ле́са!

Ж Ду́мает она́ о де́душке и ба́бушке, скуча́ет, и гру́стно ей. Ду́мала она́, ду́мала, и одна́жды пригото́вила она́ вку́сные пирожки́ и говори́т медве́дю: «Е́сли ты не хо́чешь, что́бы я уходи́ла, неси́ э́ти пирожки́ де́душке и ба́бушке, а я до́ма бу́ду ждать. Ты пото́м приходи́ — я у́жин пригото́влю. «Хорошо́!»,— отвеча́ет медве́дь.

---

* Давны́м-давно́ = о́чень давно́

Фёдор Шаляпин
Из книги «Страницы из моей жизни»
(Лето 1914)

Из Лондона я переехал в Париж, чтобы потом поехать в Карлсбад — отдыхать и лечиться. Это было 25 июля, и люди на улицах уже читали телеграммы в газетах. Говорили о войне. В этот же день я обедал с известным банкиром и спросил его, что он об этом думает. Он уверенно сказал:

— Войны не будет!

Так вот, говорят, что международную политику делают банкиры, и они точно знают, будут люди драться или нет. После этого разговора я купил билеты и поехал в Германию. Но часа через два-три наш поезд остановился. Дальше он не шёл — война началась. В Париж поезда тоже не шли, и я остался с моими чемоданами на какой-то маленькой станции. Чтобы было легче вернуться в Париж, я открыл чемоданы и отдал все вещи, одежду и покупки бедным людям.

Мелких денег почему-то больше нигде не было. У меня в кармане были только банкноты по сто и по пятьдесят франков, но их никто не менял. В ресторане, куда я зашёл поесть, меня сразу спросили:

— Какие у вас деньги?
— Французские. Вот!
— Извините, мы не можем дать сдачи.

Но я очень хотел есть, и предложил:

— Дайте кусок мяса, бутылку вина и возьмите 50 франков за это!

Так я обедал ещё не раз на обратном пути в Париж, куда я медленно шёл пешком или ехал на лошадях. Потом я решил, что это глупо, и стал приглашать на мои завтраки и обеды людей с улицы. Я знакомился с кем-нибудь, кто, как мне казалось, хотел есть, и говорил с ним минут пять-десять о войне, а потом приглашал в ресторан. А так как на сто франков в маленьком городке Франции могут поесть и десять человек, то предлагал новому знакомому пригласить на завтрак друзей. Так мы могли «съесть» всю банкноту.

В Париже нервничали. Немецкие аэропланы уже бросали бомбы и прокламации: «Великая немецкая армия у дверей Парижа!»

— Войдите! — отвечали французы.

Я решил переплыть через Ла-Манш в Англию. Но в Кале, в английском бюро, где продавали билеты, меня спросили о моей национа́льности, и когда́ я сказа́л — ру́сский, извини́лись и сказа́ли, что не мо́гут прода́ть мне биле́т, — э́то ли́ния для гра́ждан Великобрита́нии.

Я обрати́лся к англи́йскому ко́нсулу с про́сьбой дать мне про́пуск — и получи́л от него́ тако́й же отве́т, как в бюро́:

— Не могу́. Снача́ла нас интересу́ют гра́ждане А́нглии, а пото́м мы бу́дем рабо́тать для сою́зных на́ций!

Я поду́мал:

«О́чень удо́бно быть граждани́ном госуда́рства, кото́рое так внима́тельно к свои́м лю́дям!»

И то́лько по́сле про́сьбы англи́йского посла́ я получи́л про́пуск.

Мой по́езд был после́дним.

В А́нглии меня́ встре́тили о́чень хорошо́, задава́ли мно́го вопро́сов, но я ещё не чита́л газе́т и ничего́ не мог сказа́ть. Знако́мые англича́не предлага́ли мне оста́ться в А́нглии, потому́ что доро́га была́ опа́сная, но я реши́л е́хать в Росси́ю.

Когда́ я получа́л де́ньги в англи́йском ба́нке, меня́ спроси́ли:

— Вам — зо́лотом?

Я удиви́лся — во Фра́нции зо́лота давно́ уже́ не́ было.

— Да́йте немно́го зо́лотом, — неуве́ренно попроси́л я.

— Мо́жете взять всю су́мму.

Како́й удиви́тельный наро́д э́ти англича́не!

В сентябре́ я приплы́л на парохо́де в Христиа́нию*. Осмотре́л теа́тр, о́чень краси́вый, кото́рый постро́или в честь И́бсена и Бьёрнсона. Их ста́туи стоя́ли в саду́ о́коло теа́тра.

Я подума́л:

«Они́ неда́вно у́мерли, а па́мятники уже́ стоя́т, хотя́ норве́жцы споко́йный наро́д! А мы, ру́сские, — беспоко́йные, но у нас ещё нет па́мятников Турге́неву, Достое́вскому, Толсто́му...»

Бы́ло ви́дно, что э́та ма́ленькая Норве́гия — страна́ большо́й культу́ры.

А в Торне́о меня́ удиви́ла весёлая де́вушка-фи́нка. Она́ подава́ла чай в кафе́ и всё вре́мя ти́хо пе́ла стра́нную пе́сню, в кото́рой ча́сто повторя́ла сло́во «аури́нка». Я спроси́л: что тако́е «аури́нка»?

— Со́лнце, — сказа́ли мне.

---
* Так ра́ньше называ́лся го́род О́сло, столи́ца Норве́гии.

Поехали!

День был се́рый, шёл дождь, а де́вушка пе́ла о со́лнце. Э́то понра́вилось мне, и я ду́мал о ней, когда́ е́хал в Петербу́рг, кото́рый уже́ называ́ли Петрогра́д.

Отвеча́ем на вопро́сы:

1) Отку́да и куда́ е́хал Шаля́пин? 2) Когда́ э́то бы́ло? 3) О чём говори́ли лю́ди? 4) Почему́ Шаля́пин реши́л е́хать в Герма́нию? 5) Расскажи́те, как он е́хал в Пари́ж. 6) Почему́ бы́ло тру́дно уе́хать из Фра́нции в А́нглию? 7) Что удиви́ло Шаля́пина в А́нглии? 8) Куда́ он пое́хал из А́нглии? 9) Что он ду́мает о Норве́гии и почему́? 10) О чём пе́ла де́вушка в кафе́? 11) Что жда́ло Шаля́пина в Петербу́рге?

Зада́ние 304

Я ... из Ло́ндона в Пари́ж. Из Пари́жа я хоте́л ... отдыха́ть в Карлсба́д. Я ... из Пари́жа, но по́езд останови́лся. Я ... в Пари́ж пешко́м. Мне бы́ло тру́дно ... из Пари́жа в Кале́. Я ... че́рез Ла-Ма́нш на корабле́. В сентябре́ я ... из А́нглии в Норве́гию, а из Норве́гии на по́езде ... в Петрогра́д.

Урок 31

ПОВТОРЕ́НИЕ

Зада́ние 305

де́лать — сде́лать

1) Что ты де́лал вчера́? — Я … откры́тки. Я … 20 откры́ток. (писа́ть — написа́ть)

2) Что но́вого? — Я … откры́тку от Кристо́фа. Я ча́сто … откры́тки. (получа́ть — получи́ть)

3) Ты уме́ешь … шашлы́к? — Я всегда́ хорошо́ … шашлы́к. Неде́лю наза́д я … прекра́сный шашлы́к. (гото́вить — пригото́вить)

4) Я полчаса́ … твоё письмо́. Когда́ я … его́, я написа́л отве́т. (чита́ть — прочита́ть)

5) Мы … э́тот дом уже́ два го́да. Когда́ мы … его́, мы бу́дем здесь жить. (стро́ить — постро́ить)

6) Ты о́чень ча́сто … : «Э́то не моё де́ло». Я не понима́ю, что ты хо́чешь … ! (говори́ть — сказа́ть)

7) Ты лю́бишь … сюрпри́зы? — Да, за́втра я … тебе́ сюрпри́з! (де́лать — сде́лать)

8) Вы хорошо́ … ? — Да, я уже́ … ваш портре́т! (рисова́ть — нарисова́ть)

9) Вы ча́сто … анекдо́ты? — Да, сейча́с я … но́вый анекдо́т. (расска́зывать — рассказа́ть)

10) Мне на́до … в Аме́рику! — Ты ка́ждую неде́лю … в Аме́рику! (звони́ть — позвони́ть)

11) Почему́ вы никогда́ не … ? — Хорошо́, че́рез 5 мину́т … . (отвеча́ть — отве́тить)

12) Сего́дня они́ … в по́лдень, но обы́чно они́ … ра́но. (за́втракать — поза́втракать)

13) В де́тстве я ча́сто … фи́льмы. Когда́ я … э́тот фильм, я реши́л быть актёром. (смотре́ть — посмотре́ть)

14) У нас есть фру́кты? — Да, я … фру́кты. Я всегда́ … фру́кты на ры́нке. (покупа́ть — купи́ть)

15) Мы … в Петербу́рг сего́дня у́тром. Мы обы́чно … в ию́не. Че́рез год мы хоти́м … ещё раз. (приезжа́ть — прие́хать)

Задание 306

Через, назад, на, за

1) Мы прие́хали в Росси́ю ... два ме́сяца.
2) Этот дом постро́или ... три го́да.
3) Я бу́ду до́ма ... полчаса́.
4) Она́ вы́шла из до́ма два часа́ ... и пришла́ домо́й ... час.
5) Как вы всё сде́лали ... де́сять мину́т?
6) Ты мо́жешь дать мне ру́чку ... мину́ту? ... мину́ту я дам её тебе́.

Задание 307

Кому́? Чему́?

1) Что вы обы́чно да́рите и кому́? Кто и что вам обы́чно да́рит?
2) Кому́ вы звони́те ча́сто / ре́дко / никогда́ не звони́те? Кто вам звони́т?
3) Кому́ вы пи́шете? Кто пи́шет вам?
4) Кто и́ли что вам помога́ет изуча́ть язы́к?
5) Кто и́ли что вам меша́ет рабо́тать / отдыха́ть?
6) Каки́е лю́ди вам нра́вятся? А что вам не нра́вится?
7) Что обеща́ют де́ти роди́телям? А роди́тели де́тям?
8) Как вы ду́маете, что на́до разреша́ть де́тям? А что разреша́ть нельзя́?
9) Что вам легко́, а что — тру́дно? Когда́ вам ве́село, а когда́ — гру́стно?

Задание 308

Прошу́ вас, (дать) мне шанс! — **Прошу́ вас, да́йте мне шанс!**

1) Пожа́луйста, (позвони́ть) мне ве́чером!
2) (Лета́ть) самолётами «Аэрофло́та»!
3) Обяза́тельно (посмотре́ть) сего́дня но́вости!

4) (Послу́шать), что я расскажу́!

5) Не (покупа́ть) э́ту карти́ну! — Нет, (купи́ть) её!

6) (Приходи́ть) за́втра ве́чером!

7) До свида́ния, (приезжа́ть) ещё!

8) (Пригото́вить), пожа́луйста, у́жин!

9) (Уходи́ть), я не хочу́ тебя́ ви́деть!

10) (Подари́ть) мне соба́ку, пожа́луйста!

Зада́ние 309

Кем? Чем?

1) С кем вы изуча́ете ру́сский язы́к?

2) С кем вы рабо́таете?

3) С кем вы обы́чно отдыха́ете?

4) С кем вы лю́бите говори́ть?

5) С кем вы гуля́ете?

6) Чем вы интересу́етесь?

7) Чем увлека́ются ва́ши друзья́?

8) Кем вы рабо́таете?

9) Кем вы хоте́ли стать в де́тстве?

10) Чем вы занима́лись в шко́ле?

11) Вы занима́етесь спо́ртом? Каки́м?

12) Каки́ми вы хоти́те стать?

Зада́ние 310

1) ... бо́льше, чем ... .

2) ... доро́же, чем ... .

3) Я ... ча́ще, чем ... .

4) Мне ле́гче ... , чем ... .

5) ... ме́ньше, чем ... .

6) ... деше́вле, чем ... .

7) ... лу́чше, чем ... .

8) ... ху́же, чем ... .

Задание 311

при-, у-, в-, вы-, пере-, про-

1) За день мы … ехали 500 километров.
2) Когда вы обычно … ходите на работу?
3) Я не знаю, кто … ходил в комнату.
4) Мне грустно, потому что ты … ходишь!
5) Это правда, что вы … плыли Ла-Манш?
6) Он вчера не … ходил на улицу.
7) Мы жили в Таллине, а потом … ехали в Петербург.
8) Машина не может … ехать из гаража.
9) Гости уже у вас? — Да, они … ходят в квартиру.
10) Вы можете … ехать из города на неделю?
11) Первые птицы … летают с юга.
12) Сейчас мы … езжаем мимо старого города.

Задание 312

Расскажите биографию интересного человека (можно свою, вы — тоже интересный человек!)

Словарь

Русский	Английский	Немецкий	Французский
А			
а́вгуст	August	August	août
австрали́ец	Australian	Australier	Australien
авто́бус	bus	Bus	autobus
авто́граф	autograph	Autogramm	autographe
а́втор	author	Autor	auteur
адвока́т	lawyer, solicitor	Anwalt	avocat
администра́тор	administraitor	Verwalter	administrateur
администра́ция	administration	Administration	administration
акаде́мия	academy	Akademie	académie
акроба́т, -ка	acrobat	Akrobat	acrobate
акт	act	Akt	acte
актёр	actor	Schauspieler	acteur
актри́са	actress	Schauspielerin	actrice
альбо́м	album	Album	album
анана́с	pineapple	Ananase	ananas
англи́йский	English	englisch	anglais
англича́нин	English	Engländer	Anglais
анса́мбль	ensemble	Ensemble	ensemble
антиквариа́т	antiques	Antiquariat	antiquités
анти́чный	antique	antik	antique
апельси́н	orange	Apfelsine	orange
апока́липсис	Apocalypse	Apokalypse	Apocalypse
апре́ль	April	April	avril
апте́ка	chemist's; drugstore	Apotheke	pharmacie
ара́бский	Arabic	arabisch	arabe
аргенти́нец	Argentinean	Argentinier	Argentin
а́рмия	army	Armee	armée
архитекту́рный	architectural	architektonisch	architectural
астроно́мия	astronomy	Astronomie	astronomie
атмосфе́ра	atmosphere	Atmosphäre	atmosphére
аэропо́рт	airport	Flughafen	aéroport
Б			
ба́бушка	grandmother	Grossmutter	grand-mère
бага́ж	luggage	Gepäck	bagage
балери́на	ballet-dancer	Ballerina	ballerine
бале́т	ballet	Ballett	ballet
балко́н	balcony	Balkon	balcon
бана́н	banana	Banane	banane
банк	bank	Bank	banque
банке́т	banquet	Bankett	banquet
банки́р	banker	Bankier	banquier
ба́ня	bath house	Badehaus	bains (publics)
бараба́н	drum	Trommel	tambour

Русский	Английский	Немецкий	Французский
бара́нина	lamb	Hammelfleisch	(du) mouton
баскетбо́л	basketball	Basketball	basket-ball
бассе́йн	swimming pool	Schwimmbad	piscine
батаре́йка	battery	Batterie	pile; batterie
бе́дный	poor	arm	pauvre
бежа́ть/бе́гать	to run	laufen	courir
без	without	ohne	sans
безопа́сный	safe	gefahrlos	sûr
белору́с	Byelorussian	Belorusse	Biélorusse
бе́лый	white	weiss	blanc
бельги́ец	Belgian	Belgier	Belge
бензи́н	petrol; gas	Benzin	essence
бе́рег	shore, bank	Ufer, Strand	bord, côte
беспла́тно	free (of charge)	gratis	gratuitement
беспоко́йный	anxious	unruhig	inquet
библиоте́ка	library	Bibliothek	bibliothèque
биле́т	ticket	Fahrkarte	billet
биогра́фия	biography	Biographie	biographie
био́лог	biologist	Biologe	biologue
биоло́гия	biology	Biologie	biologie
бифште́кс	steak	Beefsteak	bifteck
бланк	(fill-in) form	Formular	formulaire
бле́дный	pale	blaß	pâle
бли́зко	near	in der Nähe	tout près
блин	pancake	Plinse	crêpe
блонди́нка	blond, -e	Blonde; Blondine	blond, -e
блю́до	dish	Gericht	plat
Бог	God	Gott	Dieu
бога́тый	rich	reich	riche
боле́ть/заболе́ть	to be / fall ill	krank sein / werden	être/tomber malade
бо́льше	more; bigger	mehr; grosser	plus; plus grand
большо́й	big	gross	grand
борт	board	Bord	bord
ботани́ческий	botanical	botanisch	botanique
боти́нки	boots	Schuhe	souliers
боя́ться	to be afraid	fürchten	avoir peur
брат	brother	Bruder	frère
брать/взять	to take	nehmen	prendre
бриллиа́нт	brilliant	Brilliant	brillant
брю́ки	trouses	Hose	pantalon
брюне́т, -ка	brunet, -te	Brünette	brun, -e
бу́ква	letter	Buchstabe	lettre
бу́лочная	baker's	Bäckerei	boulangerie
бульва́р	boulevard	Boulevard	boulevard
буты́лка	bottle	Flasche	bouteille
бухга́лтер	accountant	Buchhalter	comptable
бы́стро	fast, quickly	schnell	vite, rapidement
бы́стрый	quick, rapid, fast	schnell	rapide

Русский	Английский	Немецкий	Французский
быть	to be	sein	être
В			
ва́за	vase	Vase	vase
ва́нна	bath	Badewanne	baignoire, bain
ва́нная	bathroom	Bad, Badezimmer	salle de bains
ваш	your	euer, ihr	votre
вдруг	suddenly	plötzlich	soudain
век	century	Jahrhundert	siècle
вели́кий	great	gross	grand
велосипе́д	bicycle	Fahrrad	vélo
ве́рить/пове́рить	believe	glauben	croire
верну́ться	to come back	zurückkommen	revenir
верхо́м	on horseback	zu Pferd	à cheval
ве́село	funny, jolly	lustig	gaiment
весёлый	funny, jolly	lustig	gai, joyeux
весна́	spring	Frühling	printemps
весно́й	in spring	im Frühling	au printemps
весь	all	ganz	entier
ве́тер	wind	Wind	vent
ве́чер	evening	Abend	soir
вечери́нка	party	geselliger Abend	soirée
ве́чером	in the evening	am Abend	le soir
вещь (f.)	thing	Sache; Ding	chose
ви́деть	to see	sehen	voir
ви́лка	fork	Gabel	fourchette
вино́	wine	Wein	vin
виногра́д	grapes	Weintrauben	raisin
включа́ть/-и́ть	to turn on	einschalten	allumer; brancher
вкус	taste	Geschmack	goût
вку́сный	tasty	wohlgeschmeckend	de bon goût
вме́сте	together	zusammen	ensemble
вме́сто	instead	statt	au lieu de
вниз/внизу́	down	nach unten / unten	en bas
внима́тельно	attentively	aufmerksam	attentivement
внук	grandson	Enkel	petit-fils
вну́чка	granddaughter	Enkelin	petite-fille
вид	view	Aussicht	vue
вода́	water	Wasser	eau
води́тель	driver	fahrer	chauffeur
во́дка	vodka	Wodka	vodka
война́	war	Krieg	guerre
вокза́л	station	Bahnhof	gare
волейбо́л	volley-ball	Volleyball	volley-ball
волк	wolf	Wolf	loup
во́лосы	hair	Haare	cheveux
вопро́с	question	Frage	question
вор	thief	Dieb	voleur

Русский	Английский	Немецкий	Французский
восемна́дцать	eighteen	achtzehn	dix-huit
во́семь	eight	acht	huit
во́семьдесят	eighty	achtzig	quatre-vingt
воскресе́нье	Sunday	Sonntag	dimanche
восто́к	east	Ost	est
восьмо́й	eighth	der achte	huitième
враг	enemy	Feind	ennemi
врать	to tell a lie	lügen	mentir
врач	doctor	Arzt	docteur
вре́мя	time	Zeit	temps
всегда́	always	immer	toujours
всё	all; everything	alles	tout
встава́ть/встать	to get up	aufstehen	se lever
встре́ча	meeting	Zusammentreffen	rencontre
встреча́ться/встре́титься	to meet	sich treffen	se rencontrer
вто́рник	Tuesday	Dienstag	mardi
второ́й	second	der zweite	deuxième
входи́ть/войти́	to come in	hereinkommen	entrer
вчера́	yesterday	gestern	hier
выбира́ть	to choose	auswählen	choisir
вы́бор	choice	Auswahl	choix
выи́грывать/вы́играть	to win	gewinnen	gagner
выключа́ть/-ить	to turn off	ausschalten	débrancher; éteindre
высо́кий	high, higher, above	hoch	haut
вы́ставка	exhibition	Ausstellung	exposition
выходны́е	week-end	Ausgehtage, Wochenende	jours de repos
Г			
газе́та	newspaper	Zeitung	journal
га́зовый	gas	Gas-	à gaz
гара́ж	garage	Garage	garage
гаранти́ровать	guarantee	garantieren	garantir
геогра́фия	geography	Geographie	géographie
геологи́ческий	geological	Geologisch	géologique
герои́ческий	heroic	heldenmütig	heroïque
геро́й	hero	Held	héros
гид	guide	Fremdenführer	guide
гита́ра	guitar	Gitarre	guitare
гла́вный	main	haupt-	principal
глаз	eye	Auge	oeil
глубина́	depth	Tiefe	profondeur
глубо́кий	deep	tief	profond
глу́пость	stupid thing	Dummheit	bêtise
говори́ть	to speak; to say	sprechen; sagen	parler; dire
год	year	Jahre	an, année
голла́ндец	Dutchman	Holländer	Hollandais

Русский	Английский	Немецкий	Французский
голла́ндский	Dutch	Holländisch	hollandais
голова́	head	Kopf	tête
голубо́й	blue	blau	bleu
гора́	mountain	Berg	montagne
го́рный	mountain-	Berg-	de montagne
го́род	city	Stadt	ville
городско́й	city; urban	Stadt-; städtisch	municipal; de ville
горя́чий	hot	heiss	chaud
господи́н	mister	Herr	monsieur
госпожа́	missis	Frau	madame
гости́ная	living-room	Wohnzimmer	salon
гости́ница	hotel	Hotel	hôtel
гость	guest	Gast	invité
гото́вить/при-	to prepare; to cook	vorbereiten; kochen	préparer
гриб	mushroom	Pilz	champignon
гром	thunder	Donner	tonnaire
гро́мкий	loud	laut	fort (son)
гро́мко	loudly, aloud	laut, lauthals	fort (son)
гру́ппа	group	Gruppe	groupe
гру́стный	sad	traurig	triste
гру́ша	pear	Birne	poire
губерна́тор	governor	Gouverneur	gouverneur
гуля́ть/погуля́ть	to go for a walk	spazierengehen	se promener
Д			
да	yes	ja	oui
дава́ть/дать	to give	geben	donner
давно́	long time ago	seit langer Zeit	il y a longtemps
далеко́	far	weit	loin
дари́ть/подари́ть	to give, to present	schenken	offrir, faire cadeau
да́та	date	Datum	date
два	two	zwei	deux
два́дцать	twenty	zwanzig	vingt
двена́дцать	twelwe	zwölf	douze
дверь (f.)	door	Tür	porte
дворе́ц	palace	Palast	palais
де́вушка	girl	mädchen	jeune fille
девяно́сто	ninety	neunzig	quatre-vingt-dix
девятна́дцать	nineteen	neunzehn	dix-neuf
девя́тый	ninth	der neunte	neuvième
де́вять	nine	neun	neuf
де́душка	grandfather	Grossvater	grand-père
дека́брь	December	Dezember	décembre
де́лать/сде́лать	to do, to make	machen	faire
делика́тный	delicate	delikat	delicat
делово́й	business	geschäftig	d'affaires
демонстра́ция	demonstration	Demonstrazion	démonstration
день	day	Tag	jour, journée

Русский	Английский	Немецкий	Французский
день рожде́ния	birthday	Geburtstag	anniversaire
де́ньги	money	Geld	argent
де́рево	tree	Baum	arbre
дере́вня	village	Dorf	village
деся́тый	tenth	der zehnte	dixième
де́сять	ten	zehn	dix
детекти́в	detective story	Krimi	roman policier
де́ти	children	Kinder	des enfants
де́тская	nursery	Kinderzimmer	chambre d'enfants
дешёвый	cheap	billig	bon marché
джаз	jazz	Jazz	jazz
дива́н	sofa	Sofa	canapé
дие́та	diet	Diät	diète
ди́кий	wild	wild	sauvage
диплома́т	diplomat	Diplomat	diplomate
дире́ктор	director	Direktor	directeur
диск	disc	Disk, Platte	disque
диску́ссия	discussion	Diskussion	discussion
длина́	length	Länge	longueur
дли́нный	long	lang	long
для	for	für	pour
днём	during the daytime	am Tag, tagsüber	le jour
до	till	bis	jusqu'à
Добро́ пожа́ловать!	Welcome!	Willkommen!	Soyez le bienvenus!
дождь (m.)	rain	Regen	pluie
докуме́нт	document	Dokument	document
до́лго	for a long time	lange	longtemps
до́ма	at home	zu Hause	à la maison
дом	house	Haus	maison
дома́шний	domestic	häuslich	domestique
доро́га	road	Weg	chemin
дорого́й	dear; expensive	teuer	cher
До свида́ния!	Good bye!	Auf Wiedersehen!	Au revoir!
дочь	daughter	Tochter	fille
дре́вний	ancient	alt	ancien
друг	friend	Freund	ami
друго́й	other; different	andere	autre
дру́жба	friendship	Freundschaft	amitié
дружи́ть	to be friends	befreundet sein	être amis
ду́мать/поду́мать	to think	denken	penser
душ	shower	Dusche	douche
дя́дя	uncle	Onkel	oncle

Е

европе́ец	European	Europäer	Européen
ежедне́вный	daily	täglich	quotidien
есть/съесть	to eat	essen	manger
е́хать/е́здить	to go by transport	fahren	aller (par transport)

Русский	Английский	Немецкий	Французский
ещё	still; also	noch	encore; aussi
Ж			
жа́рко	hot	heiss	chaud
ждать	to wait	warten	attedre
жена́	wife	Frau	femme
же́нщина	woman	Frau	femme
жёлтый	yellow	gelb	jaune
жизнь (f.)	life	Leben	vie
жи́тель	inhabitant	Bewohner	habitant
жить	to live	wohnen; leben	habiter, vivre
журна́л	magazine	Zeitschrift	revue
журнали́ст	journalist (m.)	Journalist (m.)	journaliste (m.)
журнали́стка	journalist (f.)	Journalist (f.)	journaliste (f.)
З			
забыва́ть/забы́ть	to forget	vergessen	oublier
заво́д	factory	Werk	usine
за́втра	tomorrow	morgen	demain
за́втрак	breakfast	Frühstück	petit déjeuner
за́втракать	to have breakfast	frühstücken	pr. son petit déjeuner
загора́ть	to sunbath	sich sonnen	se hâler
зака́зывать/заказа́ть	to order; to book	bestellen	commander; réserver
зака́нчивать/зако́нчить	to finish	beenden	finir
закрыва́ть/закры́ть	to close	zumachen	fermer
заку́ска	starter	Vorspeise	hors d'heuvre
зал	hall	Halle	salle
занаве́ска	curtain	Gardine	rideau
занима́ться	to take up; to do	treiben; machen	s'occuper; pratiquer
за́пад	west	West	ouest
зараба́тывать	earn	verdienen	qagner
звать	to call	nennen, heissen	appeler
звони́ть/позвони́ть	to phone	anrufen	téléphoner
здесь	here	hier	ici
здоро́вье	health	Gesundheit	santé
Здра́вствуйте!	Hello!	Guten Tag!	Bonjour!
зелёный	green	grün	vert
зе́ркало	mirror	Spiegel	miroir
зима́	winter	Winter	hiver
зимо́й	in winter	im Winter	en hiver
знако́миться	to make the acquantance	kennenlernen	faire connaissance
знако́мый	familiar	bekannt	connu
знать	to know	wissen, kennen	savoir, connaître
зна́чить	to mean	bedeuten	signifier
золото́й	golden	golden	d'or

Русский	Английский	Немецкий	Французский
зо́нтик	umbrella	Schirm	parapluie
зоопа́рк	zoo	Zoo	zoo
И			
игра́ть/сыгра́ть	to play	spielen	jouer
иде́я	idea	Idee	idée
идти́	to go; to walk	gehen	aller; marcher
изве́стный	well-known	bekannt	connu
Извини́те!	Excuse me!; Sorry!	Entschuldigung!	Excusez-moi!; Pardon!
изуча́ть	icon	studieren, lernen	étudier
ико́на	to study / to learn	Ikone	icône
икра́	caviar	Kaviar	caviar
и́мя	(first) name	Vorame	prénom
инвести́ровать	to invest	investieren	investir
инде́ец	Native American	Indianer	Indien
инжене́р	engineer	Ingenieur	ingénieur
иногда́	foreign	manchmal	parfois
иностра́нец	foreigner	Ausländer	étranger
иностра́нный	sometimes	ausländisch	étranger
институ́т	institute	Institut; Hochschule	institut
интервью́	interview	Interview	interview
интере́с	interest	Interesse	intérêt
интере́сно	interestingly	interessant	intéressant
интере́сный	interesting	interessant	intéressant
интересова́ть	to interest	interessieren	interesser
интересова́ться	to be interesting	sich interessieren	s'intéresser
иска́ть	look for	suchen	chercher
иску́сство	art	Kunst	art
испа́нский	Spanish	spanish	espagnol
истори́ческий	historical	historisch	historique
исто́рия	history	Geschichte	histoire
исправля́ть/ испра́вить	to correct	korrigieren	corriger
италья́нка	Italian	Italienerin	Italienne
италья́нский	Italian	italienisch	italien
июль	July	Juli	juillet
ию́нь	June	Juni	juin
Й			
йо́гурт	yogurt	Joghurt	yaourt
К			
ка́ждый	every; each	jeder	chaque
ка́жется	it seems	es scheint	il semble
как	how, like, as	wie, als	comment, comme
ка́менный	stone; stony	steinern; Stein-	de pierre, en pierre
ка́мень	stone	Stein	pierre
ка́мера хране́ния	cloakroom	Gepäckaufbewahrung	consigne

Русский	Английский	Немецкий	Французский
кана́л	channel	Kanal	canal
кандида́т	candidate	Kandidat	candidat
кани́кулы	vacation	Ferien	vacances
капита́н	captain	Kapitän	capitaine
капу́ста	cabbage	Kohl	choux
карма́н	pocket	Tasche	poche
карнавал	carnival	Karneval	carnaval
ка́рта	card; map	Karte	carte
карти́на	painting	Bild	tableau
карто́шка	potatoes	Kartoffeln	pommes de terre
ка́сса	cash-desk	Kasse	caisse
кастрю́ля	pan	Kachtopf	casserole
катастро́фа	catastrophe	Katastrophe	catastrophe
ката́ться	to go for a ride	spazierenfahren	se promener à ...
кафе́	café	Café	café
ка́ша	porridge	Grütze, Brei	bouillie
кварта́л	block	Häuserblock	quartier
кварти́ра	flat	Wohnung	appartement
кенгуру́	kangaroo	Känguruh	kangourou
килогра́мм	kilogram	Kilogramm	kilogramme
кино́	cinema	Kino	cinéma
кио́ск	kiosk	Kiosk	kiosque
кита́йский	Cinese (she)	chinesisch	chinois
кла́дбище	cemetery	Friedhof	cimetière
класс	class	Klasse	classe
класси́ческий	classical	klassisch	classique
клие́нт	client	Kunde	client
кли́ника	clinic	Klinik	clinique
кло́ун	clown	Clown	clown
клуб	club	Klub	club
ключ	key	Schlüssel	clé
кни́га	book	Buch	livre
кни́жный	book-	Bücher-	de livres
ковёр	carpet	Teppich	tapis
когда́	when	wann	quand
колбаса́	sausage	Wurst	saucisson
колле́га	colleague	Kollege, Kollegin	collègue
колле́кция	collection	Sammlung	collection
колесо́	wheel	Rad	roue
коло́нна	column	Säule	colonne
кома́нда	team; command	Mannschaft; Befehl	équipe, ordre
команди́р	commander	Kommandeur	commandant
коме́дия	comedy	Komödie	comedie
ко́мната	room	Zimmer	pièce
компа́ния	company	Gesellschaft	companie
компете́нция	competence	Kompetenz	compétence
компози́тор	composer	Komponist	compositeur
компью́тер	computer	Computer	ordinateur

Русский	Английский	Немецкий	Французский
контроли́ровать	to control	kontrollieren	contrôler
коне́ц	end	Ende	fin
коне́чно	certainly	natürlich	certainement
конкуре́нт	competitor	Konkurrent	concurrent
контра́кт	contract	Kontrakt	contrat
конфере́нция	conference	Konferenz	conférence
конфе́та	bon-bon, candy	Konfekt	bonbon
конце́рт	concert	Konzert	concert
конча́ться/ ко́нчиться	to end	enden	finir; s'achever
конь (m.)	horse	Pferd	cheval
коньки́	skates	Schlittschuhe	patins
копе́йка	copeck	Kopeke	kopeck
кора́бль	ship	Schiff	bateau
коридо́р	corridor	Korridor	corridor
кори́чневый	brown	braun	marron, brun
короле́ва	queen	Königin	reine
коро́ткий	short	kurz	court
космона́вт	astronaut	Kosmonaut	cosmonaute
ко́смос	space, cosmos	Kosmos, Weltall	cosmos
костю́м	suit	Kostüm	costume
котле́та	cutlet; rissole	Kotelett; Bulette	côtelette; boulette
ко́фе (m.)	coffee	Kaffee	café
ко́шка	cat	Katze	chat
кошма́р	nightmare	Alpdruck	cauchemar
кран	tap, faucet	Hahn	robinet
краси́во	beautifully	schön	joliment
краси́вый	beautiful	schön	beau, joli
кра́сный	red	rot	rouge
креди́т	credit	Kredit	crédit
креди́тная ка́рта	credit card	Kreditkarte	carte de crédit
кре́сло	arm-chair	Sessel	fauteuil
кри́зис	crisis	Krise	crise
кри́тик	critic	Kritiker	(un) critique
крича́ть	shout	schreien	crier
крова́ть (f.)	bed	Bett	lit
кро́ме	except; besides	außer	sauf
кру́глый	round	rund	rond
кто	who	wer	qui
культу́ра	culture	Kultur	culture
купе́	compartment	Abteil (im Zug)	compartiment
кури́ть	smoke	rauchen	fumer
ку́рица	hen; chicken	Huhn	poule
куро́рт	resort	Kurort	station balnéaire
ку́рсы	course	Kurse	cours
ку́ртка	jacket	Jacke	veste
ку́хня	kitchen; cuisine	Küche	cuisine

Русский	Английский	Немецкий	Французский
Л			
лаборато́рия	laboratory	Labor	laboratoire
ла́дно	all right!; agreed!	gut!; einverstanden!	d'accord!
ла́мпа	lamp	Lampe	Lampe
лати́нский	latin	lateinisch	latin
лгать/солга́ть	to tell a lie	lügen	mentir
Лебеди́ное о́зеро	Swan Lake	Schwanensee	Lac de cygnes
леге́нда	legend	Legende	légende
лёгкий	light (vs. heavy)	leicht	léger
ле́ктор	lecturer	Lektor	conférencier
ле́кция	lecture	Vorlesung	conférence, cours
лес	forest, wood	Wald	forêt
лете́ть/лета́ть	to fly	fliegen	voler
ле́тний	summer	sommerlich	d'été
ле́то	summer	Sommer	été
ле́том	in summer	im Sommer	en été
литерату́ра	literature	Literatur	littérature
литерату́рный	literary	literarisch	littéraire
лифт	lift	Fahrstuhl	ascenseur
лицо́	face	Gesicht	visage
ло́гика	logic	Logik	logique
логи́чно	logical	logisch	logique
ло́дка	boat	Boot	canot
ло́жка	spoon	Löffel	cuillère
ложь	lie	Lüge	mensonge
ло́шадь	horse	Pferd	cheval
лук	onion	Zwiebel	oignon
лу́чше	better	besser	mieux
лы́жи	skis	Schi	skis
люби́мый	favorite	lieblings	préféré
люби́ть	to love	lieben	aimer
любо́вь	love	Lieben	amour
лю́ди	people	Leute	gens
лю́стра	lustre	Kronleuchter	lustre
М			
магази́н	shop	Laden, Geschäft	magasin
май	May	Mai	mai
ма́ленький	small, little	klein	petit
ма́ло	little, few	wenig	peu
ма́ма	mum	Mama	maman
март	March	März	mars
ма́сло	butter	Butter	beurre
матема́тик	mathematician	Mathematiker	mathématicien
матема́тика	mathematics	Mathematik	mathématique
матрёшка	matreshka	Matrjoschka	matriochka
мать	mother	Mutter	mère
маши́на	car; machine	Auto; Maschine	voiture; machine

Русский	Английский	Немецкий	Французский
мебель	furniture	Möbel	meuble
мебельный	furniture	Möbel-	de meuble
мёд	honey	Honig	miel
медаль	medal	Medaille	médaille
медицина	medicine	Medizin	médicine
медицинский	medical	medizinisch	médical
медленно	slowly	langsam	lentement
медленный	slow	langsam	lent
между	between	zwichen	entre
международный	international	international	international
меньше	less; smaller	weniger; kleiner	moins; plus petit
менять/поменять	to change	tauschen	changer
мёртвый	dead	tot	mort
местный	local	örtlich	local
место	place; seat	Platz; Ort	place; lieu
месяц	month	Monat	mois
метро	metro, tube	U-Bahn, Metro	métro
мечтать	to dream	träumen	rêver
мешать/помешать	to hinder; to mix	stören; mischen	empêcher; mélanger
милиция	russian police	Russiche Polizei	police russe
милиционер	policeman	Polizist	agent de police
министерство	ministry	Ministerium	ministère
минус	minus	Minus	moins
минута	minute	Minute	minute
мир	world	Welt	monde
много	much, many	viel	beaucoup
мода	fashion	Mode	la mode
модель (f.)	model	Modell	modèle
модернист	modernist	Modernist	moderniste
модный	fashionable	modisch	à la mode
можно	may	durfen	il est possible
мозаика	mosaic	Mosaik	mosaïque
мой	my	mein	mon
молния	lightning	Blitz	éclair
молодой	young	jung	jeune
молодость	youth	Jugend	jeunesse
молоко	milk	Milch	lait
молочный	milk; milky	Milch-; milchig	au lait; de lait
море	sea	Meer	mer
морковка	carrot	Möhren, Karotten	carotte
мост	bridge	Brücke	pont
мотоцикл	motorcycle	Motorrad	moto
мочь	can	können	pouvoir
муж	husband	Mann	mari
мужской	men's	Männar-	d'homme
мужчина	man	Mann	homme
музей	museum	Museum	musée
музыка	music	Musik	musique

Русский	Английский	Немецкий	Французский
музыка́нт	musician	Musiker	musicien
мультфи́льм	cartoon	Trickfilm	dessins animés
му́ха	fly	Fliege	mouche
мы́ло	soap	Seife	savon
мя́гкий	soft	weich	mou; tendre
мясно́й	meat	Fleisch-	de viande; à la viande
мя́со	meat	Fleisch	viande
Н			
наве́рх/наверху́	up	nach oben/oben	en haut
над	above	über	au-dessus
надева́ть/наде́ть	to wear, to put on	anziehen	mettre, chausser
на́до	must; have to	man muss; man braucht	il faut
наказа́ние	punishment	Strafe	punition; châtiment
наприме́р	for example	zum Beispiel	par exemple
настоя́щий	real; authentic	wahr, wirklich	vrai, véritable
натура́льный	natural	echt-	naturel
нау́ка	science	Wissenschaft	science
находи́ться	to be (situated)	sein, sich befinden	se trouver
нача́ло	beginning	Anfang	début
начина́ть	to begin	beginnen	commenser
начина́ться	to begin	beginnen	commenser
наш	our	unser	notre
не́бо	sky	Himmel	ciel
неда́вно	recently	vor kurzem	récemment
неде́ля	week	Woche	semaine
нельзя́	may not	man darf nicht	il ne faut pas
неме́цкий	German	deutsch	allemand
немно́го	a little	ein wenig	un peu
ненави́деть	to hate	hassen	haïr; détester
не́рвный	nervous	nervos	nerveux
не́сколько	some	einige	quelques
не	not	nicht	ne
нет	no	nein	non
ни́зкий	low, deep (voice)	niedrig	bas, plus bas
никогда́	never	nie, niemals	jamais
ничего́	nothing; not bad	nichts; nisht schlecht	rien; pas mal
но́вость	news	Neue, Neuheit	nouvelle
но́вый	new	neue	nouveau; neuf
нога́	leg, foot	Fuss, Bein	jambe, pied
нож	knife	Messer	couteau
ноль	zero	Null	zéro
но́мер	number; hotel room	Nummer; Zimmer	numéro; chambre
норма́льный	normal	normal	normal
нос	nose	Nase	nez
ночева́ть	spend the night	übernachten	passer la nuit
ночно́й	night	Nacht-	de nuit
ночь (f.)	night	Nacht	nuit

Русский	Английский	Немецкий	Французский
ночью	at night	in der Nacht	la nuit
ноябрь	November	November	novembre
нравиться/ понравиться	to like	gefallen	plaire
нужно	need / have to	man muss / braucht	il faut / on a besoin
О			
обед	lunch	Mittagessen	(le) déjeuner
обедать/пообедать	to have lunch	mittagessen	déjeuner
обещать/по-	to promise	verschprehen	promettre
обратно	(to go) back	zurück	de retour
обслуживание	service	Service	service
обувь	foot-wear	Schuhe	chaussures
общежитие	hostel	Wohnheim	foyer (d'étudiants)
объяснять/-ить	explain	erklären	expliquer
обычно	usually	gewöhnlich	d'habitude
обязательно	certainly	unbedingt	sans faute
овощь (m.)	vegetable	Gemüse	légume
огонь (m.)	fire	Feuer	feu
огурец	cucumber	Gurke	concombre
ода	ode	Ode	ode
одевать/одеть	to dress, to clothe	anziehen	vêtir
одежда	clothes	Kleidung	vêtements
одеяло	blanket, quilt	Bettdecke	couverture
один	one	ein, eins	un
одиннадцать	eleven	elf	onze
одноклассник	classmate	Klassenkamerad	camarade de classe
озеро	lake	See	lac
окно	window	Fenster	fenêtre
октябрь	October	Oktober	octobre
олень (m.)	deer	Hirsch	cerf
опаздывать/ опоздать	to be late	zu spät kommen	être en retard
опера	opera	Oper	opera
оптимист	optimist	Optimist	optimiste
оранжевый	orange	orange	orange
организовать	to organise	organisieren	organiser
органный	organ	Orgel-	d'orgue
оригинал	eccentric person	Original	original
оркестр	orchestra	Orchester	orchestre
осень	autumn, fall	Herbst	automne
осенью	in autumn	im Herbst	en automne
осётр	sturgeon	Stör	esturgeon
оставлять/оставить	to leave	lassen	laisser; quitter
остановка	stop	Haltestelle	arrêt
остров	island	Insel	île
ответ	answer	Antwort	réponse
отвечать/ответить	to answer	antworten	répondre

Русский	Английский	Немецкий	Французский
отде́л	department	Abteilung	département; rayon
о́тдых	rest	Erholung	repos
отдыха́ть/ отдохну́ть	to have rest	sich ausruhen	se reposer
открыва́ть/откры́ть	to open	öffnen; aufmachen	ouvrir
откры́тка	postcard	Postkarte	carte postale
отку́да	where from	woher	d'où
отли́чный	excellent; perfect	ausgezeichnet	parfait; excellent
о́тпуск	holidays	Urlaub	congé
о́тчество	patronymic	Vatersname	patronyme
о́фис	office	Büro	bureau
офице́р	officer	Offizier	officier
о́чень	very	sehr	très
О́чень прия́тно!	Nice to meet you!	Sehr angenehm!	Enchanté, -e!
ошиба́ться	to be mistaken	sich irren	se tromper
оши́бка	mistake	Fehler	faute
ощуще́ние	sensation	Empfindung	sensation

П

Русский	Английский	Немецкий	Французский
паке́т	package, packet	Packet, Tüte	paquet
па́мятник	monument	Denkmal	monument
панте́ра	panther	Panther	panthère
па́па	dad, papa	Papa	papa
парикма́херская	hairdresser's	Frisiersalon	salon de coiffure
парк	parc	Park	parc
парте́р	pit (theater)	Parkett (Theater)	parterre
па́ртия	party	Partei	parti
партнёр	partner	Partner	partenaire
па́спорт	passport	Pass	passeport
пассажи́р	passenger	Fahrgast, Fluggast	passager, voyageur
пацие́нт	patient	Patient	patient
певе́ц/певи́ца	singer	Sänger,-in	chanteur, -euse
пейза́ж	landscape	Landschaft	paysage
пенсионе́р	pensionary	Rentner	retraité
пе́рвый	first	erste	premier
переводи́ть/ перевести́	to translate	übersetzen	traduire
перево́дчик	translator	übersetzer	traducteur
перепи́сывать/ переписа́ть	rewrite	umschreiben	recopier
переса́дка	change (transport)	Umsteigen	changement
переходи́ть/ перейти́	to cross	übergehen	traverser
пе́рец	pepper	Pfeffer	poivre
пе́сня	song	Lied	chanson
петь	to sing	singen	chanter
печа́тать/ напеча́тать	to print; to type	drucken; tippen	imprimer; taper

Русский	Английский	Немецкий	Французский
пешко́м	on foot	zu Fuß	à pied
пиани́но	piano	Klavier	piano
пи́во	beer	Bier	bière
пило́т	pilot	Pilot	pilote
пингви́н	penguin	Pinguin	pingouin
пиро́г	pie	Pirogge; Kuchen	paté; gâteau
пиро́жное	pastry; fancy cake	Törtchen	(petit) gâteau
писа́тель	writer	Schriftsteller	ecrivain
писа́ть/написа́ть	to write	schreiben	écrire
пистоле́т	pistol	Pistole	pistolet
письмо́	letter	Brief	lettre
пить/вы́пить	to drink	trinken	boire
пи́цца	pizza	Pizza	pizza
план	plan	Plan	plan
плане́та	planet	Planet	planète
плани́ровать	to plan	planen	planifier
пла́та	payment	Bezahlung	paiement
плати́ть/заплати́ть	to pay	zahlen	payer
плато́к	handkerchief	Taschentuch	mouchoir
пла́тье	dress	Kleid	robe
плита́	stove	Herd	cuisinière
пло́хо	bad(ly)	schleht	mal
плохо́й	bad	schleht	mauvais
пло́щадь	square	Platz	place
плыть/пла́вать	to swim; to sail	schwimmen; segeln	nager; naviguer
плюс	plus	Plus	plus
пляж	beach	Strand	plage
победи́тель	winner	Sieger	vainqueur
по́вар	cook	Koch	cuisinier
повторя́ть	to repeat	wiederholen	répéter
пого́да	weather	Wetter	temps
под	under	unter	sous
пода́рок	gift; present	Gechenk	cadeau
подпи́сывать/ подписа́ть	to sign	unterschreiben	signer
подру́га	friend, girlfriend	Freundin	amie
поду́шка	pillow	Kopfkissen	oreiller
по́езд	train	Zug	train
Пожа́луйста!	please; here you are	Bitte!; Bitte sehr!	S'il te plait; je t'en prie
пожела́ние	wish	Wunsch	souhait
пожило́й	elderly	bejahrt	âgé
позавчера́	day before yesterday	vorgestern	avant-hier
по́здно	late	spät	tard
Пока́!	Bye!	Tschüss!	A bientôt!
пока́зывать/ показа́ть	to show	zeigen	montrer
покупа́тель	buyer	Käufer	acheteur
покупа́ть/купи́ть	to buy	kaufen	acheter

Русский	Английский	Немецкий	Французский
покýпка	purchase	Kauf; Einkauf	achat
пол	floor	Fussboden	plancher
пол-	half	halb-	demi-
пóлдень	midday	Mittag	midi
пóле	field	Feld	champ
полéзно	useful; healthy	nutzlich; gesund	utile; sain
поликлúника	clinic	Poliklinik	policlinique
полúтика	policy; politics	Politik	politique
политúческий	political	politisch	politique
пóлночь	midnight	Mitternacht	minuit
пóлка	shelf	Regal	étagère
половúна	half	Hälfte	demi
полотéнце	towel	Handtuch	serviette
полторá	one and a half	eineinhalb	un et demie
получáть/получúть	to recieve	bekommen	recevoir
пóльский	Polish	polnisch	polonais
помидóр	tomato	Tomate	tomate
пóмнить	to remember	sich erinnern	se rappeler
помогáть/помóчь	to help	helfen	aider
понедéльник	Monday	Montag	lundi
понимáть/понять	to understand	verstehen	comprendre
попугáй	parrot	Papagei	perroquet
популярный	popular	populär	populaire
порт	port	Hafen	port
портрéт	portrait	Porträt	portrait
портфéль	brief case	Aktentasche	serviette
порядок	order	Ordnung	ordre
пóсле	after	nach	après
послéдний	last	letzte	dernier
послезáвтра	day after tomorrow	übermorgan	après-demain
посóльство	embassy	Botschaft	ambassade
пост (церк.)	fast	Fasten	carême
посýда	kitchenware	Geschirr	vaisselle
посылáть/послáть	to send	schicken	envoyer
потолóк	ceiling	Decke	plafond
потóм	then; later	dann; später	ensuite; plus tard
потомý что	because	weil	parce que
почемý	why	warum	pourquoi
пóчта	post, mail	Post	poste
почтú	almost; nearly	fast	presque
поэзия	poetry	Poesie	poésie
поэт	poet	Dichter	poète
поэтому	therefore	deshalb	c'est pourquoi
прáвда	truth	Wahrheit	vérité
прáвильно	correctly	richtig	correctement
предлагáть/ предложúть	to offer; to suggest	vorschlagen	proposer
прáздник	holiday	Feiertag	fête

Русский	Английский	Немецкий	Французский
президе́нт	president	Präsident	président
прекра́сно	excellently	wunderschön	très bien
прекра́сный	excellent; beautiful	wunderschön	excellent
пре́лесть	charm	Liebreiz	charme
преподава́тель	teacher; instructor	Lehrer	professeur
преступле́ние	crime	Verbrechen	crime
Приве́т!	Hi!	Hallo!	Salut!
приглаша́ть/ пригласи́ть	to invite	einladen	inviter
приезжа́ть/ прие́хать	to arrive	kommen	arriver
приключе́ние	adventure	Abenteuer	aventure
приме́рно	approximately	ungefähr	à peu près
принима́ть	to accept; to take	annehmen	accepter, prendre
приро́да	nature	Natur	nature
приходи́ть/прийти́	to come	kommen	venir
прихо́жая	entrance (hall)	Diele	entrée
прия́тный	pleasant	angenehm	agréable
пробле́ма	problem	Problem	problème
про́бовать/ попро́бовать	to try; to taste	probieren	essayer; gouter
прогно́з	forecast; prognosis	Prognose	prognostic
програ́мма	program	Programm	programme
программи́ст	programer	Programmierer	programmeur
прогре́сс	progress	Fortschritt	progrès
прогу́лка	a walk	Spaziergang	promenade
продава́ть/прода́ть	to sell	verkaufen	vendre
продаве́ц	seller; salesman	Verkäufer	vendeur
проду́кты	food products	Lebensmittel	produits alimentaires
прое́кт	project	Projekt	projet
прои́грывать/ проигра́ть	to lose	verlieren	perdre
про́пуск	pass	Passierschein	laisser-passer
проси́ть/попроси́ть	to ask for; to beg	bitten	demander; prier
проспе́кт	avenue	breite Strasse	avenue
про́сто	simply	einfach	simplement
просто́й	simple	einfach	simple
про́сьба	request	Bitte	demande
профе́ссор	professor	Professor	professeur
про́шлый	past; last	vergangen; vorige	passé
пря́мо	straight	direkt	droit
психо́лог	psychologist	Psychologe	psychologue
психологи́ческий	psychological	Psychologisch	psychologique
пти́ца	bird	Vogel	oiseau
публикова́ть/ опубликова́ть	to publish	publizieren	publier
пуска́ть/пусти́ть	to let in	hereinlassen	laisser entrer
пусто́й	empty	leer	vide

Русский	Английский	Немецкий	Французский
путеше́ствовать	to travel	reisen	voyager
пятна́дцать	fifteen	fünfzehn	quinze
пя́тница	Friday	Freitag	vendredi
пя́тый	fifth	der fünfte	cinquième
пять	five	fünf	cinq
пятьдеся́т	fifty	fünfzig	cinquante
Р			
рабо́та	work; job	Arbeit	travail
рабо́тать/порабо́тать	to work	arbeiten	travailler
ра́дио	radio	Radio	radio
ра́дость	joy	Freude	joie
разгова́ривать	to talk	reden	parler
разгово́р	conversation	Gespräch	conversation
разме́р	size	Größe	taille
ра́зный	different	verschieden	différent
разреша́ть/разреши́ть	to let; to allow	erlauben	permettre
райо́н	district	Bezirk	quartier
раке́та	rocket	Rakete	fusée
ра́ковина	sink; wash-bawl	Wasch-/Spülbecken	évier
ра́но	early	früh	tôt
ра́ньше	earlier; before	früher	plus tôt; autrefois
расска́з	story	Erzählung	recit
расска́зывать/рассказа́ть	to tell	erzählen	raconter
реали́ст	realist	Realist	réaliste
ребёнок	child	Kind	enfant
револю́ция	revolution	Revoluzion	révolution
регистра́ция	registration	Registrierung	enregistrement
регистри́ровать	to register	registrieren	enregistrer
ре́дко	seldom, rarely	selten	rarement
режиссёр	(film) director	Regisseur	réalisateur
результа́т	result	Resultat	résultat
река́	river	Fluss	fleuve
рекла́ма	advertisement	Werbung	publicité
рекомендова́ть	to recommend	empfehlen	recommander
религио́зный	religious	religiös	religieux
рели́гия	religion	Religion	religion
ремо́нт	repair	Reparatur	réparation
репети́ция	rehearsal	Probe	répétition
репорта́ж	report	Reportage	reportage
репортёр	reporter	Reporter	reporter
рестора́н	restaurant	Restaurant	restaurant
реце́пт	recipe	Rezept	recette
реша́ть/реши́ть	to decide; to solve	beschließen; lösen	décider; résoudre
риск	risk	Risiko	risque

Русский	Английский	Немецкий	Французский
рисова́ть	to draw	zeichnen	dessiner
роди́тели	parents	Eltern	parents
роди́ться	to be born	geboren werden	naître
родно́й	own, native	blutsverwandr	natale
ро́дственник	relative	Verwandte	parent
ро́за	rose	Rose	rose
ро́зовый	rose	rosa	rose
рок	rock (music)	Rock	rock
роль	role	Rolle	rôle
рома́н	novel	Roman	roman
романти́ческий	romantic	romantisch	romantique
рот	mouth	mund	bouche
руба́шка	shirt	Hemd	chemise
рубль	rouble	Rubel	rouble
рука́	hand, arm	Arm	bras, main
ру́копись	manuscript	Manuskript	manuscrit
ру́сский	Russian	russisch	russe
ру́чка	pen	Kugelschreiber	stylo
ры́ба	fish	Fisch	poisson
рыба́к	fisherman	Fischer	pêcheur
ры́нок	market	Markt	marché
ря́дом	near	nebeneinander	près
С			
сад	garden	Garten	jardin
саксофо́н	saxophone	Saxophon	saxophone
сала́т	salad	Salat	salade
самолёт	airplane	Flugzeug	avion
сапоги́	top-boots	Stiefel	bottes
са́хар	sugar	Zuker	sucre
сва́дьба	wedding	Hochzeit	noce; mariage
све́жий	fresh	frisch	frais
све́тлый	light	hell	clair
свёкла	beet	Rüben	betterave
свеча́	candle	Kerze	bougie
свисте́ть	to whistle	pfeifen	siffler
свобо́дный	free	frei	libre
сда́ча	change	Rest	monnaie
се́вер	north	Nord	nord
се́верный	northern	nördlich	du nord
сего́дня	today	heute	aujourd'hui
седьмо́й	seventh	der siebente	septième
сейф	(a) safe	Tresor	coffre-fort
сейча́с	now	jetzt	maintenant
секре́т	secret	Geheimnis	secret
секрета́рь (m.)	secretary	Sekretär, - in	secretaire
секу́нда	a second	Sekunde	une seconde
семна́дцать	seventeen	siebzehn	dix-sept

Русский	Английский	Немецкий	Французский
семь	seven	sieben	sept
се́мьдесят	seventy	siebzig	soixante-dix
семья́	family	Familie	famille
сентя́брь	September	September	septembre
серва́нт	sideboard	Anrichte	servante
серебро́	silver	Silber	argent
се́риал	serial (film)	Serial	serie télévisée
се́рия	series	Serie	serie
се́рый	gray	grau	gris
сестра́	sister	Schwester	soeur
сигаре́та	cigarette	Zigarette	cigarette
сиде́ть	to sit	sitzen	être assis
символи́ческий	symbolical	Symbolisch	symbolique
симфо́ния	symphony	Sinfonie	symphonie
си́ний	dark blue	blau	bleu foncé
систе́ма	system	System	système
сказа́ть	to say; to tell	sagen	dire
сковорода́	frying-pan	Pfanne	poêle
ско́лько	how many / much	wieviel	combien
скри́пка	violin	Geige	violon
скро́мный	modest, flugal	bescheiden	modeste
ску́чно	boring	langweilig	ennuyeux
ску́чный	boring	langweilig	ennuyeux
сла́дкий	sweet	süss	sucré; doux
сле́ва	on the left	links	à gauche
сли́шком	too	zu	trop
слова́рь	dictionary	Wörterbuch	dictionnaire
сло́во	word	Wort	mot
сло́жный	complicated	kompliziert	compliqué
слон	elephant	Elefant	éléphant
слу́шать/ послу́шать	to listen	hören	écouter
смета́на	sour cream	saure Sahne	crème fraîche
смея́ться	to laugh	lachen	rire
смотре́ть	to look; to watch	schauen; sehen	regarder
снача́ла	at first	zuerst	d'abord
снег	snow	Schnee	neige
снима́ть	to take off; to rent	abnehmen; mieten	ôter; louer
сно́ва	again	wieder	de nouveau
соба́ка	dog	Hund	chien
собо́р	cathedral	Kathedrale, Dom	cathédrale
сове́т	advice	Ratschlag	conseil
сове́товать/по-	to advise	raten	conseiller
совреме́нный	modern	Gegenwärtig	moderne
сок	juice	Saft	jus
солда́т	soldier	Soldat	soldat
со́лнце	sun	Sonne	soleil
соль	salt	Salz	sel

Русский	Английский	Немецкий	Французский
сон	sleep; dream	Schlaf; Traum	sommeil; rêve
со́рок	forty	fierzig	quarante
сосе́д	neighbor	Nahbar	voisin
соси́ска	sausage	Würstchen	saucisse
спа́льня	bedroom	Schlafzimmer	chambre à coucher
Спаси́бо!	Thank you!	Danke!	Merci!
спать	to sleep	schlafen	dormir
спекта́кль	performance	Aufführung	spectacle
специали́ст	specialist	Fachmann	spécialiste
специа́льный	special	Spezial-; Sonder-	spécial
спеши́ть	to hurry	eilen	se dépêcher
споко́йный	calm; quiet	ruhig	calme
спо́рить	to dispute	streiten	se disputer
спорт	sport	Sport	sport
спорти́вный	sports	sportlich	sportif
спортсме́н	sportsman	Sportler	(un) sportif
спортсме́нка	sportswoman	Sportlerin	(une) sportive
спра́ва	on the right	rechts	à droite
спра́шивать/ спроси́ть	to ask	fragen	demander
среда́	Wednesday	Mittwoch	mercredi
сре́дний	middle; average	Mittel-	moyen
стадио́н	stadium	Stadion	stade
стака́н	glass	Glas	verre
ста́нция	station	Station	station
ста́рый	old	alt	vieux
статья́	article	Artikel	article
стена́	wall	Wand	mur
стиль	style	Stil	style
стира́льная маши́на	washing machine	Waschmaschine	machine à laver
стихи́	verses	Gedichte	vers
сто	hundred	hundert	cent
сто́ить	to cost	kosten	coûter
стол	table	Tisch	table
столи́ца	capital	Hauptstadt	capitale
стоя́ть	to stand	stehen	être debout
страна́	country	Land	pays
стра́нный	strange	schrullig	étrange
страх	fear	Angst	peur
строи́тель	builder	Bauarbeiter	ouvrier du bâtiment
стро́ить/постро́ить	to build	bauen	construire
студе́нт	student (m.)	Student	étudiant
студе́нтка	student (f.)	Studentin	étudiante
стул	chair	Stuhl	chaise
стюарде́сса	stewardess	Stewardess	hôtesse (de l'aire)
суббо́та	Saturday	Samstag	samedi
сувени́р	souvenir	Souvenir	souvenir
су́мка	bag	Tasche	sac

Русский	Английский	Немецкий	Французский
суп	soup	Suppe	soupe
су́тки	twenty-four hours	veirundzwanzig Dtunde	vingt-quatre heures
сцена́рий	scenario, script	Drehbuch	scénario
сценари́ст	script writer	Drehbuchautor	scénariste
счита́ть	count; consider	zählen; meinen	compter; considerer
сын	son	Sohn	fils
сыр	cheese	Käse	fromage
сюрпри́з	surprise	Überraschung	surprise
Т			
табле́тка	tablets	Tablette	tablette
так	so, like this	so	ainsi
так себе	so-so	soso	comme ci comme ca
такси́	taxi	Taxi	taxi
такси́ст	taxi driver	Taxifahrer	chauffeur de taxi
тала́нт	talent	Talent	talent
там	there	dort	là
тамо́жня	custom house	Zollamt	douane
танцева́ть	to dance	tanzen	danser
таре́лка	plate	Teller	assiette
твой	your	dein	ton
творо́г	cottage cheese	Quark	fromage blanc
теа́тр	theater	Theater	théâtre
текст	text	Text	texte
телеви́дение	television	Fernsehen	télévision
телеви́зор	TV-set	Fernseher	(poste de) télévision
телекана́л	TV channel	Fernsehkanal	chaîne (de télé)
телефо́н	telephone	Telefon	téléphone
тёмный	dark	dunkel	sombre
те́ннис	tennis	Tennis	tennis
тепло́	warm	warm	chaud
тёплый	warm	warm	chaud
теря́ть/потеря́ть	lose	verlieren	perdre
тётя	aunt	Tante	tante
техни́ческий	technical	technisch	technique
техноло́гия	technology	Technologie	technologie
тигр	tiger	Tiger	tigre
типи́чный	typical	typisch	typique
ти́хий	quiet	leise	bas; doux
ти́хо	quietly	leise	doucement
толпа́	crowd	Menge	foule
то́лстый	thick; fat	dick	gros
то́лько	only	nur	seulement
тома́тный	tomato	Tomaten-	de tomates
торт	cake	Torte	gâteau; tarte
то́чно	exactly	genau	exactement
трава́	grass	Gras	herbe
траге́дия	tragedy	Tragödie	tragédie

Русский	Английский	Немецкий	Французский
традицио́нный	traditional	traditionell	traditionnel
трамва́й	tram	Strassenbahn	tram
тра́нспорт	transport	Verkehrsmittel	transport
тре́нер	trainer, coach	Trainer	entraîneur
трениро́вка	training	Training	entraînement
тре́тий	third	der dritte	troisième
три	three	drei	trois
три́дцать	thirteen	dreizig	trente
трина́дцать	thirty	dreizehn	treize
тропи́ческий	tropical	tropisch	tropical
тру́дный	difficult	schwierig	difficile
туале́т	w.c.	Toilette	toilette
ту́мбочка	night-table	Nachttisch	table de nuit
тур	tour	Tour	tour
тури́ст	tourist	Tourist	touriste
ту́фли	shoe	Schuhe	souliers
тяжёлый	heavy	schwer	lourd

У

Русский	Английский	Немецкий	Французский
убива́ть/уби́ть	to kill	töten	tuer
уве́ренно	confidently	sicher	assuré
увлека́ться	to be enthusiastic	begeistert sein	se passionner
у́гол	corner	Ecke	coin
угоща́ть/угости́ть	to offer food / drinks	bewirten	régaler
уда́р	blow	Schlag	coup
удиви́тельный	amazing	erstaunlich	étonnant
удивля́ться/ удиви́ться	to be surprised	erstaunt sein	s'étonner
удо́бный	cosy, convenient	bequem; passend	confortable; commode
у́жас	horror	Entsetzen	horreur
ужа́сно	horribly	schrecklich	horriblement
ужа́сный	horrible	schrecklich	horrible
уже́	already	schon	déjà
у́жин	dinner	Abendessen	(le) dîner
у́жинать/ поу́жинать	to have dinner	abendessen	diner
узнава́ть/узна́ть	to know (again)	erkennen	reconnaître, apprendre
у́лица	street	Strasse	rue
улыба́ться/ улыбну́ться	to smile	lächeln	sourire
уме́ть	to be able / know	können	savoir (faire qch)
универма́г	department store	Warenhaus	grand magasin
универса́м	supermarket	Kaufhalle	libre-service
университе́т	university	Universität	université
уника́льный	unique	einzigartig	unique
упражне́ние	excercise	Übung	excercise
уро́к	lesson	Lektion, Stunde	leçon
успе́х	success	Erfolg	succès

Русский	Английский	Немецкий	Французский
уставáть/устáть	to get tired	müde sein / werden	se fatiguer
ýтро	morning	Morgen	matin
ýтром	in the morning	am Morgen	le matin
учéбник	textbook, manual	Lehrbuch	manuel
учúтель (-ница)	teacher	Lehrer	professeur
учúть/вы́учить	to learn	lernen	apprendre
учúть/научúть	to teach	lehren	apprendre
Ф			
фáбрика	factory	Fabrik	fabrique
фамúлия	family name	Familienname	nom
феврáль	February	Februar	février
фéрма	farm	Farm	ferme
фéрмер	farmer	Farmer	fermier
фестивáль	festival	Festival	festival
фúзика	physics	Physik	physique
филармóния	philharmonic	Philharmonie	philharmonie
философия	philosophy	Philosophie	philosophie
фильм	film (movie)	Film	film
фúнский	Finnish	finnisch	finnois
финансúровать	to finance	finanzieren	financer
фиолéтовый	violet	violett	violet
фúрма	firm	Firma	firme
флéйта	flute	Flöte	flute
фотоаппарáт	(photo) camera	Fotoapparat	appareil (-photo)
фотографúровать/ сфотографúровать	to photograph	fotografieren	photographier
фотогрáфия	photo; photography	Foto, Fotografie	photo, photographie
францýженка	Frenchwoman	Französin	Française
францýзский	French	französisch	français
фрукт	fruit	Frucht	fruits (sing.)
футбóл	football	Fussball	football
футболúст	football player	Fussballer	joueur de football
футбóлка	t-shirt	T-shirt	tee-shirt
Х			
хúмик	chemist	Chemiker	chimiste
хúмия	chemistry	Chemie	chimie
хлеб	bread	Brot	pain
ходúть	to go; to walk	gehen	aller; marcher
хоккéй	hockey	Hockey	hockey
холодúльник	fridge	Kühlschrank	frigo
хóлодно	cold	kalt	froid
холóдный	cold	kalt	froid
хорóший	good	gut; schön	bon
хорошó	well	gut; schön	bien
хотéть	to want	wollen; mögen	vouloir
худóжник	artist	Maler	peintre

Русский	Английский	Немецкий	Французский
ху́же	worse	schlechter; schlimmer	pire
Ц			
царь	tzar	Zar	tsar
цвет	color	Farbe	couleur
цветно́й	colored	farbig	en couleurs
цветы́	flowers	Blumen	fleurs
целова́ть	to kiss	küssen	embrasser
цена́	price	Preis	prix
центр	center	Zentrum	centre
центра́льный	central	zentral	central
це́рковь	church	Kirche	église
цини́чно	cynically	zynisch	cyniquement
цирк	circus	Zirkus	cirque
Ч			
чай	tea	Tee	thé
ча́йник	teapot; tea-kettle	Teekanne; Teekessel	théière; bouilloire
час	hour	Stunde; Uhr	heure
ча́сто	often	oft	souvent
часы́	watch, clock	Uhr	montre, horloge
ча́шка	cup	Tasse	tasse
чек	check	Scheck; Quittung	chèque; ticket
челове́к	man, person	Mensch	homme, personne
чемода́н	suitcase	Koffer	valise
чёрный	black	schwarz	noir
чёрт	devil	Teufel	diable
чесно́к	garlic	Knoblauch	ail
честь	honour	Ehre	honneur
четве́рг	Thursday	Donnerstag	jeudi
четвёртый	fourth	der vierte	quatrième
четы́ре	four	vier	quatre
четы́рнадцать	fourteen	vierzehn	quatorze
че́шский	Czech	tschechisch	tchèque
чи́стый	clean; pure	sauber; rein	propre; pur
чита́ть/прочита́ть	to read	lesen	lire
что	what	was	que
чуда́к	crank	Sonderling	original
Ш			
шампу́нь	shampoo	Schampun	shampooing
шанс	chance	Chance	chance
ша́пка	hat	Mütze	chapeau
ша́хматы	chess	Schach	échecs
шашлы́к	shashlik	Schaschlyk	chachlyk
швед	Swede	Schwede	Suédois
шве́дский	Swedish	schwedisch	suédois
швейца́рка	Swiss	Schweizerin	Suisse

Русский	Английский	Немецкий	Французский
шестна́дцать	sixteen	sechzehn	seize
шесто́й	sixth	der sechste	sixième
шесть	six	sechs	six
шестьдеся́т	sixty	sechzig	soixante
ширина́	width	Breite	largeur
шкаф	cupboard	Schrank	armoire
шко́ла	school	Schule	école
шко́льник	schoolboy	Schuler	écolier
шокола́д	chocolate	Schokolade	chocolat
шу́ба	fur coat	Pelzmantel	manteau de fourrure
шум	noise	Lärm	bruit
шу́тка	joke	Scherz	blague
Э			
экза́мен	exam	Examen	examen
экзоти́ческий	exotic	exotisch	exotique
эко́лог	ecologist	Ökologe	écologiste
экологи́ческий	ecological	ökologisch	écologique
эколо́гия	ecology	Öklogie	écologie
эконо́мика	economics	Wirtschaftslehre	économie
экономи́ст	economist	Wirtschaftsfachmann	économiste
экску́рсия	excursion	Ausflug	excursion, visite
электри́ческий	electric	elektrisch	électrique
электри́чество	electicity	Elektrizität	électricité
электри́чка	suburban train	Vorortzug	train de banlieu
энциклопе́дия	encyclopedia	Enzyklopädie	encyclopédie
эта́ж	floor	Stock	étage
э́то	this	das	ce; cela, ca
Ю			
юг	south	Süd	sud
ю́жный	south; southern	Süd-; südlich	du sud
Я			
я́блоко	apple	Apfel	pomme
я́года	berry	Beere	baie
яд	poison	Gift	poison
язы́к	language	Sprache	langue
яйцо́	egg	Ei	oeuf
янва́рь	January	Januar	janvier
япо́нка	Japanese	Japanerin	Japonaise
япо́нский	Japanese	japanisch	japonais
я́хта	yacht	Jacht	yacht